김수호의
동양화 아카데미

1

{ 김구연의 동양학 아카데미_1 }

지은이 김구연 | **초판 1쇄 발행** 2007년 4월 15일 | **발행인** 김구연 | **펴낸곳** 도서출판 **창진**
출판등록 2007. 3. 28 (제25100-2007-14호) | **주소** 서울 광진구 구의동 242-133 대광빌딩 2층
전화 02-3431-7603 | **팩스** 02-424-1607 | **이메일** cjbook@paran.com
Copyright ⓒ2007 김구연 | ISBN 978-89-959440-1-1 04800 | ISBN 978-89-959440-0-4 (세트)
책값은 뒷표지에 있습니다.

김구연의
동양화 아카데미

1

창진

들어가는 말

하나_

왜 동양과 서양은 다를까 11 식스 센스 The Sixth Sense 와 장화홍련전 13
삶과 죽음을 바라보는 동서양의 차이 16

둘_

음양의 원리를 뭐라 부를까 19 일원동류 一源同流 20
'동양의 모든 것'의 뿌리가 되는 음양 23

셋_

왜 이 시대에 동양학이 필요한가 25 보이지 않는 것을 다루는 원리 29
동양문화의 플랫폼 33 김일부, 이제마, 한동석 35

1장_ 음양을 알아보자

음양이란 43 음양의 변화 45 일음일양지위도 一陰一陽之謂道 48
음양론이 가지는 의미 52 정의 正義 와 의리 義理 56
큰 순환, 작은 순환 58 음과 양은 어떤 관계일까 62
본체와 작용 66 음양론으로 바라본 사람의 일생 71
음양의 심장, 태극 75

차례

2장_ 오행에 대하여

음양과 오행의 유래 83   보이는 것과 보이지 않는 것 87
과정의 변화로 사물을 보다 91   오행의 첫 단계_목木 94
오행의 둘째 단계_화火 98   오행의 셋째 단계_토土 101
오행의 넷째 단계_금金 107   오행의 다섯째 단계_수水 111

나무 불 흙 쇠 물과 오행 115   평기平氣 및 태과太過, 불급不及의 오행기운 118
목의 세 가지 기운_부화, 발생, 위화 120   화의 세 가지 기운_승명, 혁희, 복명 122
토의 세 가지 기운_비화, 돈부, 비감 124   금의 세 가지 기운_심평, 견성, 종혁 126
수의 세 가지 기운_정순, 유연, 학류 129

이제마의 사상의학 131   인간의 장기臟器와 오행 132   이제마 선생의 새로운 해석 136
|SP| 태음인, 태양인, 소음인, 소양인 143
상생과 상극에 대하여 149   오행의 상생 156   오행의 상극 160

3장_ 상과 수의 세계

음양오행의 원리에 대한 개괄 169   태호 복희太昊伏羲씨와 하도河圖 _ 1 171

상수학象數學 _ 숨어있는 변화를 읽는다 177   질質의 수학 180

태호 복희씨와 하도 _ 2 184   우禹임금과 낙서洛書 _ 1 190

우임금과 낙서 _ 2 195   우임금과 낙서 _ 3 201

태호 복희씨와 하도 _ 3 203   괘卦로 바라보는 상象의 세계 207

|SP| 64괘와 주역周易 217

현실에서 발견하는 상象 _ 물상物象 222

|SP| 사주팔자四柱八字와 인간의 운명運命 227

360도의 원리 _ 정도수正度數와 윤도수閏度數 233

4장_ 오운이란 무엇인가

오운과 육기에 대한 개괄 241   십간十干과 십이지十二支 245

상극相克과 대화對化, 자화自化 248   오운의 계시啓示 251

오운의 기본적인 개념 258   오운과 방위方位 264

오운의 운행運行1 _ 갑토운甲土運 266

오운의 운행2 _ 을금乙金과 병수丙水 271

오운의 운행3 _ 정목丁木과 무화戊火 275

오운의 운행4 _ 기토운己土運 278

오운의 운행5 _ 경금庚金, 신수辛水, 임목壬木 계화癸火 282

오운은 실제로 존재하는가 284

5장_ 육기로 바라보는 세상

매트릭스의 세계 291   육기의 방위와 변화_1 296   육기의 방위와 변화_2 302

  사해 궐음 풍목 305   자오 소음 군화 308   축미 태음 습토 310

  인신 소양 상화 313   묘유 양명 조금 317   진술 태양 한수 320

  사정위 四正位, 사상위 四相位, 사유위 四維位 322

  육기의 대화작용 326   구궁팔풍 운동 328   육기의 자화작용 330

  해자축 亥子丑의 자화작용 332   인묘진 寅卯辰의 자화작용 335

  사오미 巳午未의 자화작용 338 |SP| 무無. 허虛. 공空 340

  신유술 申酉戌의 자화작용 343

  이상과 현실에 대하여_ 오운육기론을 마치면서 346

에필로그_

  2권에 대한 소개 352

    도표 색인 356

들어가는 말

들어가는 말

하나_
  왜 동양과 서양은 다를까
  식스 센스와 장화홍련전
  삶과 죽음을 바라보는 동서양의 차이

둘_
  음양의 원리를 뭐라 부를까
  일원동류
  '동양의 모든 것'의 뿌리가 되는 음양

셋_
  왜 이 시대에 동양학이 필요한가
  보이지 않는 것을 다루는 원리
  동양문화의 플랫폼
  김일부, 이제마, 한동석

하나

왜 동양과 서양은 다를까

왜 동양과 서양은 다를까. 지구촌 차원의 동서양 문화교류가 끝없이 활발한 지금에도 동서양의 차이는 분명하다. 그러나 왜 어떻게 동서양이 다른 것인가 하는 질문을 접하게 되면 막상 대답할 말이 적은 것도 사실이다.

동양인과 서양인이 인종적 문화적으로 차이가 있다는 것은 누구도 아는 사실이다. 그러나 어디서 어떻게 차이가 지는 지에 대한 질문에는 대답하기 쉽지 않다. 지금은 누가 뭐래도 서양문명이 세계문화의 축을 이루고 있다. 경제와 정치, 산업과 기술 발전에 있어 서양에서 개발되고 발전된 것을 축으로 하여 모든 문명과 문화가 전개되고 있다.

그러면 동양은 무엇인가. 물론 동양이 지닌 가치가 의미 없는 것은 아니다. 많은 서양인들이 동양만이 갖고 있는 고유한 매력에 관심을 보이고 있는 것도 사실이다. 그러나 그것만으로는 동양의 가치를 논하기에 부족하다.

아직도 서양인들은 상투적인 표현으로 '신비스러운 동양'을 이야기한다. 그러나 신비하다는 말은 그들이 지닌 호기심과 무관심을 적당히 포장한 것에 불과하다. 신비스럽다니 무엇이 신비하다는 것인가. 동양인과 서양인은 같은 인간이고 이렇게 전 세계가 지구촌 가족을 형성하고 있는 이 시대에 무슨 신비스러운 것이 있단 말인가. 과연 동양이 지닌 진정한 가치란 무엇일까. 쉬울 것 같으면서도 막상 대답하기 어려운 이 질문에 대해 대답하려는 것이 이 책의 목적이다.

물론 이 책은 동양과 서양의 문화적 차이를 설명하려는 것은 아니다. 단지 우리가 지니고 있으면서도 깨닫지 못하고 있는 우리의 가치를 설명하려는 것이다. 그것은 언제나 늘 우리와 함께 있었으면서도 우리가 깨닫지 못하는 사이에 너무나 먼 존재가 되고 말았다.

알다시피 동양과 서양은 각기 다른 토양과 환경 속에서 각자의 문명과 문화를 일구어왔다. 옛날에도 동양과 서양의 문화적 교류가 없었던 것은 아니지만 지금의 규모와 비교할 때 미미한 것이었고, 서로 수박 겉 핥듯이 알아왔던 것이 사실이다. 또 서로에게 영향을 미치는 일도 적었다. 그러나 지금은 양상이 다르다. 이렇게 고도로 발달한 산업사회에 있어서 서로에게 미치는 영향은 매우 크다. 그러나 그 영향은 매우 상대적인 것이고 몹시 불공평하게 이루어지고 있다.

서양이 동양에 미치는 영향은 매우 큰 반면 동양이 서양에 미치는 영향은 그에 비해 상당히 적다. 과연 동양이 서양에, 아니 전 세계에 보여줄 수 있는 것이 무엇일까. 지금은 서양문명이 지구촌 문화의 대세를 이루고 있다. 이러한 상황에서 동양이 내세울 수 있는 것이 무엇일까. 지극히 동양적인 것이 도대체 무엇이고 어떻게 동양은 서양과의 경쟁에서 밀리지 않고 대등한 관계를 유지할 수 있을까.

우리는 중국의 거대한 영토와 오래된 역사, 다양한 문화를 이야기 할 수 있다. 일본의 절제되고 세밀한 문화, 그리고 거기에 사는 사람들의 근성에 대해 이야기 할 수도 있다. 물론 우리나라의 깊이 있는 문화유산과 우리민족이 갖고 있는 따뜻한 정감에 대해 이야기 할 수도 있을 것이다. 그러나 그것이 틀린 것은 아니로되 그것만 가지고 동양의 문화를 이야기하기에는 부족한 부분이 많은 것도 사실이다.

서양과 공존하기 위해서는 아니 세계와 공존하기 위해서는 동양 역시 자기 스스로에 대해 더 알아야 한다. 막연한 정서와 문화의 차이를 이야기하는 것에는 한계가 있는 것이다.

다시 처음으로 돌아가 질문을 던진다. 과연 동양과 서양은 무슨 차이가 있는 것일까.

식스 센스 The Sixth Sense 와 장화홍련전

몇 년 전인가 '식스 센스'라는 영화를 본 일이 있다. 이미 보신 분도 많고 또 못 보신 분도 있겠지만 '혼령을 볼 수 있는 아이'라는 매우 특이한 소재를 다루면서, 특히 관객들이 상상도 못했던 '주인공이 살아있는 사람인 줄 알았는데 알고 보니 죽은 유령이었다'는 결말로 더욱 유명해진 영화다.

그러나 필자는 그 영화를 보면서 매우 특이한 점을 느낄 수 있었는데 그것은 영화의 본 줄거리와는 사뭇 다른 것이었다.

우리가 흔히 접할 수 있는 서양의 영화를 보면 대다수의 영화들에 천편일률적인 도식이 존재한다는 것을 느낄 수 있는데, 그것은 다름 아니라 선악good and evil의 대결에 치중한다는 것이다.

식스센스

공포영화를 보면 어떤 악령이나 공포스런 존재가 있어서 그것이 사람을 괴롭히고 닥치는 대로 죽이기도 하고, 그러다 보니 어떤 선량한 주인공이 자신과 주변사람을 괴롭히는 악의 존재와 싸움을 벌이기도 하는 대략 그런 줄거리의 영화를 여러분들은 많이 접해본 경험이 있으리라 생각한다.

그런데 이 '식스 센스'는 좀 달랐다. 혼령을 볼 수 있는 주인공 소년은 시도 때도 없이 눈에 보이는 무서운 혼령을 피하느라 항상 겁에 질려있다. 소년은 성경과 십자가를 동원해 봐도 소용이 없자 마지막 수단으로 어른 주인공에게 자신이 혼령을 볼 수 있다는 사실을 고백하며 도움을 청한다.

어른 주인공은 물론 그 사실을 믿지는 않지만 소년에게 도움을 줄 생각으로 그 혼령들을 만나도 피하지 말고 대면하라는 충고를 남긴다. 충고를 받은 소년은 또다시 나타난 혼령을 보게 되자 무서움에 벌벌 떨면서도 용기를 내어 대화를 시도한다.

이것은 필자가 흔히 보던 서양 영화의 '선악의 대결'이라는 도식과는 사뭇 다른 것이다. 그 결말은 어땠을까. 소년은 비로소 알게 된다. 무서운 모습을 하고 나타나던 그 혼령들이 '악령'이 아니라 불의의 사고나 피해를 당해 생긴 상처를 치유하지 못해 그 모습 그대로 나타나는 것일 뿐이며, 오히려 그들은 자신들이 당한 억울한 사연을 이야기하고 싶어 하며 또한 살아있는 사람들과 소통하고 싶어 한다는 사실을.

필자는 이런 특이한 줄거리에 호기심을 느껴 알아봤더니 아니나 다를까 이 영화를 만든 감독이 사실은 인도인이라는 것이었다. 그러면 그렇지. 독자 여러분들도 잘 생각해보면 알겠지만 이러한 내용의 이야기는 우리에게 그리 생소한 것이 아니다. 아주 쉬운 예를 들어보자.

우리가 어릴 적 한번쯤은 듣거나 읽게 되는 '장화홍련전' 하나만을 보아도 사실 같은 줄거리를 갖고 있음을 알 수 있다.

어느 마을에, 부임하는 사또마다 하룻밤을 못 넘기고 비명횡사하는 변괴가 일어나는데 한 용감한 사또가 새로 부임하여 그날 밤에 장화와 홍련의 혼령과 조우하게 된다.

장화와 홍련은 억울하게 죽은 사연을 알리고자 나타난 것이었건만 심약한 사람들은 혼령을 보기만 해도 기절하여 죽어 넘어가니 사연을 말할 길 없어 안타까워할 뿐이었는데 다행히도 새로 온 사또가 용감하여 그들의 이야기를 들어줄 수 있었고 또한 그들의 억울한 사연을 풀어줄 수 있었다.

동양인들은 서양인들과 생각하는 바탕이 많이 다르다. 위의 두 이야기는 아주 단순한 예에 불과하지만 그 속에 담겨있는 의미는 몹시도 큰 것이다.

우선 선과 악이라는 문제에 대해 생각해 보자. 선과 악에 대한 생각이 서양에만 있는 것은 물론 아니다. 동양에서도 권선징악이라는 가치는 윤리나 도덕의 중요한 문제이다. 그러나 그것을 좀 더 깊이 들여다보면 큰

장화홍련전

차이점이 있다는 것을 발견하게 된다.

서양의 선악은 아주 크게 뼈대만 추려본다면 '절대 선'과 '절대 악'이다. 그리고 그 속에 타협은 없다. '선'은 절대로 '악'과 타협해서는 안 되고 용서해서도 안 되는 것이다.

그러나 동양에서의 선악은 좀 다르다. 물론 동양이 악행에 대해 관대하다는 뜻은 아니다. 다만 동양에서의 악은 누구나 빠져들 수 있고 불가피하게 찾아오기도 하는 상황이라는 의미가 강하다. 다시 말해 상대적이라는 것이다. 그래서 동양에서는 '악인'이라는 표현은 잘 접하기가 어렵고 그보다는 '죄인'이라는 말이 더 많이 쓰인다. 그 사람이 원래 나쁜 사람이 아니고 여러 가지 이유로 죄를 지었다는 것이다.

앞서 두 이야기에 등장하는 혼령은 본의 아니게 사람을 놀래키거나 죽게 하기도 하였지만 근본적인 악령이 아니다. 어떤 사연을 가지고 있을 뿐이다. 선과 악의 문제는 조금 어렵고 무거운 이야기이므로 여기서는 이 정도로 줄이고 본서의 전체를 통해 계속 이야기하기로 한다.

삶과 죽음을 바라보는 동서양의 차이

동서양의 생각하는 바탕이 다른 또 하나의 예는 바로 죽은 자, 영혼, 혼령을 대하는 태도이다. 이것은 앞서 예를 든 선과 악의 문제를 통해서도 이미 어느 정도 짐작할 수 있는 부분이기도 한데, 동양문화를 이야기할 때 절대 빼놓을 수 없는 것이 하나 있으니 그것은 바로 '제사祭祀'의 풍습이다.

제사 또는 제례祭禮란 죽은 사람을 기리고 추모하는 행위이다. 혹시나 제사를 우리나라에서만 지내는 것으로 알고 있는 사람이 있을까 싶어 하는 말이지만 제사는 아시아 지역 특히 중국과 한국 그리고 일본 어디에서나 발견되는 풍습이다.

그런데 왜 동양인들은 제사를 지낼까. 가장 흔한 대답은 유교의 영향을 받아서 그렇다는 것이다. 제사를 지내는 지역이 대개 유교문화권과 일치하다보니 자연스럽게 나올 수 있는 답변일 것이다. 그러나 이러한 대답은 제사의 본질을 간과한 무책임한 대답일 뿐이다. 왜 유교에서는 제사를 중요시하게 되었는지 설명할 수 없다면 이런 답변이 무슨 소용이 있겠는가.

제사란 사람이 육체적으로는 죽었어도 혼백은 남아 있으므로 살아 있을 때처럼 조상을 모셔야 한다는 생각에서 출발한 것이다. 이러다 보니 기독교를 신앙하는 사람들 중에서는 이러한 제사가 우상을 숭배하는 것으로 비쳐 미신迷信으로 생각하기도 하지만 이것은 조상을 신으로 모시는 행위는 아니다. 기독교에서도 인간의 영혼을 인정하지 않는가. 이것은 삶과 죽음을 바라보는 동양인의 시각을 가장 잘 보여주는 행위인 것이다.

동양인들은 삶과 죽음을 별개의 것으로 보지 않았다. 인간이 육신을 가지고 행동을 하면서 존재하는 것을 '살아있다'고 생각하는 것은 서양인의 생각과 다를 바 없지만 비록 육신의 정기가 다해 죽음을 맞이할지라도 그 생명이 다한 것이 아니라 육신이 없는 형태로 변화한 것으로 생각했고 또 그 육신이 없는 생명이 언젠가는 다시 육신이 있는 존재로 거듭날 것이라고 믿었던 것이다.

왜 그런 생각을 가지게 되었을까. 물론 불교에서도 인간이 이승과 저승을 끊임없이 돌고 돈다는 윤회輪廻의 사상을 이야기한다. 또 과연 유학자들이 사후의 존재를 믿었을까 하는 의문도 있을 것이다. 바로 여기에 필자가 앞으로 이야기하려는 바의 핵심이 존재하는 것이다.

인간의 생명이, 보이는 육신을 가지고 존재하면서도 동시에 우리가 죽음이라고 부르는, 육신을 벗어버린 채 존재할 수 있다는 생각은 도대체 어디서 기원한 것일까. 그것은 우주 삼라만상이 상대적으로 존재한다는 생각, 즉 음양陰陽이라는 사고를 바탕으로 한 것이다. 굳이 표현하자면 음양적 사고라고나 할까.

눈에 보이는 것이 있으면 눈에 보이지 않는 것도 있고, 살아있는 것이 있다면 '죽은 것도 존재한다'는 생각. 남자가 있으면 여자가 있고, 하늘이 있으면 땅이 있고. 우리가 음양이라는 사고방식을 통해 세상을 바라보면 볼수록 모든 것은 상대적으로 존재하고 있다. 그러면서도 그 둘은 남처럼 따로 놀지 않고 때로는 서로를 방해하기도 하고 때로는 도와주기도 하면서 전체로서의 '하나'를 만들어내고 있다. 남자와 여자는 분명히 별개의 존재이다. 중간은 없다. 그러면서도 남자와 여자는 전체적인 존재로서 인간이 되는 것이다.

음양이라는 것은 단순히 동양인의 생각이 아니라 이 우주 안에 존재하는 모든 생명, 생물과 무생물을 통틀어 설명할 수 있는 원리이다. 음양이 이 우주안의 모든 생명이 존재하는 가장 근본적이고 기본적인 원리라는 말에 성급히 동의할 필요는 없다. 이제 차근차근 풀어나가는 과정을 보면서 자신의 생각을 정리해가면 된다. 다만 음양에 관한 이야기에 들어가기에 앞서 좀 더 설명해야할 부분이 있다.

둘_

음양의 원리를 뭐라 부를까

동양인의 정신세계를 설명할 때 음양의 원리를 빼놓을 수 없다. 다시 말해 음양을 모른다면 동양인의 정신세계를 이해할 수 없다. 그렇기 때문에, 이 음양에 대한 이해가 부족하기 때문에 때로는 자신이 동양인이면서도 동양인의 특징을 설명해 달라는 말에 머뭇거릴 수밖에 없는 것이다.

이러한 음양의 원리를 무엇이라고 부를까. 우리들이 가장 많이 들어본 말이 동양철학이라는 표현이다. 필자는 개인적으로 이 표현을 좋아하지 않는다. 어째 케케묵은 구닥다리 같은 느낌이 드는 것도 싫고, 철학이라는 표현도 원래 동양에서 유래한 것이 아니라 서양의 'philosophy'를 번역하면서 만들어진 신조어이기에 어원적으로도 동양의 고유한 사상을 뜻하는 말로 적절하지 않다고 생각한다.

그 외에 '음양학'이라든지 '동양학' 등이 쓰이고 있는데 이 역시도 틀린 말은 아니지만 무언가 딱 떨어지는 표현이라기에는 부족함이 있다. 그래도 동양인의 정신을 제대로 표현하는 언어를 찾으라면 '도道'나 '도학道學' 정도가 적당하다고 할 수 있겠는데 '도'라는 표현을 모르는 사람이야 없겠지만 그래도 일반적인 사람들에게 쉬이 다가가기에는 거리가 있어 보인다. 노파심이지만 '도를 아십니까' 하는 식의 엉뚱한 상상을 불러일으킬까 걱정이 되는 면도 있다. 그래서 이를 있는 그대로 풀어서 '우주변화의 원리' 라고 표현하기도 한다. 뜬금없이 들릴 수도 있겠지만 이것은 음양의 원리가 '우주 삼라만상이 변화해가는 근본적인 원리' 라는 뜻에서 이렇게 부르는 것이다.

이 표현은 필자가 가장 존경해마지 않는 한동석 韓東錫 선생께서 당신의 저서를 통해 제시한 것이고, 동시에 그분 저서의 제목이기도 하다. 한동석 선생에 대해서는 이 글의 말미에서 다시 한번 설명할 기회가 있을 것이다. 필자가 이런 이야기를 꺼내는 것은 이렇듯이 아직 동양의 사상을 한마디로 정의하는 용어조차 제대로 정립되어 있지 못한 현실을 보여주려는 것이다. 그러나 현실이 이러한데 어쩌겠는가. 필자도 상황에 따라서 위에서 언급한 여러 표현들을 섞어 쓰게 될 것이니 이점 양해하기 바란다.

일원동류 一源同流

동양의 사상을 표현하는 언어는 비록 여러 가지 일지 모르나, 동양 사상의 흐름은 전혀 갈라지지 않고 하나의 흐름을 유지해 왔다. 사람들이 '철학' 이라는 학문, 특히 서양철학을 접했을 때 머리에 통증을 느끼는 이유 중의 하나가 정말 수많은 철학자들이 정말로 다양한 설을 내세우며 나름대로 그럴듯한 이유를 들이대기 때문이다. 필자가 서양철학을 폄하하려는 것이 아니라 서양철학사를 뒤져보면 정말 수많은 철학자들이 나와서 나름대로의 철학이론을 펼치는데 하나하나 보면 다 그럴듯하지만 책을 덮고 나면 어지러움이 먼저 다가온다. 왜 그럴까. 그것은 서로 다른 논리를 내세우기 때문이다.

다시 말해 칸트의 철학과 베르그송의 철학은 서로 체계가 다르기 때문이다. 누구의 생각이 맞고 누구의 생각이 틀렸는지를 일일이 검증해 볼 수는 없지만 적어도 서양의 모든 철학자들이 일관된 체계를 갖고 사상을 전개해 나간 것이 아니라는 것은 분명하다.

그러나 동양의 철인들은 달랐다. 동양에도 수많은 사상가와 유학자들이 있고 각기 나름대로 독특한 학설을 내세우고 있는 것도 사실이지만, 그들의 사상을 관통하는 하나의 맥이 분명이 존재하고 있다. 그것이 바로 '음양'이다. 믿기지 않겠지만 엄연한 사실이다.

동양의 도는 태호 복희라는 분이 처음으로 '팔괘八卦'를 그었을 때부터 단 하나의 흐름으로 일관해 왔다. 하나의 근원一源에서 같이 흘러왔던 것同流이다. 동양의 도는 태호 복희씨가 하도河圖를 계시 받고 팔괘를 처음 그리면서 시작되었고, 그 후 낙서洛書를 계시 받은 하나라의 우 임금, 현재 우리들이 보고 있는 주역周易의 본문격인 효사爻辭를 지은 주나라의 문왕, 그리고 문왕의 아들이면서 형인 무왕을 도와 주나라를 세운 주공周公이 아버지의 유업을 이어 주역을 완성시킴으로써 동양의 도학은 일차적인 결실을 거둘 수 있었다. 주역을 주역이라 부르는 것도 주周나라에서 완성되었기 때문이라는 사실을 알아두면 좋을 것이다.

이후 춘추시대에 접어들면서 정말 수많은 사상가들이 독특한 학설을 내세우면서 자신의 사상을 펼치는 제자백가諸子百家의 시대가 오게 되는데 비록 표현은 다를지라도 이 모든 사상들이 앞서 언급한 태호 복희에서 주공까지 이어지는 역학의 흐름을 기반으로 하고 있다는 것은 분명한 사실이다. 예를 들어보자.

제자백가에서 단연 으뜸이며 지금까지도 그 위력을 발휘하고 있는 유가儒家, 즉 유학을 보면 공자는 자신의 모든 사상적 뿌리를 주나라의 학문과 예법에 두고 있다. 공자는 주역이 여러모로 난해하기 때문에 친절히 주석을 다는 작업을 진행하게 되는데 이러한 공자의 노력을 칭송하고자 후대 사람들은 공자의 주석 작업이 주역에 열개의 날개를 달아주었다는 의미를 담아 십익十翼이라 부른다. 이후 모든 유학자들에게 주역은 자신들이 도달해야할 학문의 최고봉, 궁극의 목표가 되기에 이른다.

많은 사람들이 주역이라는 책은 알지만 대개 '점치는 책', 신비한 책 정도로 알고 있는 것도 사실이다. 그러나 그 수많은 학자들이 점쟁이가 되려고 주역을 공부했겠는가. 주역에는 상황의 진행을 미리 예지해 볼 수 있는 원리가 숨겨져 있는 것도 사실이다. 그러나 더 중요한 것은 그 속에 인간을 포함한 우주 삼라만상의 변화 원리가 담겨있다는 사실이다.

당연히 '원리를 알면 답이 보이는' 것이다. 주역을 통해 사물의 변화를 바라보는 방법에 대해서는 본문에 다시 설명하게 될 것이고, 일단 공자의 유가는 이러한 음양의 원리를 근본으로 하여 탄생했다는 것을 알아두기 바란다.

또한 우리가 잘 알고 있는 도가道家의 노자와 장자도 음양의 원리를 통해 그들의 학설을 펴고 있다. 예를 들기 위해 멀리 갈 것도 없다. 노자의 대표적인 작품인 『도덕경』에서 도덕 道德이라는 표현이 곧 음양의 원리이다.

도덕이란 '천도지덕 天道地德' 즉 하늘의 도와 땅의 덕을 의미하는 것인데 하늘과 땅이라는 서로 별개이면서도 상호보완적인 존재의 원리를 통해 무위자연 無爲自然, 즉 인위적으로 억지로 무엇을 하려하지 않고 자연 그 자체의 순리를 따르는 삶을 설파하고 있는 것이다.

이 외에 묵자로 대변되는 묵가 墨家, 순자와 한비자 등으로 유명한 법가 法家 등 제자백가의 모든 학설은 음양의 원리를 모르고서는 한 치도 나아갈 수 없는 것이다.

'동양의 모든 것'의 뿌리가 되는 음양

음양의 원리는 단순히 학문적인 것에만 적용되는 것이 아니다. 제자백가의 시대가 끝나고 유교가 동양사상의 대표주자로 떠오르면서 유학은 국가의 통치원리로 굳건히 자리 잡게 된다. 다시 말해 정치와 경제가 분리되지 않은 왕조시대에, 음양의 원리를 기반으로 발전한 유학은 정치와 경제의 근본이념이 된 것이다.

그러나 이것은 시작에 불과하다. 동양에서는 모든 것이 음양의 원리에 뿌리를 두고 있다. 예술의 분야, 음악이나 회화에 있어서도 모두 음양론을 기초로 하고 있고, 전쟁을 수행할 때에도 소위 병법이라 하여 음양의 원리를 바탕으로 전쟁론을 펴고 있다.

손자병법으로 유명한 손자는 전쟁이라는 것이 군인들의 전투를 바탕으로 수행되는 정규전말고도 심리전, 정보전 및 전쟁 후의 민심까지 고려하는 비정규전으로 이루어진다는 것을 학문적으로 갈파한 최초의 사상가이다. 다시 말해 양陽의 성질을 띤 전쟁이 있으면, 음陰의 성질을 띤 전쟁이 있다는 것이다. 그뿐이 아니다.

인체가 병이 들거나 다쳤을 경우에 치료를 하는 의학에 있어서도 인간의 생리(생리학), 병의 원리(병리학) 그리고 약의 원리(약리학)에 이르기까지 모든 것을 음양의 원리를 따라 전개시키고 있다. 또한 동양철학이라는 표현에서 많은 사람들이 연상하듯이, 인간이 타고난 기질과 그에 따라 전개되는 인생의 행로에 까지 운명학運命學이라는 이름으로 지대한 영향을 미치고 있다.

필자의 견문이 짧아서 인지는 모르지만, 필자는 음양의 원리를 제외한 세상의 그 어떤 철학원리도 정치, 경제, 사회, 문화 그리고 전쟁론에서부터 의학 심지어 인간의 운명에 이르기까지 일관되고도 체계적인 기반을 제공하고 또 다양한 분야에서 수많은 학자, 예술가, 군인, 의사 심지어 점쟁이에 이르기까지 하나의 원리를 통해 자신의 분야에 영감을 얻는 경우를 본적이 없다.

세상이 워낙 물질 위주로 움직여가고 경제적 가치가 모든 것을 지배하는 시대가 되다 보니 산업기술과 경제체제에 한발 앞선 서양의 사상과 이념이 모든 것을 지배하고 있다. 물론 서양도 서양 나름대로의 장점이 있고 또 그 혜택을 세상 모든 사람들이 받고 있는 것도 사실이다. 그러나 서양의 것에 밀려 한물간 것, 구닥다리로 취급받기에는 동양의 사상, 음양의 원리가 너무 아깝다. 이왕지사 일이 이 지경에 이른 것을 어쩌겠는가. 갑자기 세상 사람들에게 우리 동양의 정신세계가 서양보다 우수하니 모든 것을 버리고 동양의 사상을 따르라고 할 수는 없는 노릇 아닌가. 그러나 포기할 수는 없다. 그저 우공愚公이 산을 옮기는 심정으로 한 발짝 한 발짝 나아가는 수밖에 없을 것이다.

그러나 본격적으로 음양의 원리, 오행의 원리를 설명해 나가기 전에 적어도 이러한 발걸음이 어떤 결과를 가져다 줄 것인지 전망해보는 작업이 필요하다고 본다. 그래야만 이 글을 읽는 독자들이 왜 이 글을 끝까지 읽어야 하는지 나름대로 필요를 느낄 수 있지 않을까. 그런 생각을 가지고 필자는 한 가지 이야기를 더 꺼내고자 한다.

왜 이 시대에 동양학이 필요한가

우리가 어떤 행동을 하기에 앞서 꼭 필요한 것이 있다면, 먼저 '상황 파악'을 제대로 해야 한다는 것이다. 상황 파악이 안되면 올바른 대처를 할 수 없고 따라서 잘못된 행동, 불필요한 행동을 하게 된다. 우리가 처해있는 상황에 대한 파악, 누가 이것을 얼마나 제대로 해내느냐에 따라 앞으로 전개될 미래가 달라지는 것이다.

그러니 우리도 한 번 우리가 살고 있는 이 시대에 대한 상황 파악을 해 보자. 이 시대는 누가 뭐래도 물질문명의 시대이다. 정신을 바탕으로 한 문화가 존재하지 않는 것은 아니지만 이 세상은 산업적 생산과 경제 구조라는 뼈대와 살을 바탕으로, 마치 인체의 혈액처럼 이들을 순환시키는 재화, 다시 말해 '돈'을 그 주된 동력원으로 하여 움직이고 있다.

이러한 시대의 흐름이 꼭 서양에서 유래한 것이라고만 이야기할 수도 없다. 이것은 인류문명이 거쳐 가야 할 필연적인 과정이라고 보는 것이 오히려 타당할 것이다. 그러면 이러한 산업사회, 과학기술문명을 중심으로 한 사회가 영원히 지속될 수 있을까. 혹시 다른 사회가 온다면 그것은 어떠한 모습일까.

여러분들은 저명한 학자들이 나름대로의 논리를 세워 앞으로 전개되는 사회는 정보중심의 사회가 된다든지 지식기반의 사회가 된다든지 하는 말을 들어보았을 것이다. 과연 그렇게 될 것인가. 그렇다면 그런 사회에서는 사람들은 어떤 삶을 살게 되는 것일까. 그러나 해답은 의외로 쉬울 수 있다.

여러분들은 봄 여름 가을 겨울 4계절 중에 어느 계절을 가장 좋아하는가. 우리는 지구가 태양을 한 바퀴 도는 1년을 기준으로 하여 계절을 나누고, 나무와 풀이 이 계절을 따라 나고, 자라고, 열매 맺고, 휴식을 취한다는 것을 잘 알고 있다.

음양의 원리란 앞서 누차 이야기 했듯이 어느 특정한 대상에만 적용되는 것이 아니라 이 우주 삼라만상에 공통적으로 적용되는 원리를 말한다. 다시 말해 이 세상은 하나의 원리에 의해 움직여 간다는 것이다. 지구가 태양을 도는 이치가 다르고, 인간이 살아가는 원리가 다르고,

물질이 원자와 분자로 구성되어 있는 원리가 각기 다른 것이 아니라 하나의 원리에 의해 돌아가면서 다양하게 표현될 뿐이라는 것이다. 세세한 원리에 대한 설명은 본문에서 다루기로 하고 일단 굵직하게 이야기를 전개시켜 보자.

초목에 있어 봄이란 탄생의 계절이다. 모든 초목이 봄볕을 받고 파릇파릇한 싹을 틔운다. 어린 것은 동물이든 식물이든 인간이든 하나같이 어여쁘듯이, 봄에 싹을 틔운 새싹도 가녀린 모습이 너무도 순수하고 아름답다. 그러나 시간이 흘러 무더운 여름이 찾아오면 초목은 줄기를 뻗어 무럭무럭 자라난다. 잎이 무성해지고 꽃도 피고, 여름의 초목은 봄의 모습과는 사뭇 다른 활기차고 건강한 생명력을 보여준다.

그러나 또다시 시간이 흐르고 태양의 고도가 낮아지면 청량한 가을이 찾아오게 되어있다. 무성하던 잎사귀는 생명력을 잃고 말라가면서 마지막 생명의 불꽃을 태우듯 형형색색으로 자신을 물들이고 동시에 온 힘을 다해 생명의 결실인 열매를 맺어 놓는 것이다. 열매란 초목의 일생에 있어 모든 것을 상징하는 결과물이자 내년에 씨앗을 통해 다시 찾아오겠다는 약속이다.

마지막으로 겨울이 오면 초목은 생명력을 잃고 깊은 잠에 빠져든다. 아무런 움직임도 없다. 그러나 누구도 그것이 초목의 죽음을 의미하는 것이 아님을 잘 알고 있다. 다만 길고 긴 휴식일 뿐이다. 왜 뜬금없이 초목의 이야기를 꺼냈을까. 짐작하신 분도 있겠지만 필자는 인간의 역사를 초목의 봄 여름 가을 겨울에 비유하고자 하는 것이다.

인류도 문명의 여명기에는 아마 몹시 순수한 모습이었을 것이다. 하루하루 살아가는데 있어 필요한 식량과 따뜻한 잠자리만 있다면 더 이

상 바라는 것 없는, 그래서 차라리 속편한 삶이 되었으리라 생각한다. 인류의 역사에 있어 봄 여름 적인 시간의 구분은 무의미한 것이겠지만 대략 도구의 발명과 더불어 생산력이 증가하고, 집단으로 모여 살게 되면서 사회가 형성되고 다시 그것을 기반으로 더욱 발전의 속도를 높여가는 식으로 인류는 현대문명을 일으켜왔다.

　이것은 비유하자면 여름과 같다. 여러분들은 화려한 여름이 좋은가, 성숙미가 풍겨지는 가을이 좋은가. 젊음의 열정과 중년의 원숙함은 뭐라 비교할 수 없는 나름대로의 매력을 가지고 있다. 현대문명은 마치 인류의 역사에 있어 여름과도 같다. 하늘을 향해 끝도 없이 높아져가는 빌딩, 손만 까딱해도 자동으로 작동하는 온갖 문명의 이기들. 그러나 동시에 그러한 현대문명의 이기들도 돈이 없으면 소용이 없다. 내 것이 될 수가 없다. 그래서 화려한 현대문명은 그 높이만큼이나 길게 뻗어있는 그림자를 지니고 있는 것이다. 화려함속에 자라나는 공허함만큼이나 가을은 서서히 우리에게 다가오고 있는 것이다.

　잠시 주변을 둘러보자. 요즘 웰빙 well-being 또는 참삶이라는 이름으로 다가오는 생활양식은 많은 것을 시사하고 있다. 예전에는 값싸고 양 많은 것이면 뭐든 좋았다. 풍족하다는 것은 곧 행복하다는 것을 의미했다. 그러나 이제는 꼭 그렇지만은 않다. 양이 적어도, 또는 비싸도 제대로 된 것, 가치가 있는 것을 더욱 중요시해야 한다는 것을 알게 된 것이다.

　이것은 예전에 몰랐던 것을 이제야 알게 되었다는 뜻이 아니다. 세상의 흐름에 따라, 시대가 변함에 따라 자연스럽게 좋아하는 것이 달라졌다는 것을 말해주고 있는 것이다. 아직 정확히 정체를 알 수는 없지만 무언가 우리 주변에서 사람이 살아가는 방식에 서서히 변화가 일어나고 있는 것이다. 이것이 우리가 일차적으로 파악해야 할 상황인 것이다.

보이지 않는 것을 다루는 원리

서양문명 중심의 현대문명을 다른 말로 과학문명이라고 한다. 과학이란 현상現象의 원리를 다루는 학문이다. 다시 말해 실제로 나타나 있는 것에만 관심을 둔다. 이치에 맞고 합리적인 것을 바탕으로 모든 것을 쌓아올려 가는 것이다.

그러나 동양의 관심은 좀 다르다. 우리가 음양이라고 했을 때, 음양이란 서로 상대적인 것이 하나로 조화되는 것을 말하는 것이고 그 속에는 '보이는 것' 과 '보이지 않는 것' 이 공존한다는 뜻이 담겨있다.

동양의 언어, 특히 한자에는 이러한 음양론적인 사고방식이 깊이 배어있다. 예를 들어보자. 우리가 흔히 쓰는 존재存在라는 단어는 존存과 재在라는 단어가 합쳐서 만들어진 것이다.

둘 다 '있을 존', '있을 재' 로 무엇이 있다는 뜻이지만 엄밀히 말하면 '존' 이라는 것은 무형의 것이 있다는 뜻이고 '재' 라는 것은 유형의 것이 있다는 뜻이다. 즉 인간의 정신, 사고 작용은 '존' 에 속하는 것이고, 인간의 육신은 '재' 에 속하는 것이 된다. 이 둘이 합쳐져야 비로소 인간은 '존재' 하게 되는 것이다.

한자의 음양론적인 사고방식은 무수한 예가 있지만 한 가지만 예를 더 들어보자. 언어言語라는 단어 역시 다 같은 '말씀' 이라는 뜻이지만 엄밀히 구분하면 '언' 이란 사람이 입을 통해 내뱉는 무형의 소리를 말하는 것이고 '어' 라는 것은 글로 씌어진 인간의 말을 말하는 것이다. 그래서 사람이 말하고 쓰는 것을 합쳐 '언어' 라고 하는 것이다. 안타깝게도 서양 과학문명의 영향을 받은 현대인들은 유형의 것만 믿으려 하고 거기에만 관심을 두고 있지만, 존재라는 말 그대로 사람은 보이는 것과 보이지 않는 것을 동시에 알아야 하는 것이다. 다시 예를 들어보자.

인체에 있어 피血라는 것은 없어서는 안 되는 것이다. 마치 자본주의 사회에서 '돈' 이 사회의 구석구석을 돌면서 경제활동을 가능하게 하는 것처럼 피는 온 몸을 돌아다니면서 '낡은 것' 과 '새 것' 을 바꾸어주는 역할을 한다. 여기까지는 누구도 아는 사실이다. 그러면 피와 더불어 음양론적인 짝을 이루는 것은 무엇일까.

그것을 동양에서는 '기氣' 라 부른다. '기' 는 피를 이끌고 온 몸을 돌면서 인간의 생명활동을 가능하게 하는 힘이다. 우리는 일상다반사로 '기를 쓴다', '기가 막힌다', '활기가 넘친다' 라고 표현하면서도 '기' 라는 것이 실제로 존재하는지조차 제대로 알지 못하고 있다. '기' 와 '피' 가 음양론적인 짝을 이루고 있기에 이를 뜻하는 가장 정확한 표현은 '기혈' 이 되는 것이다.

그러나 기를 과학적으로 증명하는 것은 불가능에 가깝다. 왜냐하면 기는 보이지 않는 것이기 때문이다. 눈으로 본 사람도 없고 어떠한 검사장치에도 나타나지 않고 다만 한의사가 침술을 이용해 병을 치료할 때만 막연히 기라는 것이 있겠구나 짐작만 할 뿐이다. 왜 인체에 유형의 '피' 말고 무형의 '기' 가 함께 존재해야 하는지 설명해 주는 사람도 없다. 그러니 더더욱 막막할 수밖에 없는 것이다.

필자는 감히 현대문명을 50퍼센트짜리 반 토막 문명이라고 이야기한다. 왜냐하면 현대문명은 보이는 것에만 정통할 뿐, 보이지 않는 것에 대해선 너무나 무지하기 때문이다. 사람의 삶이란 무형의 생각이 반, 유형의 행동이 반이다. 그런데 인간의 삶에서 절반을 차지하는 사고 작용, 정신작용에 대해서 왜 인간에게 그러한 작용이 가능한지 또 어떻게 그러한 작용이 이루어지는 것인지 제대로 설명해주지 못하는 것이다. 기껏해야 현대의 정신의학, 심리학 정도가 인간의 마음과 몸의 상관관계를 설명해보려고 시도하고 있으나 아직 만족할만한 성과를 내지 못한 채 그저 엔돌핀이니 하는 식으로 다양한 생체호르몬들이 인간의 심리에 영향을 미친다는 것을 발견하는 정도에 머물고 있다.

젊음이라는 것은 비록 이것저것 부족한 부분이 있더라도, 또는 쓰디쓴 실패를 맛볼지라도 과감히 도전할 수 있다는 데에 가장 큰 매력이 있다. 그러나 역설적으로 과감한 도전은 젊을 때에나 가능하다는 뜻도 된다. 인생의 완숙기에 접어든 중, 장년이 뒷감당도 못하면서 천방지축 일만 벌이고 다닐 수는 없는 것이다.

현대문명은 이제 과감한 도전을 통해 젊음을 뽐냈던 여름철을 지나 완숙함을 추구해야 하는 시기에 도달한 것이다. 현대문명이 이러한 모습을 지니게 된 것은 누구의 잘못도 아니다. 그냥 그럴 수밖에 없었던 것이다. 그러나 이제는 양상이 다르다. 이제는 그동안 몰라서 외면했거나, 알고도 무시했던 부족한 50퍼센트의 정신문명을 추구해야 될 때가 온 것이다.

물론 동양의 정신문명이 갑자기 생겨난 것도 아니고 지금도 그러한 정신세계나 문화를 실천하고 있는 사람도 많이 있다는 것을 모르는 바도 아니다. 그러나 대부분의 사람들은 왜 참선을 하고 명상을 하면 정신의 평화가 찾아오는지 그 까닭조차 제대로 모르고 있다. 왜 기공수련을 하고 요가를 하면 심신이 건강해지는지 혹시 그 이유를 아는가? 그냥 좋다는 것을 체험적으로 겪었기 때문에 따라하는 사람들이 대부분이다. 이는 동양의 정신문명이 가지고 있는 잠재력의 십분의 일도 채 쓰지 못하고 있는 것이다.

동양학에 대한 무지로 인해 벌어지는 웃지 못할 일은 한두 가지가 아니다. 가까운 예를 든다면, 2002년 당시 온 국민을 열정의 도가니로 몰고 갔던 월드컵 축구경기를 기억할 것이다. 그 당시 국민들의 우려와 비난 속에서도 꿋꿋이 소신을 지키며 대표팀을 4강으로 이끌었던 중심에는 히딩크 감독이 있었다. 그리고 그와 관련된 많은 화제 중에 히딩크 넥타이라는 것이 있었다. 히딩크 감독이 매 경기마다 매고 나와 승리를 함께 한 덕분에 넥타이조차 크게 화제가 되었던 것이다.

필자도 그 넥타이를 우연한 기회에 볼 수 있었는데 막상 실물을 본 필자는 크게 실망을 느끼지 않을 수 없었다. 왜냐하면 넥타이에 수놓아진 태극 문양과 괘의 배치가 잘못되어 있었기 때문이다. 우리의 국기인 태극기는 문양이 독특하여 외국에서도 종종 실수로 방향을 바꾸어 게양하는 일이 있어 그때마다 국민적인 비난이 쏟아지곤 하는데, 비록 헷갈릴 수 있다고는 하지만 아무래도 성의가 부족하다는 인상을 지울 수가 없기 때문이다.

마찬가지로 넥타이를 디자인한 디자이너가 일부러 그런 실수를 했을 리는 없다. 다만 그분은 태극기의 건곤감리 네 괘를 단순히 디자인의 요소라고 생각했을 뿐일 것이다. 그러나 철학이 담긴 문양을 임의로 배치한다는 것은 경솔한 부분이 있다. 더구나 국기에 담긴 문양임에도 건괘맞은편에 또 건괘를 배치한다는 것은 솔직히 너무 무성의하다는 느낌을 지울 수가 없는 것이다. 디자이너도 나름대로 정성을 들여 넥타이를 만들었을 것이고 더구나 한국팀을 4강으로 이끈 행운의 넥타이가 되었지만 동시에 엉성한 문양은 동양학에 대한 무지를 드러내는 '옥의 티'가 되어 아쉬움을 남기고 말았다.

이처럼 무관심과 냉대 속에서 고사枯死 직전에 처한 동양학의 진면목을 온전히 세상에 밝히려는 노력은, 모든 사람을 이롭게 하는 것이고 동시에 한편으로 심하게 기울어진 인류문화의 불균형을 바로잡는 일이 될 것이라고 필자는 믿어 의심치 않는다.

동양문화의 플랫폼

흔히 동양이라고 할 때는 보통 아시아대륙 전체를 말하는 것이지만, 동시에 전 세계를 대상으로 동양적인 가치를 가장 잘 대변하고 있는 곳을 말할 때나 또는 그 비중에 있어서는 한중일 삼국을 많이 이야기한다. 물론 이는 필자 역시 한국 사람이기에 어쩔 수 없는 편견이라 해도 할 말은 없다. 그러나 지금 이 시점에서 세 나라의 비중은 결코 작은 것이 아니다.

예전에 동서양 교류가 많지 않던 시절, 중국 중심의 세상에서는 한국이나 일본의 비중이 상대적으로 작았는지 몰라도 지금은 경제 강국으로서의 일본과 여전히 넓은 영토와 자원 그리고 인구로 인해 무게감을 더하고 있는 중국, 또한 신흥 강국으로서 앞의 두 나라에 한류를 수출하는 한국의 입지는 아시아의 주류라 해도 과언이 아니다.

그러나 이들 세 나라의 관계는 그리 좋지 못하다. 근대사의 여러 비극적인 사건들로 인해 서로 복잡하게 얽혀있는 상태에서 각자 아시아의 맹주로 나서기 위해 수면 위에서건 수면 밑에서건 치열하게 경쟁을 하고 있기 때문이다. 그러나 필자의 생각은 좀 다르다. 비록 세 나라의 경쟁이 피할 수 없는 것이라 하더라도 무언가 공통의 기반을 갖고 상호 보완적인 관계를 유지할 수도 있지 않겠는가 하는 것이 필자의 바람이다. 왜냐하면 앞서 이야기한 동양문명을 세계에 알리기 위해서는 세 나라의 보이지 않는 협력이 꼭 필요하다고 생각하기 때문이다.

이제는 일상생활에서 꼭 필요한 존재가 되어버린 컴퓨터를 조금 체계적으로 공부해본 사람은 누구나 아는 것이지만 컴퓨터를 움직이기 위해서는 '운영체제' 즉 OS operating system이라는 것이 꼭 필요하다. 흔히 접하는 윈도우즈나 리눅스 같은 것이 바로 운영체제이다.

컴퓨터에서 작동되는 각종 프로그램은 만들어진 목적이나 구동되는 방식이 각기 다르다. 아니 다를 수밖에 없다. 이렇게 다양하고 이질적인 각각의 프로그램을 하나의 컴퓨터에서 돌리기 위해서는 앞서 이야기한 운영체제가 꼭 필요한 것이다. 이 운영체제가 있음으로써 각기 다른 프로그램들이 서로 충돌을 일으키지 않고 필요한 경우 자료의 이동까지 가능하게 되는 것이다.

이러한 운영체제를 전문적인 용어로 플랫폼 Platform이라고 한다. 세모꼴, 네모꼴, 동그라미 형태의 각각의 프로그램들이 이들 형태에 맞추어 변형되는 플랫폼을 만남으로써 서로 호환성을 지니게 되는 것이다.

뜬금없이 컴퓨터 이야기를 꺼냈지만 필자는 한중일 세 나라에 있어

각 나라마다 고유의 개성을 유지하면서도 그 바탕에 있어서는 서로 원활한 소통이 이루어질 수 있도록 하는 플랫폼이 필요하다고 생각한다. 그리고 그 플랫폼의 역할을 할 수 있는 것이 바로 음양으로 대변되는 동양의 고유한 문화라고 생각하는 것이다.

이것은 글자그대로 필자의 바람일 뿐 앞으로 어떠한 일이 세 나라 사이에 벌어질지 아무도 모른다. 그러나 얼마든지 세 나라가 공통의 플랫폼을 기반으로 서로 문화의 호환이 이루어지는 좋은 길을 갈 수 있다고 생각하고, 꼭 그랬으면 하는 것이 필자의 '희망사항' 이다.

김일부, 이제마, 한동석

그러면 다른 나라의 사정은 관두고서라도 한국이 동양문화에서 차지하는 비중은 얼마나 될까. 흔히들 동양문화 특히 음양학에 있어 대다수는 그 기원을 중국에 두는 것이 보통이다. 그러나 여기에 다른 견해를 갖고 있는 사람들도 있다.

앞서 동양학의 시원은 태호 복희씨가 하도를 계시 받고 팔괘를 처음 그리면서 시작되었다고 밝힌 바 있는데, 이 태호 복희씨의 출신에 대해 보통은 중국의 전설에 내려오는 삼황오제三皇五帝 중의 한 분이라고 알고 있는 것이 사실이다. 그러나 다른 사료에는 태호 복희씨가 동이족 출신이라고 하는 내용이 나오기도 한다.

다시 말해 태호 복희씨가 한민족의 혈통을 갖고 있다는 것이다. 여기는 역사를 논하는 자리가 아니므로 이런 사료가 있다는 정도만 언급하기로 하고 넘어가되, 태호 복희씨가 한민족이건 중국민족이건 이후 동양학의 발전은 주로 중국에서 이루어진 것만은 부인할 수 없는 사실이다.

앞서 이야기했듯이 동양학은 다양한 적용분야를 갖고 있지만 학문적 분야에서 가장 눈에 띠는 것은 유학儒學과 동양의학東洋醫學(한의학)이 대표적이다. 유학은 공자, 맹자이후 눈에 띠는 발전이 없다가 송나라의 주자가 성리학의 체계를 세움으로써 중국 본토뿐만 아니라 한국과 일본에 문화적으로 지대한 영향을 미치게 된다. 또한 한의학도 중국에서 발간된 의학서를 중심으로 학문적 발전을 지속해 왔다.

그러나 이렇게 중국 중심으로 발전해 왔던 동양학에 획기적인 전환점을 마련한 위대한 사상과 의학적 발전이 백여 년 전의 한반도에서 일어날 줄을 누가 알았겠는가. 동양학에 일대 신기원을 이룩한 분들이란 바로 김일부 선생과 이제마 선생, 그리고 한동석 선생을 말한다.

먼저 김일부 선생에 대해 이야기해보자.

김일부 선생(김항, 1826~1898)은 『정역正易』의 지은이로 잘 알려져 있는 분이다. 왜 이분이 그렇게 중요한 분인가 하면 다름 아니라 새로운 팔괘八卦를 그렸기 때문이다. 주역을 조금이라도 접해본 사람이라면 알겠지만 주역에는 두개의 팔괘가 나온다.

하나는 앞서 이야기한 태호 복희씨가 그린 복희팔괘이고 또 하나는 주역의 본문을 쓴 사람, 즉 문왕이 그린 문왕팔괘이다. 팔괘를 그렸다는 것은 동양의 정신세계에 있어 '새 하늘과 새 땅'이 열렸다는 만큼이나 중요한 의미를 갖고 있는 것이다. 주역에 나와 있는 팔괘나 64괘에 대한 자세한 이야기는 본문에서 하기로 하고 여기서는 큰 흐름만 언급할 것이니 우선 양해를 바란다.

주역에 있는 두개의 팔괘를 글자그대로 위편삼절 韋編三絶, 가죽 끈이 세 번 끊어질 정도로 깊이 공부했던 공자는 이치적으로 한 개의 팔괘가 더 있어야 한다는 것을 알게 되고, 또 그 팔괘를 계시 받는 주인공이 되고자 많은 노력을 기울였다. 그러나 불행하게도 공자에게는 기회가 오지 않았다.

그랬던 그 팔괘가 한민족의 한 평범하다면 평범하다할 유학자 김일부 선생의 눈에 홀연히 나타난 것이다. 김일부 선생은 새로이 계시 받은 팔괘를 정역팔괘라 이름붙이고 정역팔괘의 이치를 밝히기 위해 정역을 짓게 된다. 지금까지의 이야기는 일반 사람들에게 있어 참으로 뜬금없고 황당한 무협지 같은 이야기로 들릴 것이다. 그러나 실상을 들여다보면 김일부 선생의 정역을 빼놓고 한국의 근대사를 이야기하는 것은 무의미하다고 할 정도로 정역과 김일부 선생은 중요하다.

정역에 담겨있는 수많은 깊은 뜻을 다 헤아릴 수는 없겠지만 적어도 한 가지 꼭 알고 있어야 할 것이 정역에는 '후천개벽'에 대한 사상이 담겨있다는 것이다. 후천개벽이란 또 무엇인가. 흔히 천지개벽이라 하면 무슨 세상이 와장창 무너지는 것 정도의 생각을 떠올리는 분도 있겠지만 개벽현상이란 동양의 정신세계에 있어 핵심 중의 핵심에 속하는 매우 중요한 원리이다.

우리가 음양을 서로 상대적이면서도 동시에 서로 조화된다는 의미로 사용했을 때, 머릿속에 그려볼 수 있는 그림은 동그란 원에 음과 양을 상징하는 파란색과 빨간색이 반반씩 나뉘어 있는 모습이 될 것이다. 그리고 음과 양은 서로에게 영향을 미치면서 돌아가는 것이기에 태극기 속에 그려있는 태극 문양처럼 서로 꼬리에 꼬리를 물고 돌아가는 형상을 그려놓는 것이다.

이렇게 서로 꼬리를 물고 순환하는 음과 양의 상징을 깊이 생각해보면 '양'이라는 것은 언제나 '양'으로만 존재하는 것이 아니라 언젠가는 '음'으로 변화하고 '음' 또한 마찬가지로 '양'으로 변화하는 과정을 겪게 될 것임을 알 수 있는 것이다. 바로 이렇게 '음'이 '양'이 되고 '양'이 '음'이 되는 현상을 개벽이라 부른다.

개벽開闢은 새로운 차원이 열린다는 뜻이다. 여기에서 음에서 양으로 변화하는 개벽을 선천성의 개벽, 즉 선천개벽先天開闢이라 부르고, 양에서 음으로 변화할 때는 후천성의 개벽, 즉 후천개벽後天開闢이라 부르는 것이다. 따라서 후천개벽이란 지금까지 몸담았던 세상과는 판이하게 다른 새로운 세상이 열린다는 뜻이 되는 것이고, 김일부 선생이 정역팔괘를 계시 받았다는 것은 곧 새로운 세상이 열린다는 하늘의 계시를 받았다는 말과 같은 의미가 되는 것이다.

이 세상을 바라보는 새로운 원리가 제시되면 필연적으로 그 원리를 현실에 펼치는 인물이 나타나기 마련이다. 이러한 인물들에 의해 후천개벽을 민중에게 설파하고자 하는 동학이나 증산도, 그 밖의 많은 신흥종교들이 나타나게 되었던 것이다. 비록 성공을 거두지는 못했지만 동학혁명이 갖는 자주성이나 근대성에 대해서는 다양한 학문적 연구가 이루어져 있으니 이를 참고하기 바란다.

아직도 김일부 선생에 대한 학계의 평가는 '진행 중'이다. 어떤 사람은 김일부 선생의 정역을 유학의 범주에 편입시키기도 하고 또 이단시 하는 학자들도 있다. 그러나 분명한 것은 '후천개벽' 또는 '개벽' 자字

가 들어가는 우리 근세사의 모든 역사적 사건들은 김일부 선생으로부터 촉발되었다는 사실이다.

다음은 이제마 선생 (1837~?)이다.

이제마 선생은 그분의 독특한 의학이론인 사상의학으로 인해 이미 세간에 많이 알려져 있는 인물이다. 그러나 그분의 사상의학을 단순히 사람의 체질구분을 통해 병을 치료하려 했다는 정도로 이해해서는 안 된다. 이제마 선생의 사상론은 뒤에 오행론을 설명하는 과정에서 자세히 언급하겠지만, 다만 그분의 저서 『동의수세보원』은 마치 아인슈타인을 기점으로 고전물리학과 현대물리학이 갈리는 것만큼이나 동양의학에 있어 새로운 기원을 세우고 있다는 점을 강조하고 싶다.

이제마

마지막으로 한동석 선생 (1911~1968)은 비교적 최근의 인물이다.

이 분은 앞서의 두 분처럼 어떤 새로운 철학적 위업을 쌓은 분은 아니지만 불후의 명저 『우주변화의 원리』를 남김으로써 지금껏 이심전심 以心傳心, 불립문자 不立文字 의 틀 안에 갇혀 일반인들의 접근조차 힘들었던 동양철학의 신비를 현대적인 의미로 해석해 내는데 지대한 공헌을 하였다.

사실 지금까지의 동양학은 위대한 철인들에 의해 많은 발전을 해 왔지만 솔직히 너무 어려워서 일반인들은 도통 이해할 수가 없는 분야였다. 또 동양의 전통이 '깨달음이란 인연이 있는 자에게 전해지는 것' 이기 때문에 많은 서적들이 전해 내려오고 있음에도 그 깊은 뜻은 항상 깊이깊이 숨겨져 왔던 것이 사실이다.

이러한 동양의 전통을 깨고 그 방대한 철학적 흐름을 체계화시켜 일목요연하게 소개한 책자는 비록 천박한 필자의 소견이지만 『우주변화의 원리』가 유일하다고 생각한다. 필자 또한 이 책을 통해 동양철학이 인간의 팔자나 논하는 천박한 학문이 아니라 인간과 우주, 정신과 물질에 이르기까지 하나로 관통하는 글자그대로 '우주변화의 원리' 임을 깨우칠 수 있었다. 물론 『우주변화의 원리』 또한 일반인들이 쉽게 읽을 수 있는 책은 아니다. 그래서 필자는 고심 끝에 비록 얕은 지식이나마 일반인들이 좀 더 알기 쉽게 설명을 달아보고자 이 책을 쓰게 된 것이다.

한동석

감히 말하건대 동양의 정신세계에서는, 보통 철학이라는 이름을 붙여 인류가 오랜 세월 탐구해왔던 '진리' 의 문제가 완전히 종결되었다. 동양의 철학은 인간과 우주에 관한 모든 신비를 완전히 해독해냈다. 동양의 철학은 더 이상의 발전이 필요 없는 완성된 학문이다. 도대체 동양의 철학에 어떤 내용이 담겨 있기에 이렇게 거침없는 표현을 쓸 수 있는 것일까. 이제 그 문을 활짝 열어보자.

1장
음양을 알아보자

1장 _ 음양을 알아보자

음양이란
음양의 변화
일음일양지위도
음양론이 가지는 의미
정의와 의리
큰 순환, 작은 순환
음과 양은 어떤 관계일까
본체와 작용
음양론으로 바라본 사람의 일생
음양의 심장 태극

{ 음양이란 }

    음양이란 음陰과 양陽이라고 하는 서로 대립하면서도 상호 보완적인 두 기운을 의미하는 것이다. 이 두 가지 상반된 기운이 때로는 서로 대립하고 때로는 서로 도우면서 우주 삼라만상의 변화를 일으킨다는 생각이다. 과연 그럴까. 함께 생각해보자.

    이 세상은 상반된 두 기운으로 가득 차 있다. 하늘이 있으면 땅이 있고, 남자가 있으면 여자가 있다. 낮과 밤, 동양과 서양, 육지와 바다 등등 예를 들려면 한없이 많이 있다. 그러나 이것만 가지고 음양에 대한 어떤 느낌을 갖기에는 좀 부족하다. 음양이란 구체적으로 무엇을 말하는 것일까.

    우선 먼저 제안을 하고 싶은 것은 이 세상이 음양으로 구성되어 있다는 것을 느끼기 위해서는 약간 감상적이 되어야 한다는 것이다. 이 세상은 조화롭다. 지구는 태양을 돌고 있으면서 그 속에서 1년이 만들어지고 또 자전함으로써 하루를 만들어 낸다. 지구가 태양을 돌 수 있는 것은 태양이 지구를 당기는 구심력과 지구가 원운동을 하면서 가지게 되는 원심력의 절묘한 조화 때문이다. 두 가지 힘은 서로 반대되는 성질을 가졌지만 서로를 보완하면서 균형을 이루고 있다. 때문에 그 속에서 수많은 생명이 삶을 영위해 갈 수 있는 것이다.

    남자와 여자는 또 어떤가. 인간이란 참으로 흠도 많고 욕심도 많은 존재이지만 그러나 그런 인간이 나름대로의 꿈을 키우고 무언가 더 나은 삶을 살아가려는 의지를 갖게 되는 데에는 남녀 간의 만남이 자리 잡고

있다. 말도 많고 탈도 많은 것이 남녀의 관계이지만 그래도 인류가 역사적 과정을 밟아오는 가운데에는 위대한 인물이건 평범한 중생이건 무수한 남녀 간의 만남이 자리 잡고 있다.

우스운 상상을 해보자. 만약 지구상에 남자 혹은 여자만 살고 있다면 어떨까. 아마 모르긴 몰라도 엄청난 외로움에 휩싸이거나 각자 넘치는 에너지를 소화하지 못해 싸움을 벌일지도 모를 일이다. 다행이도 그런 일은 없다. 이 세상에 남자와 여자라는 본바탕이 서로 다른 존재가 함께 살고 있다는 것이 얼마나 오묘한 조물주의 섭리인가를 새삼 설명할 필요가 없을 것이다.

인간의 사고思考 작용을 논할 때에도 음양은 존재한다. 흔히들 인간에게는 이성과 감성이 있다고들 한다. 이성은 차분하고 냉정하고 합리적인 생각이고, 감성은 뜨겁고 활동적이다. 그리고 이 둘은 서로 배타적이지만 어느 누구도 이성적으로만 또는 감성적으로만 살 수는 없다. 이성적인 것은 질서정연한 사회를 만들 수는 있겠지만 인간미가 없다. 완벽한 것을 추구하기는 하되 사람이 좀 부족한 부분도 있어야 어째 사람 같다는 생각이 들고 정이 가는 것이 또한 사람이다. 반면에 너무 감성적으로 나대기만 한다면 그 사람 주변의 사람들은 몹시 피곤할 수밖에 없을 것이다.

{ 음양의 변화 }

그러면 이 세상이 서로 다른 두 가지 성질로 구성되어 있다는 것이 음양인가. 앞서의 이야기들은 음양의 몇 가지 일반적인 예를 든 것에 불과하다. 다시 말해 인간을 음양으로 나누었을 때 남자와 여자가 있다고 이야기 했지만 흔히 생각하듯 남자는 양이고 여자는 음이라는 고정관념을 말하고자 하는 것은 아니다. 그렇다고 여자가 양이고 남자가 음이라는 이야기도 아니다.

음과 양은 관계이다. 어떤 상황에서는 남자가 양이 되고 여자가 음이 되며, 또 그 반대도 얼마든지 가능하다는 것이다. 다만 여기서 양이라는 것은 동動적인 것을 위주로 하고 음이라는 것은 정靜적인 것을 위주로 한다는 뜻이 담겨 있다.

그러면 동적인 것이란 무엇인가. 모든 생명이 있는 것은 움직인다. 그렇게 움직임이 있는 것은 '양'의 기운을 띠었다고 하는 것이다. 그러나 모든 움직이는 것이 항상 움직일 수만은 없을 것이다. 피로하면 쉬기도 해야 하고 잠도 자야하고 여하튼 가만히 있을 때도 있는 것이다.

모든 생명은 '양'의 기운이 주동할 때는 움직이다가 양의 기운이 소진되면 바로 그 때 '음'의 기운이 작용하여 움직임을 멈추고 휴식을 취하며 가만히 있게 되는 것이다. 그렇게 움직임을 멈추고 휴식하며 또 다른 움직임을 준비하는 기간을 단순히 '양' 기운이 없다고 생각하는 것이 아니라 '음' 기운이 작용한다고 보는 것이다. 그것이 정靜적인 과정이다.

다시 낮과 밤을 예로 들어 생각해보자. 음양이란 단순히 하루를 음양으로 갈라 해 뜨는 낮과 해지는 밤으로 나누자는 것이 아니다. 태양은 엄청난 에너지를 지구에 뿌려준다. 그러면 그 햇빛을 받은 지구상의 모든 생명들은 그 넘치는 양기를 받고 휴식에서 깨어나 활동을 시작하는 것이다.

꽃은 햇빛을 받기 위해 꽃잎을 벌리고 나뭇잎은 햇빛을 통해 호흡을 하며 신선한 산소를 내뿜는다. 많은 동물들과 특히 사람들도 양기를 받고 잠에서 깨어 하루의 활동을 시작하게 되는 것이다. 물론 매일 좋은 일만 일어나지는 않는다. 어쩌다 그늘에서 자라는 나무의 잎사귀는 양기가 부족하여 시들기도 하고 마음에 구름이 끼어 우울한 사람은 아침에 뜨는 해를 보아도 그 양기를 온몸 가득 받아들이지 못 할 수도 있다. 그러나 어느 정도 예외가 있을지라도 대부분의 생명은 아침이 되면 간밤의 휴식을 마치고 동적인 존재가 되는 것이다.

그러나 영원히 움직이고 있을 수만은 없다는 것을 우리는 잘 알고 있다. 일을 했으면 좀 쉬기도 해야 하는 것이다. 해가 뉘엿뉘엿 서산으로 넘어가면 서서히 한낮의 들떴던 마음도 가라앉고 하루의 일과를 정리하면서 휴식을 취해야겠다는 마음이 들게 되는 것이다. 꼭 가만히 있고 잠을 자는 것만이 휴식이 아니다. 공적인 하루의 일과에 지친 마음을 쉬게 하는 개인적인 활동도 사람에게는 휴식이 될 수 있다.

흔히 말하는 '스트레스 해소'가 바로 휴식이다. 움직이고 움직이지 않고 하는 것이 꼭 '음' 기운의 척도가 아니라는 것이다. 피곤하고 들떠 있는 정신을 가라앉혀 주는 것이라면 운동도 휴식일 수 있다. 해가 지고 '음' 기운이 작용하면 사람들은 이런 행동을 하고 싶어 한다. 그러나 뭐니 뭐니 해도 최고의 휴식은 잠이다.

　이렇게 하루는 음양의 운동을 하는 하나의 단위이다. 그저 밝은 낮과 어두운 밤이라는 식의 재미없는 구분이 아니라 모든 생명이 태양과 달의 양기운 음기운을 받아 음양 운동을 하면서 삶의 어떤 하루를 만들어 가는 것이다.

　우리들은 생동하는 음양의 기운 속에서 살아가고 있다. 이것은 자연스러운 것이다. 이러한 하루의 음양운동 속에서 삶을 영위해가는 것은 인간에게 편안함을 주는 것이다. 이러한 하루의 질서를 거부할 수도 없고 거부할 이유도 없다. 그보다는 하루가 던져주는 음양기운과 조화를 이루며 그 기운을 적절히 활용하여 알찬 하루를 만들어가는 것이 더욱 중요한 과제라 할 것이다.

　이렇게 하루를 음양의 율동이 펼쳐지는 단위로 본다는 것이 무의미한 낮과 밤의 반복으로 여기는 것보단 훨씬 좋지 않은가. 단, 여기서 밤의 음기운을 작용시키는 주체가 달이라는 것은 나중에 설명하기로 하고 일단 넘어가는 것을 양해해주기 바란다.

{ 일음일양지위도 一陰一陽之謂道 }

동양의 학문을 공부하려고 하면 대부분의 자료들이 한자로 되어 있어 뜻을 파악하기는커녕 읽기조차 힘든 것이 사실이다. 필자도 이러한 애로사항을 충분히 알고 있기에 한문 원문을 인용하는 것은 극도로 자제하려고 한다. 그러나 아무리 풀어서 설명하려고 해도 꼭 설명이 필요한 한자원문이 있을 수밖에 없는데 지금이 바로 그 순간이다.

일음일양지위도 一陰一陽之謂道 라는 것은 주역 周易 에 실려 있는 문장인데 음양의 원리를 한마디로 요약한 가장 중요한 문장이자 앞으로 다른 책을 보게 되더라도 수없이 많이 접하게 될 것이므로 약간 설명을 붙이고자 한다.

'일음일양지위도' 란 한번 음운동을 하고 한번 양운동을 하는 것이 '도 道' 라는 것이다. 온 우주 삼라만상은 이러한 음양운동을 하고 있고 이런 음양운동을 하는 것이 자연의 길, 즉 도라는 것이다. 설명은 간단하지만 이 속에는 무한한 의미가 담겨있다.

우리는 우리를 둘러싼 많은 것에 의문을 가지고 있다. 인간이란 무엇인가, 산다는 것은 어떤 의미를 가지고 있는가, 나는 왜 태어났는가. 참으로 알기 어렵고 심지어 해답을 찾는 것이 가능한지조차 의심스러운 이런 질문들을 한번쯤 생각해보지 않은 사람은 없을 것이다. 사람들은 이러한 의문에 대한 해답을 찾기 위해 철학을 발전시키고 온갖 탐구를 해왔지만 마음에 드는 답변을 제시한 경우를 찾기 힘들다.

그러면 동양의 철인들은 어떤 생각을 했을까. 구체적인 내용은 나중

에 태호 복희씨가 하도河圖를 계시 받는 과정
을 설명할 때 하겠지만, 기본적으로 동양의
철인들은 이 대자연이 음양의 운동을 한다
는 것을 '본능적으로' 깨달은 것이다.

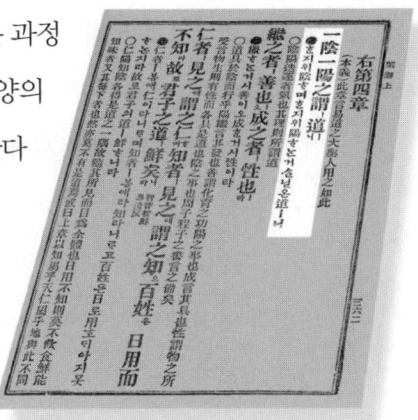

주역 원문

　주기적으로 음양의 기운이 자연계에
찾아올 때마다 모든 생명이 그 기운에
감응하며 한번은 양운동을 하고 한
번은 음운동을 하는 모습을 살펴보
면서, 이러한 대자연의 움직임을 일상적으로 반복되는 낮과 밤의 변화
정도로 본 것이 아니라 그 속에 생명의 교감이 있음을 알아차린 것이다.
그리고 그 속에 조화옹造化翁의 정신이 담겨있음을 간파해낸 것이다.

　무심해 보이는 해와 달, 물, 바람, 흙속에도 음양의 정신이 깃들어 있
고 더 나아가 생물이든 무생물이든 음양의 운동을 한다는 자체가 '삶
生'을 '명命'받은 존재 즉 '생명生命'이고 또 모든 생명은 음양운동을
하고 있다는 것을 알게 된 것이다.

　이것은 지금 나의 현실과 동떨어져있는 어려운 이야기가 아니다. 음
양운동이란 너무도 간단하고 쉬운 개념이지만 음양이라는 시각을 가지
고 모든 사물을 바라보게 되면 모든 생명의 활동을 음양운동으로 해석
해볼 수 있다는 것을 알게 될 것이다.

　생명은 홀로 존재할 수 없다. 반드시 어느 다른 존재와 교류를 하게
되어 있다. 주는 것이 있으면 받는 것이 있게 된다. 주는 것을 양운동이
라 본다면 받는 것은 음운동이라 볼 수 있다. 그러나 무언가를 주는 것
이 나를 비워내는 행동이라고 본다면 주는 것이 음운동이고 반대로 무

1장_ 음양을 알아보자

언가를 받음으로써 채워지는 나를 볼 때, 그것을 양운동이라고 생각해도 상관없다. 그런 관계를 맺고 있지 않은 생명이 있을 수가 있겠는가. 조금만 더 이야기를 발전시켜보자.

주는 것이 많고 받는 것이 적다면 그 속에는 음양의 불균형이 생길 것이다. 음기운이 많든 양기운이 많든, 음양의 기운이 균형을 이루지 못하면 무엇인가 그 불균형을 바로잡기 위해 변화가 일어나는 것이다. 이것을 승부작용勝負作用이라고 부르는데 쉽게 표현하자면 음양이 서로의 부족한 부분을 메우려고 변화를 일으키는 것을 서로 승부를 겨루기 위해 싸우는 것과 같다고 한 것이다.

음양은 시계추처럼 기계적인 반복 작용만 하는 것이 아니라 어느 때에는 양이 우세하고 어느 때에는 음이 우세한 불균형이 생긴다는 것이다. 그것이 현상에 변화를 일으키는 것이다. 예를 들어보자.

일년 사시사철이 항상 날씨가 똑같은 것이 아니다. 봄은 따뜻하고 여름은 덥고 가을은 서늘하고 겨울은 춥다. 따라서 여름은 양기운이 넘치고 겨울은 음기운이 넘치는 것이라고 본다면 이것은 음양이 균형을 이루지 못한 것이다. 그러나 우리는 그러한 계절의 변화가 있음으로써 초목의 일생이 만들어질 수 있다는 것을 알고 있다. 그뿐인가. 어느 해에는 여름이 너무 덥고 또 어느 해에는 겨울이 너무 춥기도 하다. 이로 인해 풍년이 들기도 하고 흉년이 들기도 하는 것이다.

이렇게 음양은 양기운 50퍼센트, 음기운 50퍼센트 하는 식으로 똑바른 운동만 하는 것이 아니라 때로는 차고 넘치게, 때로는 모자라서 부족하게 변화를 하고 그 현상이 또 다른 변화를 불러오고 하는 식으로 무궁무진한 그리고 예상할 수 없는 운동을 하는 것이다. 그러나 아무리 복잡한 변화현상이 일어난다고 해도 하나도 어려울 것이 없다. 왜냐하면 그래봐야 음양의 변화이기 때문이다. 모든 복잡하고 다양하고 예측 불가능한 변화 속에 숨어있는 가장 단순한 원리 그것이 바로 음양이다.

그래서 동양의 철인들이 그것을 한마디로 표현한 것이 바로 '일음일양지위도一陰一陽之謂道'인 것이다. 제아무리 복잡한 변화 현상이 일어난다 해도 그것은 한번 음운동을 하고 한번 양운동을 하는 것이며 그것이 생명이 변화작용을 일으키는 길, 즉 '도道'라는 것이다.

{ 음양론이 가지는 의미 }

    음양의 시각으로 사물을 본다는 것은 어떤 의미를 가질까. 꼭 이 세상을 그런 시각으로 바라봐야 할 필요는 뭘까. 당연히 궁금할 것이다. 물론 앞서의 이야기를 통해 음양론은 사람이 인위적으로 그렇게 보려고 하는 것이 아니라 자연의 모습 자체가 그렇기 때문에 사람이 음양의 시각으로 사물을 바라보는 것은 너무나 '자연스러운' 것이라는 것을 설명한 바 있다. 그러나 음양에 대한 이해를 돕기 위해 조금 다른 시각으로 음양론의 의미를 설명해보려 한다.

    앞서 서문에서 간략히 선악의 문제를 언급한 바 있다. 그때도 영화를 인용해서 설명을 시도했으니 이번에도 그렇게 예를 들어보자. 물론 보신 분도 있고 안 보신 분도 있겠지만 근자에 유명한 영화로서 '반지의 제왕' 이라는 것이 있었다.

    영국의 작가 톨킨의 소설을 영화화 한 것으로 판타지 세계를 무대로 인간과 호빗, 엘프, 마법사, 난쟁이 등 다양한 종족들이 악의 군주 사우론의 부활을 막기 위해 떠나는 험난한 모험을 그린 것으로 개봉당시 전 세계적으로 큰 화제를 모은 바 있다.

    하나 더 예로 들고 싶은 영화는 마찬가지로 전 세계적인 베스트셀러 소설을 영화화한 '해리포터 시리즈' 다. 이 영화도 마법사가 등장하는 판타지 영화로서, 주인공인 해리포터가 악한 마법사 볼드모트에 대항하여 싸우는 흥미진진한 내용을 담고 있다.

    이 두 영화의 공통점은 모두 악한 존재에 대항하여 싸우는 선한 주인공의 활약상을 담고 있다는 것이다. 물론 이 외에도 선한 주인공과 악한 의 대결을 담은 영화는 부지기수로 많다. 따라서 그런 영화를 접하는 사람들은 자연스럽게 세상에는 선한 존재와 악한 존재가 있다는 생각을 갖게 된다.

필자가 영화를 예로 드는 이유는 영화라는 매체가 매우 대중적이기 때문이다. 즉 영화를 만드는 사람은 대중들이 자연스럽게 이해할 수 있는 생각을 바탕에 깔고 영화를 제작하게 된다는 뜻이다.

따라서 서양에서 만들어지는 영화들 그리고 그러한 생각을 아무런 비판 없이 받아들이는 동양의 영화제작자들 사이에서도 선악의 대결이라는 구도가 흔히 사용된다는 것은, 대중들이 그렇게 세상에는 선한 존재와 악한 존재가 있고 그들 사이의 대결이 존재한다고 생각하고 있다는 것을 뜻한다.

과연 세상에는 선한 존재와 악한 존재가 따로 있는 것일까. 선과 악에 관한 이러한 생각은 서양문화 속에서 아주 흔한 것이며 그러한 생각의 뿌리는 대부분 기독교적 사고방식에 뿌리를 두고 있다. 필자는 종교의 옳고 그름을 따지려는 것이 아니라 다만 그 속에 담겨있는 생각을 추적하려 하는 것이니 오해는 없기 바란다.

기독교적 사고방식을 필자 나름대로 간단히 요약해 본다면 '선한 하나님'과 반대로 인간을 타락시켜 죄를 짓게 하는 사탄 즉 악한 존재 사이의 영적인 대결이다. 인간은 그 속에서 진리를 잃고 방황하는 존재들이다. 선과 악의 대결에서 영적인 승리를 거두는 것은 바로 인간에게 주어진 절체절명의 과제가 되는 것이다. 이러한 선과 악의 이분법적인 구도는 서양문화를 특징짓는 매우 중요한 주제이다.

그러면 동양은 어떨까. 다시 말해 음양론적 사고방식은 이러한 선악의 문제와 어떻게 비교될 수 있을까. 결론부터 내리자면 동양의 음양론적 사고방식에서 음양은 선악의 대결이 아니다. 물론 선과 악도 음양론적 사고방식의 하나로 해석할 수 있지만 정확히 말해 양이 선이고 음이 악이라든지 반대로 음이 선, 양이 악이라는 식의 사고방식은 존재하지 않는다. 다만 상황일 뿐이다.

양이 악한 역할을 할 수도 있고 음이 악한 역할을 할 수도 있지만 결코 영원불변한 것이 아니고 언제든지 그 상황이 바뀔 수 있다는 것이다. 동양에서 서양의 하나님같은 절대적인 존재가 있다면 그분의 속성이 꼭 선하지만은 않다는 것이다. 이게 도대체 무슨 말일까. 동양에서의 절대적 존재는 선하거나 악한 것에 속하지 않는다. 선악을 초월해 있다는 것이다. 그러나 선악을 초월해 있다는 말은 머리에 쉽게 들어오지 않는다. 쉽게 이해되지 않는다. 그런 표현대신 동양에서 하는 말은 이런 것이다.

신은 '중中' 이다. 절대자는 중용中庸 을 지키는 존재이다. 선이건 악이건 누구도 특별히 사랑하지 않는다. 왜? 선과 악은 상대적이기 때문이다. 앞서 언급한 서양의 선악에 대한 생각을 일컬어 '절대 선' 과 '절대 악' 이라 부른다. 선은 절대 착하고 악은 절대 나쁘다는 것이다. 그러나 동양은 선과 악을 상대적이라 보기 때문에 선과 악을 중재할 수 있는 초월적인 개념, 즉 중中 을 절대시 하는 것이다.

양이 한 축이 되고, 또 음이 한 축이 되어 돌아가는 이 세상에서 궁극적으로 음과 양의 균형을 잡아 어떤 한 쪽의 일방적 승부가 되지 않도록 하는 힘, 그것이 중이다. 따라서 음양을 이야기 할 때, 그 속에는 자연스럽게 '중'에 대한 생각이 담겨지게 되는 것이다. 중은 눈에 보이는 중심이 될 수도 있고 또 보이지 않는 중심도 될 수 있다. 반대로 중심이 존재하지 않는다면 결국 음양의 균형이 깨어져 생명이 존재할 수 없게 된다.

 독자 분들의 생각은 어떤가. 이 세상은 선한 절대자와 악한 존재의 대결장일까. 아니면 선과 악의 승부작용을 조화롭게 조절해가는 중용의 덕을 지닌 절대자가 있는 것일까. 이것이 동서양 문화의 결정적인 차이를 만들어 내는 원인이다. 어떤 생각을 지니느냐에 따라 이 세상을 보는 눈은 하늘과 땅만큼 차이가 날 것이다. 음양의 균형을 잡아주는 '중'이라는 존재, 이것이 동양적 사고의 원천이다.

{ 정의正義와 의리義理 }

음양의 상대적인 성질을 이해하기 위해 또 다른 이야기를 꺼내보자. 독자 분들은 정의正義라는 단어를 잘 알 것이다. 정의는 '사람으로서 지켜야 할 바른 도리' 즉 선을 추구하는 것이다. 법이 정의의 실현을 목표로 한다든가 정의로운 사람, 정의로운 투쟁 등등 우리는 정의라는 말을 일상에서도 자주 쓴다.

그런데 이와 비슷한 말에 의리義理라는 것이 있다. 두 단어는 거의 비슷한 뜻으로 쓰인다. 사전을 찾아보면 뜻도 거의 같다. 그러나 그럼에도 불구하고 동양의 한자문화권에서 쓰는 의리라는 말이 조금 묘한 의미를 갖고 있다는 것을 동양인이라면 알 것이다.

의리는 단순히 선을 추구할 때만 쓰는 말이 아닌 것이다. 아주 쉬운 예로 깡패들도 의리를 찾는다. 남을 괴롭히고 폭력이나 쓰는 나쁜 놈들도 자기들끼리는 의리를 찾는다. 그런 것을 보니 확실히 의리는 꼭 '선'만 추구하지는 않는 것 같다.

어떤 사람이 아주 곤경에 처해 있어서 범죄를 저질러야 할 형편이 되었다. 그런데다 한 술 더 떠서 자신의 친한 친구에게 자기를 도와달라고 한다. 그런데 그 친구가 죄를 짓는 게 싫어서 친구의 부탁을 거절하면 돌아오는 한마디가 있다.

"의리 없는 놈!"

이러한 동양의 정서를 서양인들은 잘 이해하지 못한다. 도저히 이해가 안 되는 것이다. 그러나 그 말을 직접 쓰는 동양인들은 뭐라고 딱 꼬

집어 설명할 수는 없지만 그 의미를 잘 알고 있다.

　절대 선과 절대 악을 생각하는 사람이라면 악한 일을 하는 사람을 도와줄 수가 없다. 그러나 선과 악을 상대적으로 생각하고 상황의 산물이라고 생각하는 사람들은 의리에 못 이겨 범죄를 저지르는 친구를 도와주기도 한다. 이것은 절대 소수에게 벌어지는 예외적인 상황이 아니다. 보도를 통해, 집단의 의리에 못 이겨 범죄를 방조했던 사람이 잡혀 들어가는 경우를 얼마든지 볼 수 있다. 소속된 집단을 보호하기 위해 옳은 일이 아닌 줄 알면서도 거짓말을 하는 경우도 동양에서는 절대 희귀한 사례가 아니다.

　필자는 절대 의리를 위해 범죄를 저지르거나 방조 묵인하는 것을 권장(?)하는 것은 아니니 오해하면 안 된다. 다만 왜 동양에서는 그런 정서가 통하게 되었는지 그 생각의 밑바닥에 무엇이 있는지 설명을 하려다 보니 예를 든 것뿐이다. 공공의 질서를 해치고 범죄를 저지르는 것은 선량하게 살아가는 사회 대다수의 삶의 균형을 깨는 일이다. 극단적인 행동이다. 질서를 파괴한다는 것이 좋은 일 일수는 없지 않은가.

　그러나 한편 범죄를 저질렀다고 해서 그 사람의 본바탕이 애초부터 악에 물들어 구제할 수 없는 경우인 것만은 아니다. 범죄 자체도 중요하지만 그러한 범죄를 저지르게 된 상황에 관심을 기울이게 된다. 만일 나도 그런 상황에 처해진다면 어땠을까 생각해 보게 되는 것이다.

　음양론적 사고라는 것은 절대적인 사고가 아니고 상대적인 사고인 것이다. 이러한 동서양의 사고방식의 차이 때문에 서양에서는 정의를 추구하고 동양에서는 의리를 추구하는 것이다.

{ 큰 순환, 작은 순환 }

　음과 양이라는 것은 아주 쉽고도 간단하게 세상을 바라볼 수 있는 눈을 제공하지만 이 복잡한 세상 속에서 마주치게 되는 모든 일들을 딱 부러지게 음과 양으로 가르기가 쉽지만은 않다. 마치 혈액형을 가지고 사람의 성격을 구분하려는 것처럼 어느 정도 참고하는 것은 가능하겠지만 모든 사람을 네 가지 혈액형의 틀 속에 넣을 수는 없는 것이다.

　마찬가지로 아무리 음양이 모든 것의 근원이라지만 어떻게 음과 양의 두 가지 성질 속에 모든 것을 뭉뚱그려 넣을 수 있겠는가 하고 반문하는 사람이 당연히 있을 것이다. 그래서 음양의 성질을 이해하기 위해 또 한 가지 설명이 필요한 것이다.

　앞서도 이야기 했듯이 하루는 음양으로 구분해 볼 수 있다. 낮이 양이면, 밤은 음이다. 낮이 되면 사물은 태양의 양기를 받아 활동을 시작하고 밤이 되면 달의 음기를 받아 휴식을 취한다. 이렇게 음양으로 구성된 하루를 사는 것은 누구든 같다. 그러나 일상적인 하루하루를 살아가면서 항상 반복되는 일과이기는 하지만 하루하루가 결코 똑같지는 않다는 것을 우리는 알고 있다.

　매일 반복되는 것은 하루라는 틀이지 그 틀 속에서 마주치게 되는 우리의 삶이 매일 똑같은 것은 아니다. 그리고 매일 조금씩 다른 하루하루를 살아가다보면 어느 순간 매우 크게 바뀌어 있는 우리의 삶을 발견하게 되는 것이다. 이처럼 하루라는 음양의 단위를 살아가다보면 더 큰 음양의 순환을 만나게 된다.

예를 들어 일년이 있는 것이다. 일년은 크게 봄 여름 가을 겨울이라는 계절을 가지고 있다. 이중 따뜻한 기운이 커져가는 봄 여름을 양으로 본다면 차가운 기운이 자리하는 가을 겨울은 음인 것이다. 봄 여름에는 양기운을 받아 생명이 싹을 틔우고 자라나지만 음기운을 띤 가을 겨울이 찾아오면 초목은 열매를 맺고 한해의 삶을 마무리한 후 긴 휴식에 빠져든다. 이렇게 일년도 음양의 순환을 통해 존재하는 것이다.

그렇다면 어찌 일년만 음양의 운동을 하겠는가. 일년 일년이 쌓여가면 당장은 큰 변화를 느끼지 못할지라도 어느 정도 세월이 흐르면 또한 큰 변화가 있었다는 것을 느낄 수 있게 된다. 사람의 일생은 일년을 기본 단위로 하여 흘러가지만 그 속에서도 음양의 순환이 일어나는 것이다.

사람의 일생에서 양기가 충만한 시기는 누가 뭐래도 청소년기와 청년기이다. 활동적이고 진취적이고 말 그대로 질풍노도의 시기가 인생의 봄과 여름이 되는 것이다. 그러나 언제까지나 청춘일 수는 없다. 양기가 주도하는 시기가 지나면 필연코 음기가 주도하는 시기가 찾아오게 되는 것이다. 중년과 노년은 인생에 있어 가을과 겨울이다. 인생의 가을이 되면 우리는 자기 삶의 열매라 할 수 있는 자손을 갖게 되는 것이다. 그리고 무럭무럭 자라나는 자손을 바라보면서 우리는 인생의 휴식을 준비한다.

그러면 이것으로 음양의 순환은 끝일까. 결코 그럴 수 없다. 한 사람 한 사람의 일생이 모이면 마찬가지로 짧은 세월에 당장 큰 변화가 일어나지는 않겠지만 그 세월이 모여 인간이라는 종족의 역사를 만들어 나가는 것이다. 이처럼 한 음양의 순환은 더 큰 음양의 순환 속에 담겨 있고 또 그 순환은 보다 더 큰 음양 순환의 한 마디를 이루게 되는 것이다.

이렇게 다양한 단계와 규모를 지닌 음양의 순환 속에서 어떤 한 사건이 갖는 의미를 파악한다는 것은 결코 쉬운 일이 아니다. 분명 어느 하루에 일어난 일이지만 그것이 올해에 자신이 하려고 했던 모든 것을 가름하는 일일수도 있고 나아가 자신의 일생을 가름하는 일이 될 수도 있다. 오늘 하루 일상적으로 벌어진 일 하나가 자신의 일생을 통해 마주치게 되는 다양한 음양의 순환과정 속에 어떤 단계에 속한 일인지 어떻게 알 수 있단 말인가.

그러나 긍정적으로 생각해 본다면 만약 자신의 일생을 통해 만나게 될 다양한 음양의 순환, 즉 일을 벌이고 마무리 짓고 또 새로운 일을 벌이고 하는 과정에 대해 항상 심사숙고하고 또 음양론적 사고를 통해 그 흐름의 추이를 파악하고 있다면, 지금 이 순간 내가 결정해야 하는 한 가지 일이 단순히 일상적으로 반복되는 일이 아니라 내 삶의 어느 단계에 있어 중요한 변화를 초래할 일이라는 것을 알 수도 있지 않겠는가.

우리는 우리가 마주치는 여러 일중에서도 중요한 일과 덜 중요한 일이 있다는 것을 잘 알고 있다. 그러나 막상 어느 일이 얼마만큼 중요할 것인가를 판단하는 것은 결코 쉽지 않다. 그런 일을 잘 처리하는 사람을 보면 부럽지 않을 수 없다. 그리고 어떻게 해야 그들처럼 현명한 판단을 할 수 있을 것인가 생각해 보게 된다.

사람의 삶에서는 아무 일이나 마구잡이로 일어나지 않는다. 물론 우연히 벌어지는 일도 있겠지만 자신이 선택하고 또 자신이 한 행동의 결과로 찾아오는 일들도 분명히 있다. 즉 일생이라는 커다란 음양의 순환 속에서 크고 작은 음양의 순환이 얼마든지 겹쳐서 일어나는 것이다. 이런 시각으로 바라보면 자신의 삶을 보다 선명하게 바라볼 수 있다.

동양철학에서 사주팔자를 이야기하고 운명을 이야기하는 것은 이러한 바탕을 가지고 있기 때문이다. 인생은 다양한 음양의 순환으로 구성된 것이다. 각기 다른 음양의 순환이 부딪혀 소용돌이가 일기도 하고 거센 흐름이 만들어지기도 한다. 그러나 아무리 복잡하고 다양한 사건이 생겨도 결국 음과 양의 흐름에 불과한 것이라는 것을 안다면, 그리고 그 흐름을 보다 객관적으로 볼 수 있다면 그 순간에서 자신이 취해야할 행동이 무엇인지 보다 확실하게 알 수 있다.

이 세상에 아무리 복잡한 일이 벌어진다 해도 음양론적 시각을 통해 바라본다면 그 일이 큰일인지 작은 일인지, 중요한 일인지 덜 중요한 일인지 판단할 수 있는 능력을 갖게 되는 것이다. 이것이 철학이라는 학문이 존재하는 이유이며 우리가 철학을 공부해야 하는 이유인 것이다.

{ 음과 양은 어떤 관계일까 }

앞서의 이야기를 통해 음양이 가지고 있는 순환적 측면에 대해 주로 알아봤다. 즉 음양은 서로 상반된 기운이지만 멈추어 서서 가만히 있기만 하는 것이 아니라 끊임없이 변화하면서 한번은 양이 됐다 한번은 음이 됐다 하는 것이다. 그러나 음양의 기운 속에는 서로 순환하는 성질만 있는 것은 아니다. 그러한 음양의 성질을 이해하기 위해 이번에는 음양의 역할, 즉 음이란 어떤 작용을 하고 양은 또 어떤 작용을 하는지 알아보자.

양이란 동적인 성질이다. 동적이란 것은 움직이려는 기운이라는 뜻이다. 그런데 왜 움직이려는 기운이 싹트는 것일까. 이 세상의 모든 것은 움직이고 있다. 더 정확히 말하면 변화하고 있다. 왜 변화하는 것일까. 무엇이 이 모든 우주 삼라만상을 변화하게 하는가. 너무 이야기가 거창해지면 머리가 아프다. 그러니 나름대로 몇 가지 비유를 들어 설명해보자.

현대 물리학에서는 이 우주가 몇 백 억 년 전에 빅뱅Big Bang이라 부르는 대폭발 후에 탄생한 것이라고 설명한다. 왜 그런 일이 벌어졌을까. 아직 어떤 과학자도 왜 빅뱅이 있게 되었는지 설명하지는 못하고 있다. 또 그리스 신화를 보면 이 우주에는 애초에 카오스Chaos 즉, 혼돈混沌만이 있었는데 이 무질서를 깨고 질서가 생김으로써 우주가 탄생했다고 한다. 그래서 원래 질서란 뜻을 갖고 있는 코스모스Cosmos가 우주를 뜻하는 단어가 된 것이다. 그러나 이 역시 신화일 뿐 어떤 딱 부러지는 설명을 하고 있는 것은 아니다.

그것이 빅뱅이든 코스모스든 왜 우주는 움직이기 시작했을까. 너무 어려운 문제라고 걱정할 필요는 없다. 비록 과학적인 설명은 현재로선 불가능할지 몰라도 동양의 음양론에서 이 문제를 푸는 것은 별로 어려운 문제가 아니다. 아니 오히려 너무 쉽다. 아주 간단하다. 빅뱅 이전의 우주, 또는 혼돈이 지배하던 우주는 아무것도 없는 상태였을 것이다. 정적靜的인 상태이다. 음기운만 가득한 상태라는 것이다.

언제나 중용中庸을 지키는 이 우주는 음기운만이 가득한 상태를 내버려둘 리 없다. 그래서 양기운이, 움직임이, 변화가 시작된 것이다. 이것은 간단한 비유지만 심오한 뜻을 가지고 있다. 양기운을 동하게 하는 것은 그 어떤 무엇도 아니고 바로 음기운이다. 음기운이 차 있으면 반드시 양기운이 동하게 되어있다.

어느 정도 예외는 있겠지만 대부분의 사람은 나이가 들면 보수적인 생각을 하게 된다. 본인이 지나온 세월을 통해 쌓아올린 것을 이제 와서 무너뜨리고 싶은 사람은 아무도 없다. 그래서 지금까지 쌓아올린 기반을 흔드는 변화가 닥치는 것을 싫어한다. 그냥 이대로 변화 없이 남은 생을 마무리하고 싶어 하는 것이다. 그것이 음기운으로 작용하는 것이다. 자연스럽게, 누가 시키지 않아도 그런 상황이 찾아오게 된다.

그러나 젊은이들은 다르다. 그런 음기운을 견디지 못한다. 변화를 거부하고 현실에 안주하려는 기성세대를 비웃는다. 그리고 변화를 꿈꾸며 자신만의 행동에 돌입하게 되는 것이다. 누가 시키지 않아도 자연스럽게 음기운은 양기운을 촉발시킨다. 양기운을 동하게 하는 것은 음기운뿐이다.

개개의 현상들은 상황도 다르고 이치도 다르고 어떤 사건 하나도 같은 것이 없지만 우주의 탄생에서 평범한 사람의 일생에 이르기까지 하나로 꿰뚫어 볼 수 있는 변화의 원리, 운동의 원리를 음양은 제공한다. 오히려 너무 쉽고 간단해서 싱거울 지경이다. 그러나 쉽고 간단하다고 해서 수준이 낮을 것이라는 생각은 버려라. 필자는 많은 경험을 통해 어렵고 복잡하게 설명하는 사람일수록 사실은 자기도 잘 모르는 것을 억지로 설명하려는 경우가 많음을 수없이 보아왔다. 잘 이해하고 있는 사람의 설명이 오히려 쉽고 귀에 쏙쏙 들어오는 법이다.

그러면 음기운은 어떻게 작용하게 되는가. 당연히 양기운이 극단에 가게 되면 자연히 음기운이 찾아오게 된다. 마찬가지로 누가 시키는 것도 아닌데 자연스럽게 양기운의 극極에는 음기운이 자리하고 있다. 만약에 양기운이 멈추지 않고 끝까지 치달으면 어떻게 될까. 아마 이 우주는 다시 폭발해서 아무것도 남지 않게 될 것이다. 그것도 음기운이라면 음기운이다. 그러나 중용을 지키는 우주는 양기운의 독단을 가만히 두지 않는다. 그리고 그 끝에는 음기운이 찾아오게 되는 것이다.

이런 이치는 머릿속으로 상상만 해서는 쉽게 이해되지 않지만 현실 속에는 얼마든지 그 예를 찾아볼 수 있다. 앞서 음기운이 지배하는 기성세대에 반발하여 변화를 추구했던 젊은이들은 나중에 어떻게 됐을까. 그들도 세월이 가면 똑같이 새로운 젊은이들에게 변화의 대상이 되어 있는 자신을 발견하게 되는 것이다. 다시 말하면 기성세대도 예전에는 변화를 추구하던 젊은이였던 것이다.

양기운 음기운이라는 것이 해가 뜨고 달이 뜨면서 주어지는 기운만은 아니다. 자기 자신 또한 양기운과 음기운을 지니고 움직여가는 존재인 것이다. 그리고 그 양기운과 음기운을 움직이게 하는 것은 달리 제3의 기운이 있어서가 아니라 음기운 자체가 양기운을 일으키고 또 양기운 자체가 음기운을 불러오게 되어있는 것이다. 그러니까 그냥 음양의 운동인 것이다.

이렇게 놓고 보면 양기운과 음기운이라는 것도 서로 별개의 것이 아니라는 것을 알게 된다. 다시 말해 음기운과 양기운이 별개로 존재하는 것이 아니라 하나의 기운이 어떤 때는 양적인 성질을 띠다가 시간이 지나면 음적인 성질을 띠게 될 뿐이라는 것도 알 수 있다.

사람의 일생을 놓고 보자면 나는 그냥 나일 뿐이다. 그러나 그 '나'는 항상 똑같은 '나'가 아니다. 언제나 변화하면서 어떤 때는 양기운을 띠면서 변화를 주동해가기도 하고 어떤 때는 음기운을 띠어 변화에 수동적으로 몸을 맡기기도 하는 것이다.

자연스럽게 찾아오는 음양의 변화에 맞추어 그 상황에서 가장 자신에게 적절한 행동을 수행해 가는 것이 바람직한 것이다. 자연의 법칙을 거부할 필요는 없다. 또 거부한다고 자연의 법칙이 바뀌는 것도 아니다. 오히려 그 자연의 법칙에 순응하면서 더불어 잘 살 수 있는 지혜를 발휘하는 것이 진짜 현명한 사람인 것이다.

{ 본체와 작용 }

음과 양의 보다 구체적인 상호작용을 이해하기 위해서는 또 다른 설명이 필요하다. 이 부분은 조금 어려울 수 있으므로 차근차근 생각을 집중해서 읽어주었으면 한다.

음과 양은 주체는 사실상 하나이면서도 서로 상반된 기운으로 작용을 한다. 그리고 그 주체가 양기운을 띠었을 때 그 기운자체가 자연스럽게 음기운을 촉발시킨다. 또 음기운이 주체가 되면 반대로 양기운을 부르게 되는 것이다. 이러한 음과 양의 상호작용은 사람의 일생을 예로 들었을 때처럼 시간을 두고 발생하기도 하지만 꼭 그런 것만은 아니다. 음과 양이 서로에게 영향을 미치는 것이 동시에 나타나기도 하는 것이다. 이제부터 그것을 설명하려 한다.

동양학에서는 본체 本體와 작용 作用 이라는 관점이 있다. 본체라는 것은 글자 그대로 그 존재의 중심을 이루는 것을 말한다. 그리고 그 본체가 어떤 행동을 하려고 할 때 그것을 본체의 작용이라고 한다. 그리고 이 둘은 서로 음양의 관계를 이루면서 행동을 만들어낸다는 것이다. 조금 까다로운 표현이 되어버렸는데 다시 비유를 들어 생각해보자.

19세기, 한창 서구열강이 동양을 식민지화 하려는 야욕을 드러내면서 동양의 정세는 몹시 불안한 지경이 되어가고 있었다. 당시의 한중일 삼국의 지식인들은 이러한 불안한 정세를 바라보면서 시름에 잠기지 않을 수 없었다.

당시 동양의 문명, 정확히 이야기해서 과학문명이 서양의 그것에 비해 한참 뒤져있었기 때문에 실력으로 서양에 대항하는 것이 어렵다는 사실을 깨닫고 하루 빨리 동양도 서양의 과학문명을 받아들여야 한다고 생각했던 것이다. 그러나 동시에 그 지식인들은 비록 과학문명이 뒤져 서양의 무기에 대항할 수는 없지만 그렇다고 동양이 지금껏 쌓아올린 정신문명을 내던져서는 안 된다는 것도 잘 알고 있었다. 어떻게 이 문제를 해결해야 하는 것인가.

고뇌에 빠진 지식인들은 마침내 하나의 해답을 찾아냈다. 비록 서양의 문물을 받아들이지만 그렇다고 그들의 정신까지 받아들여서는 안 된다. 우리의 주체성을 더욱 굳건히 한 채 다만 도구로서의 서양문명만을 인정해야 한다. 그래서 제창된 것이 바로 '동도서기론東道西器論'. 동양의 도道를 지키면서, 다시 말해 동양의 도를 우리의 주체로 삼고 서양의 기술을 용用으로 삼아 필요한 기술을 습득하자는 논리를 내세운 것이다.

한중일 삼국의 지식인들은 약속이나 한 듯 같은 논리를 내세우면서 필요에 따라 서양문물을 선택적으로 수용하자는 의견을 제시한다. 동도서기론이 구한말 개화파의 논리였던 반면 중국에서는 '중체서용론中體西用論'이라는 것이 대두되었다. 마찬가지로 중국 또는 중국의 정신을 체體로 삼고 서양문명을 용用으로 삼는 방식으로 서양의 문물을 수용해야 한다는 논리이다.

일본에서는 이를 '화혼양재론和魂洋才論'이라 불렀다. '화和'라는 것은 일본인들이 일본인 고유의 사고 및 행동 방식을 지칭할 때 쓰는 표현이다. 우리나라 음식을 한식韓食이라 부르는 것처럼 일본인들이 일본식으로 차린 음식을 부르는 말은 우리가 흔히 쓰는 일식日食이 아니라 '화식和食'이다. 따라서 '화혼양재和魂洋才'란 일본인의 혼을 간직한 채 서양의 재주洋才를 받아들이자는 뜻인 것이다. 여기는 역사를 논하는 자리는 아니니 이 정도로 줄이겠지만, 이 세 가지 논리에는 한 가지 철학이 숨어 있으니 그것이 바로 동양의 체용론體用論인 것이다.

사물을 본체와 작용으로 구분해서 바라보는 시각, 이것은 바로 음양론의 시각인 것이다. 정신을 '체'라고 한다면 육체는 '용'이 되고 몸통이 체라고 한다면 팔다리는 용이 되고 이렇게 하나의 존재가 변화를 일으키는데 있어 체가 되는 것이 있고 용이 되는 것이 있다는 관점, 이것이 본체와 작용, 즉 체용론이다. 설명은 어려웠지만 현실에서 보면 하나도 어려운 것이 아니다. 우리는 실제로 본체와 작용이 구분되어 행동하는 것을 쉽게 관찰해볼 수 있다.

하나의 회사가 굴러가려면 본체라 부를 수 있는 경영진과 경영진이 내린 결정을 실제 현장에서 수행해가는 수많은 직원들이 있어야 한다. 이런 경우 직원들은 '용'이 되는 것이다. 전쟁이 일어나면 작전을 짜고 전쟁을 지휘하는 참모부가 체가 되고 실제 전장에서 적과 전투를 벌이는 수많은 병사들은 용이 된다. 체가 용 노릇을 할 수도 없고 또 용이 체 노릇을 할 수도 없다. 이것을 조금 더 일반화시켜 이야기해보자.

어떤 조직이 구성되려면 반드시 체와 용이 필요하다. 이것을 구분하고 누가 어떤 역할을 맡을 것인가를 정하는 것이 조직을 구성하는 기초이다. 하나의 조직에 꼭 하나의 체와 용만 존재하는 것도 아니다. 큰 조직은 무수히 많은 작은 조직으로 나뉘어 질 수 있듯이 커다란 체용관계 속에서도 무수히 많은 소규모의 체용관계가 공존할 수 있다. 이러한 체용관계는 음양론의 또 다른 모습이다.

'체'라는 것이 흔들리지 않고 굳건히 자기자리를 지켜야 한다는 관점에서 체는 음의 작용을 한다. 반대로 '용'이 실제 현장에서 부딪히는 다양한 상황에 따라 그때그때 적절히 변화에 대처해 가야 한다는 점에서 '용'은 양의 작용을 하는 것이다. 그러나 반대로 생각해 볼 수도 있다.

어떤 조직이든 결국 사람이 모여서 이루는 것이니만큼 조직을 구성하는 대다수의 사람을 '체'라고 보고 그 조직을 움직이는 수뇌부는 즉 우두머리는 글자그대로 조직을 움직여가기 위해 열심히 머리를 굴려야 하니 그것을 '용'이라 본다고 해도 아무 상관이 없다. 체용론은 음양론과 마찬가지로 누가 체냐 누가 용이냐 하는 것을 따지려는 것이 아니라 두 가지 상반된 기운을 띤 존재가 때로는 대립하고 때로는 화합하면서 변화를 이끌어간다는 데에 중요성이 있는 것이다.

'사공이 많으면 배가 산으로 간다'는 속담이 있다. 배 한척을 몰고 가는 데에도 각자의 역할이 있는 법인데 누구나 다 사공역할을 하려고 하면, 누구나 다 '체'가 되려고만 하면 일이 제대로 될 수가 없는 것이다. 체용론은 각자 자신이 처한 상황 속에서의 역할을 제대로 해야 한다는 의미도 된다. 체의 역할을 해야 할 사람이 용의 역할을 하고 있다면 당장 '저 사람은 직책은 부장인데 하는 짓은 직원급이다'라는 비아냥거림을 듣게 될 것이다.

또한 '체'가 꼭 '일을 시키는 입장'이고 '용'은 '그 일을 받아서 하는 입장'이라고 보아서도 안 된다. 체와 용은 상호작용을 하는 두 기운을 구분해서 보았을 때 붙이는 명칭이지 고정되어 있는 지위가 아닌 것이다. 따라서 체는 용에게 영향을 주고 또 용은 체에게 영향을 주게 되어 있다.

인간의 육체를 예로 들어보자. 인간의 머리와 몸통을 '체'라고 생각한다면 팔다리는 머리가 시키는 대로 몸통을 움직여가는 '용'이라 볼 수 있다. 그러나 인간이 고정되어 존재하는 초목이 아닌 이상 움직임을 가능하게 하는 팔다리를 주체로 보고 팔다리에 영양을 공급하고 움직이도록 명령을 내리는 머리와 몸통을 용이라 볼 수도 있는 것이다.

음양을 본체와 작용으로 보는 것은, 앞서 양기운이 음기운을 촉발시키고 또 음기운이 양기운을 촉발시키는 과정을 보다 구체적으로 설명한 것이다. 즉 이러한 음과 양의 상호작용은 결국 양이 체가 되었을 때는 음이 용을 하고 음이 체가 되었을 때는 양이 용을 한다는 말이기 때문이다.

{ 음양론으로 바라본 사람의 일생 }

　음과 양, 그리고 체와 용 이런 모든 관점을 종합해서 다시 한 번 음양론적인 관점에서 사람의 일생을 살펴보자. 동양의 고전을 접하다 보면 부생모육父生母育이라는 단어를 접하게 된다. 글자 그대로 '아버지 날 낳으시고 어머니 날 기르시니…' 하는 부모의 은혜를 기리는 말이다.

　그런데 자세히 생각하면 이 말이 은근히 이상하다. 아니, 나를 실제로 낳아준 분은 어머니 아닌가. 물론 부모님이 만나서 내가 태어난 것이지만 어머니가 날 낳아준 것은 분명한 사실인데 왜 '부생父生'이란 표현을 썼을까. 아무리 옛말이라지만 동양의 성현들이 자식을 낳는 주체가 어머니라는 사실을 모를 리는 없지 않겠는가. 별것 아닐 수도 있는 이 한마디에도 동양의 음양론적 사고방식이 깊이 배어있다.

　우리가 일년의 초목 농사를 지을 때 봄이 되면 논밭에 씨앗을 뿌리고 여름 내내 가꾸어서 가을에 결실을 한다. 씨를 뿌리는 행위가 양陽의 성질을 띤 것이라면 그 씨앗을 받아 기르는 땅은 음의 역할을 하는 것이다. 이때 그 열매는 누구의 자식인가. 당연히 땅에 뿌려진 씨앗의 자식이라고 생각하게 된다. 그러나 또한 길러준 땅이 없었다면 어떻게 이 씨앗이 열매로 자라날 수 있겠는가. 결국 뿌려진 씨앗과 땅이 합심협력해서 열매를 길러낸 것이다. 이것이 동양의 성현들이 생각했던 부생모육의 원리이다.

　자식의 씨앗은 아버지가 던져준 것이니 날 낳은 것이고 어머니는 그것을 열 달간 길러 이 세상에 태어날 수 있도록 하였으니 길러 주었다는

것이다. 이 대목에서 여권주의자들은 대부분 반발하겠지만 이것이 아직 이 세상의 주류가 되어있는 부계상속, 즉 남자가 집안의 혈통을 잇는다는 생각의 근원인 것이다. 또한 호주제와 관련한 사회적인 논의가 있을 때마다 유림儒林의 연세 많으신 어르신들이 발끈하는 이유이기도 하다. 이 문제에 대한 결론은 물론 독자들의 것이다. 필자는 다만 이러한 생각 하나에도 음양론적인 사고방식이 담겨있다는 것을 말하려는 것이다.

어찌되었건 이렇게 부모님의 음양기운을 받아 탄생한 생명은 다시 커다란 음양의 순환을 겪으면서 자라난다. 앞서도 언급했듯이 인생을 크게 두 단계로 나누면 양의 기운이 주도하는 소년기, 청년기와 음의 기운이 주도하는 장년기, 노년기로 나누어 볼 수 있다.

청년기에 많은 노력을 통해 어느 정도 살아갈 기반을 잡고 편안한 중장년기를 보내는 사람도 있을 것이고, 젊을 때에는 고생만 하다 나이가 들어서야 비로소 안정을 찾는 사람도 있을 것이다. 즉 젊은 시절이 체가 되어 나이든 후에 용을 하는 사람도 있고, 젊을 때에는 용만 하다 나이든 후에 체를 잡는 사람도 있다는 말이다. 이것은 꼭 경제적인 성공만을 의미하는 것은 아니니 깊이 생각해 볼 필요가 있다.

그러나 앞서 음양의 기운을 고정된 것으로만 바라보아서는 안 된다고 했듯이 젊은 시절을 꼭 양의 기운이 주도하는 시기라고만 이야기할 수는 없다. 젊은 시절은 사람이 육체적으로 성장하는 시기이다. 반면에 정신적으로는 아직도 미숙한 부분이 많다. 젊은 사람이 나이든 사람의 노련함을 따라갈 수 있겠는가. 이런 시각으로 바라보았을 때 육체라고 하는 음적인 바탕이 성장하는 시기를 음이 체가 되는 시기라고 생각할 수도 있고 반대로 정신적으로 성숙에 이르는 나이 든 시기를 양이 체가 되는 시기라고 생각할 수도 있다.

그러니 인간의 일생이란 얼마나 오묘한 것인가. 정신적인 성숙을 추구하는 젊은 시기에 실제로는 육체가 자라고, 가족의 생계를 포함한 주변 상황이 안정되기를 바라는 나이든 시기에 실제로는 정신이 성숙을 한다는 묘한 불균형을 생각해보라. 이것을 음양론적으로 체용론적으로 표현하면 다음과 같다.

젊은 시기는 양기운이 체가 되면서 음이 용을 하는 시기이고, 나이든 시기는 음이 체가 되면서 양기운 즉 정신이 용을 하는 시기가 되는 것이다. 물론 이것은 반대로 표현해 볼 수도 있는데 다시 말해 젊은 시기는 육체의 성장이 주가 되어 정신이 육체의 욕구에 부응하려는 시기이니 음기운이 체가 되고 양기운이 용을 하며, 나이든 시기는 정신이 성숙해서 육체적인 욕구를 조절해 갈 수 있는 시기이니 양기운이 체가 되고 음기운이 용을 하는 것이다.

여러분들은 어린 시절에 빨리 자라서 어른이 되고 싶다고 생각해본 적이 없는가. 아무런 제약 없이 마음대로 행동을 할 수 있는 어른이 무척 부러웠던 시기가 있었을 것이다. 그러나 막상 나이가 들고 보니 순수한 마음으로 무엇이든 꿈꾸어 볼 수 있었던 어린 시절이 그립지 않던가. 모순도 이런 모순이 없다. 그러나 이것이 음양의 실체이다.

양은 음으로 인해 기운을 촉발시킬 동기를 찾게 되고 또 음은 양으로 인해 음기운이 작용할 계기를 얻게 되는 것이다. 음양이 서로의 동력원이 되는 이치가 바로 이것이다. 서로가 서로의 부족함을 채우기 위해 변화를 일으키는 것이다. 언뜻 보기에 모순처럼 보이는 인생의 변화가 음양론으로 바라보면 아주 자연스러운 변화가 되어 버리는 것이다.

  적어도 사물을 중용의 시각으로 바라보았을 때 언뜻 모순되어 보이는 온갖 현상들이 사실은 음양이라는 질서를 띠고 있다는 것을 안다는 것만으로도, 세상을 지혜롭게 바라볼 수 있는 계기를 찾게 된 것이고 필자의 이런 노력도 의미를 찾게 될 것이다.

{ 음양의 심장, 태극 }

이제 음양에 대한 설명을 마무리할 때가 온 것 같다. 물론 아직도 음양이라는 시각으로 세상을 바라본다는 데에 동의하지 않는 사람도 있을 것이다. 앞서도 잠깐 이야기했듯이 어떻게 이 복잡한 세상을 음양이라는 두 가지 성질만으로 모든 것을 설명할 수 있겠느냐는 의문이 완전히 가셔지지 않아서 그럴 것이다. 그 지적은 당연한 것이다. 그러나 걱정할 필요는 없다. 우리가 존경해마지 않는 동양의 성현, 철인들도 똑같은 고민을 했었고 보다 구체적인 설명을 하기 위해 많은 연구를 해놓으셨으니 말이다.

음양은 다만 그 첫걸음에 불과한 것이고 이후에 음양을 더욱 구체적으로 설명하는 오행五行이라는 것도 있고 상수학象數學이나 팔괘八卦, 그리고 64괘卦라는 것도 있다. 이 모든 것은 음양을 세부적으로 그리고 구체적으로 설명하기 위한 것이다. 물론 갈수록 어려워진다는 단점은 있지만 깊이 파고들면 파고들수록 음양의 변화작용이 컴퓨터 프로그램보다 더 정밀하게 이 세상을 뒤덮고 있음을 느낄 수 있다.

그러나 동시에 컴퓨터 프로그램이 아무리 복잡하다 하더라고 궁극적으로 '0'과 '1'이라는 디지털 신호의 조합에 불과한 것처럼 이 세상이 아무리 복잡하더라도 궁극적으로 음양의 운동에 불과하다는 것을 깨닫는 것이다.

동양학을 공부한다는 것은 음양이라는 관문에서 출발하여 머나먼 여행을 한 끝에 다시 음양으로 돌아오는 것이다. 그리고 음양을 이해한다

는 것은 결국 한 가지 상징에 도달한다는 것을 의미하게 되는데 그 상징이 바로 지금부터 이야기하려는 '태극太極'이다.

태극을 쉽게 이해하기 위해서는 먼저 대한민국의 국기 한 가운데 그려져 있는 태극 문양을 떠올리면 된다. 태극기 속의 태극문양에 대해 잘못 그려진 것이다, 방향이 반대로 되어 있다 등등 말도 많지만 그러나 약간의 문제가 있다손 치더라도 태극이 상징하고 있는 의미에 문제가 있는 것은 아니다. 그래도 한 나라의 국기 속에 이 세상 모든 변화를 상징하는 철학적인 문양을 지니고 있다는 것만 해도 그 의미는 대단한 것이라고 필자는 생각한다. 다만 세상 사람들이 그 의미를 잘 알지 못하는 것은 우리 못난 후손 때문이라는 것을 하루 빨리 깨닫고 노력하면 되는 것이다.

한 가지 더 태극에 대해 의미를 부여하자면 주역을 공부하는 많은 사람들이 이구동성으로 하는 말이 바로 '주역의 총 결론은 태극'이라고 한다는 점이다. 주역이라는 그 어려운 책이 결국 다 태극의 운동 원리를 설명한 것에 불과하다는 것이다.

하나 더 첨부하자면 동양의 유학자, 성리학자들이 하늘같이 떠받드는 주자朱子 역시 그 사상적인 출발점은 주렴계周濂溪의 태극도설太極圖說에서 시작하고 있다. 이것은 주자의 『근사록近思錄』이라는 책을 보면 안다. 이렇게 긴 설명을 늘어놓은 것은 뒤에 가서 필요하기 때문이라는 것을 양해해주기 바라며 이제 본격적으로 태극에 대한 설명에 들어가기로 하자.

태극의 문양을 바라보면 지금까지 필자가 했던 음양에 대한 설명이 상징적으로 모두 표현되어 있다. 음과 양이란 이 세상을 음기운 반, 양기운반으로 가르자는 것이 아니다. 만약 그런 의도였다면 음양을 상징하는 파란 색과 빨간 색은 직선을 그어 반으로 나뉘어 있어야 할 것이다. 그러나 태극 문양에서 보듯이 음과 양은 서로 반반으로 나뉘어 있는 것은 맞지만 서로 맞물려 돌아가는 모습을 띠고 있다. 이것은 음양이 단순히 성질을 구분하기 위한 것은 아니라는 것을 명확히 보여주는 것이다.

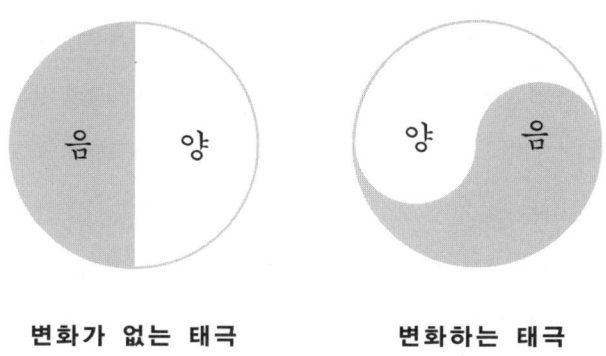

변화가 없는 태극   변화하는 태극

중심에서 바라보았을 때 가장 양기운이 많은 지점에서 음기운이 시작되고 있고 또 가장 음기운이 많은 지점에서 양기운이 시작되고 있다. 그리고 그 두 기운은 서두르는 법 없이 아주 완만하고 유연한 곡선을 그리면서 세력을 확장해 가고 있다. 그러나 어느 기운이 완전히 포화상태에 이르면 다시 그 반대되는 기운이 싹트고 있는 것이다.

또한 두 기운은 서로 대칭을 이루면서 운동하고 있다. 비록 때에 따라 양기운이 득세하기도 하고 음기운이 득세하기도 하지만 전체적으로 보면 언제나 균형을 이루고 있는 것이다. 또한 가장 음기운이 많은 지점에서 양기운이 시작된다는 것은 전체적인 음양의 균형을 추구하고 있다는 점에서 음기운이야말로 양기운을 일으키는 동기를 제공하고 있다는 뜻이 되고 음기운을 일으키는 것 역시 양기운이 될 수밖에 없는 것이다.

　마지막으로 양기운의 세력이 점점 커져가는 과정에서 보면 아직 세력적으로 우세한 음기운이 체가 되고 양기운이 용을 하는 것으로 볼 수도 있고, 또는 기운차게 세력을 확장해가는 양기운을 체로 보고 음기운을 용이라 생각할 수도 있다는 점도 앞서 설명한 바와 같다. 태극의 문양은 보면 볼수록 오묘함을 띠고 있다. 이 복잡한 세상의 다양함을 이렇게 간단한 도표 하나에 집약해 놓은 성현의 지혜에 감탄할 따름이다.

　일단 태극의 문양 속에 담겨있는 음과 양의 성질에 대한 것은 이 정도일 것이다. 그러나 태극문양이 곧 '태극'은 아니다. 태극은 '태극문양을 통해 보이는 것' 보다 보이지 않는 의미 속에 더욱 심오한 것을 담고 있다. 태극이란 다름 아니라 이 우주 삼라만상이 음양으로 존재한다는 것을 압축하여 상징하는 것이다.

　이 현실에 존재하는 음양은 이미 음과 양이 서로 섞여 순수하지 않다고 보고 오직 순수한 음양기운을 갖고 있는 가장 근원적인 것을 일컬어 태극이라 표현했던 것이다. 그러니까 태극은 음양의 순수한 핵심이다. 또 그렇기 때문에 태극은 세상이 음과 양으로 나뉘어 순환하게 하는 가장 바탕이 되는 힘이기도 하다.

　앞서 이 세상을 크고 작은 다양한 음양의 순환으로 바라볼 수 있다는 것을 이야기한 바 있는데 그러한 크고 작은 음양의 순환은 각기 하나하나의 태극체 太極體를 만들고 있다는 의미가 된다. 무수한 태극 문양이 현상계에 그려지고 있는 것이다.

　이렇게 보았을 때 태극은 생명이 존재하는 동력원이라는 의미가 된다. 모든 순환을 통해 생명을 유지하는 것은 태극이라는 동력원 – 엔진

engine을 지니고 있는 것이다.

　인간도 태극이라는 동력원을 지닌 태극체이다. 일년도 태극을 동력원으로 하는 생명이다. 인간의 역사도 태극을 동력원으로 하여 움직이고 있다. 지구도 달도 태양계도 태극을 동력원으로 하여 존재하는 생명이다. 여기에서 생물이니 무생물이니 하는 구분은 의미가 없다. 생명은 꼭 생물에게만 주어진 특권이 아니다. 적어도 동양의 성현들은 이 세상을 그렇게 보았다.

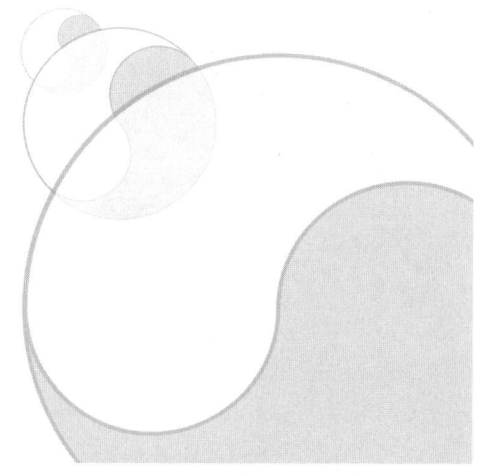

수많은 크고 작은 태극체

　또 하나, 태극에는 문양을 통해서는 보이지 않는 의미가 담겨있다. 태극은 순환하는 음과 양을 보여준다. 일종의 원운동을 하는 셈이다. 원운동을 하려면 꼭 필요한 것 한 가지, 그것은 바로 '중심'이다. 중심이 있어야 원운동이 가능하다. 태극은 순환하는 음과 양을 통해 눈에 보이지는 않지만 꼭 필요한 '중심'이 있어야 함을 가르쳐주고 있다. 즉 태극에는 '중中'이 있는 것이다. 나타나는 것은 음양의 운동뿐이지만 진짜 필요한 것은 보이지 않는 '중'이라는 것을 가르쳐주고 있는 것이다.

동양의 성현들이 이 세상을 움직이는 절대의 존재, '중'을 강조하는 것은 바로 이 때문이다. 그분들은 태극을 통해 자연스럽게 '중용'이야말로 생명을 존재하게 하는 진정한 실력자임을 꿰뚫어 본 것이다.

2장
오행에 대하여

2장_ 오행에 대하여

음양과 오행의 유래
보이는 것과 보이지 않는 것
과정의 변화로 사물을 보다
오행의 첫 단계 _ 목
오행의 둘째 단계 _ 화
오행의 셋째 단계 _ 토
오행의 넷째 단계 _ 금
오행의 다섯째 단계 _ 수
나무 불 흙 쇠 물과 오행
평기 및 태과, 불급의 오행기운
목의 세 가지 기운 _ 부화, 발생, 위화
화의 세 가지 기운 _ 승명, 혁희, 복명
토의 세 가지 기운 _ 비화, 돈부, 비감
금의 세 가지 기운 _ 심평, 견성, 종혁
수의 세 가지 기운 _ 정순, 유연, 학류
이제마의 사상의학
인간의 장기 와 오행
이제마 선생의 새로운 해석
| SP | 태음인, 태양인, 소음인, 소양인
상생과 상극에 대하여
오행의 상생
오행의 상극

{ 음양과 오행의 유래 }

　오행에 대한 설명에 들어가기 전에 먼저 음양과 오행이라는 말이 어디서부터 시작되었는지 잠시 살펴보기로 하자. 동양철학을 공부하다 보면 주역을 자연스럽게 접하게 되는데 앞서도 말했듯이 태극이라는 개념은 주역에서 나온 것이다. 그러나 주역에는 태극이 현실적으로 드러난 모습, 즉 음양이나 오행이라는 표현은 나오지 않는다. 그보다는 같은 표현으로서 양의兩儀나 사상四象이라는 말이 나올 뿐이다.
　물론 음陰 또는 양陽이라는 표현이 없는 것은 아니지만 우리가 음양론陰陽論이라고 할 때의 그런 의미와는 어느 정도 차이가 있다. 따라서 태극에서 분화되어 나온 음양을 일컫는 말이 양의이며, 이 양의가 다시 갈라져 사상四象, 즉 태음太陰, 태양太陽, 소음少陰, 소양少陽이 된다는 설명이 나올 뿐이다.
　이러한 흐름은 후대에 까지 이어져 주역을 가장 중요한 경전으로 삼았던 유가儒家, 즉 유학자들은 음양이나 오행이란 말을 잘 입에 담지 않았다. 그러나 잘 언급하지 않았다고 해서 그들이 음양오행을 몰랐던 것은 아니다. 다만 여러 가지 이유로 음양오행이란 표현은 다분히 세속적인 것이라 보고 무시했을 뿐이다. 그러면 음양오행은 어디에서 유래되었는가.
　음양오행이란 표현의 유래에 대해 정확히 밝혀진 것은 없다. 다만 제자백가諸子百家가 꽃피던 전국시대戰國時代, 음양가陰陽家를 이끌었던 추연鄒衍에서부터 본격적인 학문으로 성립되었다는 것이 일반적인 설이다. 이후로 음양오행설은 천문天文, 지리地理, 의학醫學, 운명학運命學에 이르기까지 널리 쓰이게 되는 바, 이로 인해 음양오행설은 고고한 유학자들의 외면을 받은 채, 서민들과 함께 낮고 험한 길을 걸어오게 된다.

그러나 본래 음양과 양의, 그리고 오행과 사상은 표현만 다를 뿐 같은 것이다. 태극이 나뉘어서 양의가 되고 양의가 나뉘어서 사상이 되듯이, 오행은 음양을 더욱 세분화하여 표현한 것에 불과한 것이다. 음과 양을 통해 세상 모든 것을 바라볼 수 있지만 너무 단순한 탓에 세상 모든 것을 설명하기에 부족함을 느끼고 이를 보다 세분화해서 양陽 기운을 목木과 화火로 나누고 음陰 기운을 금金과 수水로 나누어 표현한 것이다.

그런데 여기서 하나 이상한 것은 주역은 음과 양이 분화된 것을 사상, 즉 넷으로 나뉘었다고 설명하는데 왜 오행은 넷이 아니고 하나 더 많은 다섯이라고 했냐는 점이다. 오행에는 앞서 말한 목 화 금 수 외에 토土라는 것이 하나 더 있다. 과연 이 토는 어디에서 온 것일까. 왜 주역에는 없는 새로운 개념이 하나 더 있는 것일까.

결론부터 말하자면 토土는 다름 아닌 중中의 기운을 상징하는 것이다. 음양의 순환에 있어 보이지 않는 '중' 의 기운이 음양 못지않게 중요한 것이라는 점을 누누이 강조했는데 바로 이 '중' 의 기운을 하나의 개념으로 승화시켜 토를 만들어 낸 것이다. 별것 아닌 것처럼 보이지만 이것이 유학과 음양학의 운명을 갈랐다. 사상보다는 토라는 개념을 추가한 오행론이 현실에서는 훨씬 유용했던 것이다.

유학자들은 '중' 의 철학적인 면을 파헤치는데 더욱 주력하여 사서삼경四書三經 중의 하나인 『중용中庸』이라는 경전도 나오게 되었지만 너무 형이상학적인 면만 강조하여 일반 사람들이 마주치는 현실 속에서 '중'의 의미를 피부로 느끼기에는 어려움이 많았다.

그러나 오행론에서는 이러한 중을 '토'라는 개념으로 만들어 '중'을 현실에 적용하는데 많은 도움을 주었던 것이다. 이것은 마치 1에서 9까지의 숫자만 갖고 있던 수학에 '0'의 발견이 엄청난 영향을 끼친 것과 마찬가지인 것이다. 실제로 '0'과 '중'은 의미하는 바도 상당히 유사하다. 둘 다 현실에서는 '없는 것'과 같은 존재이지만 그 '없는 것'으로 인해 모든 것을 표현할 수 있게 되는 것이다.

유학과 음양학은 처음에는 작은 차이로 시작했겠지만 후대로 갈수록 토의 중요성은 그 의미가 더해져 사람들이 양의 사상은 몰라도 음양오행은 한번쯤 들어보게 될 정도로 격차가 벌어지게 된다. 여기서 혹시라도 오해가 있을까 해서 하는 말이지만 주역의 사상은 이제마의 사상의학과 같은 표현을 쓰기는 하지만 의미는 좀 다른 것이라는 점을 지적해 두고자 한다. 여하튼 음양오행이 음양의 운동을 설명하는 데 훨씬 편리하고 유리하다는 점만 기억해두면 된다.

그러면 음양오행은 그 기원을 정확히 알 수 없는 것일까. 그렇지는 않다. 필자가 유래가 모호하다고 한 것은 음양, 오행이란 표현을 누가 시작했는지 정확히 알려져 있지 않다는 뜻이지 음양오행의 철학적 유래가 모호하다는 뜻은 아니다. 그러면 이것은 어디에서 유래한 것인가. 필자가 서문을 통해 언급했듯이 동양의 모든 학문은 태호 복희씨라는 분이 하도河圖를 계시 받고 처음 팔괘를 그으면서 출발한 것이다. 이것이 주역의 유래이자 음양오행의 유래이다. 하도라는 그림 속에 모든 비밀이 담겨 있다.

사실 음양오행을 설명하려면 하도河圖와 그 후대에 계시된 낙서洛書로부터 출발해야 한다. 하도와 낙서에는 음양과 오행이 나오게 되는 이치가 고스란히 담겨있다. 그러나 하도와 낙서는 비록 음양오행론이 나온 원천이기는 하지만 그 의미를 깨우치기가 몹시 힘들기 때문에 순서를 바꿔 먼저 음양과 오행에 대한 설명을 한 후에 알아보려고 하는 것이다.

{ 보이는 것과 보이지 않는 것 }

    우리가 눈을 통해 세상을 바라본다는 것은 글자그대로 보이는 것을 볼 뿐이지만 그러나 절대로 인간은 보이는 것만을 보지는 않는다. 서양 속담에 'Seeing is believing' 이라는 말이 있다. 글자그대로 해석하면 보이는 것만이 믿을 수 있는 것이라는 뜻이다. 이러한 서양인들의 마음 가짐은 지금의 과학적 사고방식을 이룩하는 토대가 되어왔다.

    그러나 과학적 사고방식을 부르짖는 서양인들도 필자가 볼 때 오직 보이는 것만을 믿는 것 같지는 않다. 영화 속에서 서로 애틋한 마음을 가지고 있는 남녀가 피치 못할 사정으로 이별을 하는 장면을 떠올려보자. 서로가 서로의 감정을 감춘 채 '나는 더 이상 너에게 관심 없어, 이제 그만 헤어져' 라고 말하며 떼어지지 않는 발걸음을 옮길 때 그 장면을 보고 있는 관객들은 그들의 말이 거짓이라는 것을 잘 알고 있다.

    겉으로는, 말로는 아무런 표현을 하지 않지만 그 표현되지 않은 감정에 공감하는 관객들은 그 장면을 보면서 눈시울을 적시는 것이다. 조금 신파조의 비유가 되었지만 우리는 모두 사람의 말이나 행동만으로 모든 것을 판단해서는 안 된다는 것을 알고 있다. 보이고 행해지는 것만큼이나 보이지 않고 행동되지 않은 인간의 감정이 있다는 것을 잘 알고 있다. 이런 것을 과학적으로 설명할 수 있을까. 물론 심리학이나 정신의학적인 설명을 시도할 수도 있을 것이다. 그러나 그런 학문들 정도로 천변만화千變萬化 하는 인간의 감정을 분석해 보려는 시도 자체가 무리이다.

    그러면 인간의 마음을 살펴볼 수 있는 학문은 존재할 수 없는 것인가.

절대 그렇지 않다. 자연법칙에 근간을 둔 음양학은 바로 이런 문제를 헤아려 보는데 탁월한 힘을 발휘한다. 마음과 행동, 정신과 물질은 바로 음양학에서 이야기하는 상대적인 모습을 띠고 있는 것이다. 인간의 생각과 행동은 서로 음양론적인 균형을 이루고 있다. 생각은 행동으로 표현되고 또 행동은 생각을 불러일으킨다. 앞서 남녀의 예처럼 '좋아하지만 헤어져야 한다'는 모순된 감정은 '가까이 다가서야 하지만 실제로는 멀어지는' 모순된 행동을 낳는다.

말로 설명하려니 복잡할 뿐이지 인간이 마음속에 품은 생각과 실제 취하는 행동은 비록 서로 모순되게 나타날지라도 분명 어떤 연관이 있는 것이다. '저 사람이 행동은 저렇게 해도 분명 속에 품은 마음은 다를 것이다.' 우리가 살다보면 종종 부딪치게 되고 또 해결해야 하는 상황은 바로 이런 것이다. 어떻게 하면 단순히 눈에 보이는 것을 넘어서서 '보이지 않는 것'을 볼 수 있을까.

오행이라는 것이 음양을 '목 화 토 금 수'로 세분화하여 놓은 것이라고 했지만 단순히 음과 양을 금과 수, 목과 화 그리고 토로 나누어만 놓은 것이라면 얼마나 싱겁겠는가. 또 왜 굳이 쇠, 물, 나무, 불 그리고 흙이라는 자연물에 빗대어 음양을 설명하려 하는 것인가. 동양의 성현들은 보이는 것, 조금 유식하게 표현하면 형이하학 形而下學적인 것과 보이지 않는 것, 즉 형이상학 形而上學적인 것을 모두를 아우를 수 있는 개념이 있어야 자연현상을, 그리고 인간의 복잡한 마음을 설명할 수 있다는 것을 깨닫고 이를 일컬어 상 象이라 불렀다.

조금 어려운 이야기가 되겠지만 상 象이란 무형의 어떤 것이 유형의 것으로 되어가는 중간 단계쯤이라 생각하면 된다. 그러니까 무형도 아

니고 유형도 아니고 그러면서도 유, 무형의 모든 것을 간직한 것이 '상'
이다. 다른 말로 기미幾微 나 징조徵兆 라고도 한다. 하늘에 구름이 잔뜩
끼어 있으면 우리는 '곧 비가 오겠구나' 하고 생각한다. 이때의 구름을
놓고 '비올 기미가 있다', '비올 징조가 보인다' 라고 표현한다. 이렇게
하늘의 징조를 보고 날씨를 예측하는 시설을 관상대觀象臺 라고 한다.
글자그대로 하늘의 '상'을 보는 것이다.

  어느 날, 회사에 출근했더니 부장님의 표정이 예사롭지가 않다. 얼굴
이 딱딱하게 굳어있는 것으로 보아 집에서 안 좋은 일이 있었거나 아침
부터 사장님께 한소리 들은 모양이다. 이런 날은 눈치 보면서 몸을 사려
부장의 화를 돋우지 않아야 한다는 것이 우리네들이 체험한 생활의 지
혜(?) 아닌가. 무언가 화나고 불편한 마음, 그러나 아직 행동으로 폭발
하지는 않는 상태, 그것이 부장님의 얼굴이 보여주고 있는 '상' 이다.

  오행에서의 '목 화 토 금 수' 는 바로 이러한 상象을 담은 개념이다.
예를 들어 수水 라고 하면 '자연물로서의 물' 과 흔히 수기운水氣運 이라
부르는 '물이 가질 수 있는 형이상학적인 의미' 사이에 있는 '상' 을 말
하는 것이다. '상' 으로서의 '수' 는 자연의 물과 형이상학적인 '수기운'
사이를 자유자재로 오가면서 이 모든 것을 아우르는 개념인 것이다. 필
요할 때는 '수기운' 으로의 의미가 강조되기도 하고 또 어떤 때는 '물'
로서의 의미가 강조되기도 한다. 물론 무원칙하게 쓰는 것은 아니고 다
상황에 맞게 그 의미를 더 잘 이해할 수 있도록 하기 위함인 것이다.

  아직 여기서 할 이야기는 아니지만 음양론을 공부하다보면 결국 누
가 이 '상' 을 더 잘 볼 수 있는가 하는 문제에 봉착하게 된다. 사물의 보
이는 면에만 집착하지 않고 그 속에 담긴 의미를 누가 더 정확히 파악하

느냐 하는 것은 무슨 출세를 위한 방편으로서가 아니라 도 道를 추구하고 진리를 추구하는 사람으로서 꼭 필요한 덕목인 것이다.

　사물의 진면목, 행동의 근원을 꿰뚫어 볼 수 있다는 것은 현실을 뒤덮은 온갖 복잡한 현상을 걷어내고 근원에서부터 문제를 해결할 수 있다는 것을 의미하기 때문이다. 그러면 어떻게 하면 '상'을 잘 볼 수가 있는가. 이것은 뒤에 가서 설명하기로 하고 여기에서는 잠시 숙제로 남겨놓기로 하자.

{ 과정의 변화로 사물을 보다 }

이 절은 오행론에 대한 이해를 돕기 위해 필요한 것이지만 조금 어려울 수도 있다. 잘 이해가 안 되더라도 여러 번 읽다 보면 충분히 그 뜻을 알 수 있을 것이다.

한동석 선생은 『우주변화의 원리』에서 음양오행론에 대해 중요한 한 마디를 던졌다.

"만물의 과정적 변화에서 그 원리를 연구할 수 있는 계기가 마련되었고 그 계기에 의하여 수립된 법칙이 바로 음양오행의 운동법칙이며 동시에 만물과 우주의 본원도 여기에서 찾아낼 수 있게 되는 것이다."

정말 쉽게 이해하기 힘든 표현이라 아니할 수 없다. '과정적 변화', 이것이 무슨 말인가. 그러나 동양의 학문이 서양과 다른 길을 걸어온 이유가 바로 여기에 있다. 마치 서양의 철학이 사물을 정면에서 바라보고 있다면, 동양은 시각을 전혀 달리 해서 측면에서 사물을 보려 했고 그럼으로써 그 본질을 헤아려 왔다는 것이다.

내가 아침에 잠에서 깨어 하루를 준비하려는 것과, 어떤 회사가 새로운 사업을 시작하려 기념식을 여는 것과, 봄에 초목이 파릇파릇한 새싹을 틔우는 것과, 볼펜심에 달린 용수철을 살짝 눌렀다가 손을 떼어 튀어 나가게 하는 것이 어떤 연관이 있어 보이는가.

이들은 사실 서로 전혀 연관이 없다. 전혀 별개의 사건일 뿐이다. 의미도 각기 다르다. 그러나 한 가지 공통점이 있다. 이것은 모두 이제 무언가를 '시작' 하려 하는 행동이다. 무수한 음양의 순환이 이루어질 때,

2장_ 오행에 대하여

그 과정에서는 반드시 어떤 '시작'의 단계가 있게 된다. 있을 수밖에 없다. 세상에 '시작하지 않은 일'이란 것이 있을 수가 있는가. 굳이 따지자면 시작하자마자 실패하는 일도 있을 수 있고, 시작도 못해본 일도 있을 수 있을 것이다. 그러나 시작되지 않은 일의 의미를 헤아려본다는 것은 어려운 일이다. 행동으로 표현되지 않은 사람의 마음을 짐작하기란 보통 어려운 것이 아니다. 그러나 반대로 어떤 일이든 '시작되면' 이후의 과정을 점쳐볼 수 있다.

시작된 일은 분명 그 일을 '활발히 펼치기 위한 행동의 단계'가 뒤따를 것이고, 행동만 죽어라고 하는 것이 아니라 어떤 성과를 내기 위한, 그러니까 애초에 설정한 '목표를 달성하기 위한 단계'가 없을 수 없다. 그리고 '마무리'가 있게 된다. 농사에 비유하자면 시작은 모내기에 해당되고 활발한 행동이란 여름의 김매기와 같고 목표의 달성이란 추수에 해당하고 마무리는 이듬해의 농사를 위해 씨앗을 갈무리하는 과정이다.

이런 과정을 겪지 않는 일이란 것이 있을 수가 없다. 이것이 바로 음양의 순환을 하는 모든 사물의 과정이다. 순환을 통해 일어나는 가장 중요한 네 가지 단계인 것이다. 이런 시각으로 사물을 보면 모양만 다르고 상황만 다를 뿐이지 모두 같은 과정을 겪는 변화일 뿐이다.

천변만화 千變萬化 하는 사물의 겉모습에 현혹되지 말고 가장 간단한 음양오행의 순환과정을 통해 사물을 관찰한다면, 거대한 우주의 움직임이나 역사의 변동에서 한 생명의 탄생과 소멸에 이르기까지 모든 변화를 하나로 관통할 수 있는 원리가 바로 음양오행인 것이다. 오히려 너무 쉽고 간단해서 싱거울 지경이다. 그러나 다시 한 번 강조하건대 이것은 인위적으로 만든 법칙이나 발명품이 아니다. 이것은 자연의 순환법칙 그 자체일 뿐이다.

　모든 것은 순환하면서 존재하고 있다는 것을 명철明哲하게 꿰뚫어 본 동양의 성현들은, 순환의 과정만 정확히 볼 수 있다면, 순환하는 개개의 생명生命을 그 존재의 원리까지 헤아려 볼 수 있다는 것을 알게 된 것이다. 그리고 후손들이 그러한 사물의 '과정적 변화'를 단계적으로 쉽게 관찰할 수 있도록 그 단계의 상象에 해당하는 개념을 세워 학문을 성립시켜 놓았던 것이다. 그러니 음양오행을 바탕으로 한 사고방식을 갖기 위해서는 사물을 과정의 변화로 바라보려는 노력이 필요하다. 노력이 그렇게 어려운 것은 아니다. 그러나 그 결과는, 상상을 초월하는 생각의 전환을 여러분께 가져다줄 것이다.

{ 오행의 첫 단계_ 목木 }

서론이 길었다. 이제 본격적으로 오행의 개념을 살펴보기로 하자. 먼저 목木이다. 목이란 감추어져 있던 생명력이 분출하는 모습을 말하는 것이다. 다시 말해 모든 것이 '시작' 되는 모습이다.

그러면 왜 시작이 있는 것일까. 앞서 말했듯이 양기운을 촉발시키는 것은 음기운이다. 음기운이란 고요하게 가라앉으려는 기운이다. 음기운이 작용하기 시작하면 생명력은 아래로 가라앉는다. 그러나 죽는 것은 아니다. 아래로 눌린 기운은 다시금 분출하기 위해 때를 기다리는 것이다.

어느 날 한 아이가 아버지에게 물었다.

"아버지, 저는 커서 훌륭한 사람이 되고 싶어요."

그러나 아버지는 말한다.

"너는 아직 어리다. 네가 훌륭한 사람이 되고 싶다고 해서 꼭 될 수 있는 것은 아니다. 큰 사람이 되려면 그만큼 준비를 해야 할 것이다."

세상을 이미 오래 살아본 아버지의 눈에 자녀의 소망은 아직 유치한 '희망사항'에 불과한 것으로 보였을 것이다. 이러한 아버지의 말은 아이에게 음기운으로 작용한다. 그 순간 아이의 기가 꺾였을 수도 있다. 그러나 대부분의 아이들이 그렇겠지만 당장 '나는 글렀구나' 하고 자포자기할리는 없다.

"아버지의 생각이 그러하다면 내가 커서 반드시 훌륭한 사람이 되어 보여야지." "내가 어리지 않다는 것을 꼭 보여드리겠어."

생명력은 음기운을 받고 죽어버리는 것이 아니라 음기운을 통해 더욱 그 생명력을 다지는 것이다. 이게 음기운의 역할이다. 표면적으로는 생명력을 지닌 양기운과 대립하는 양상을 보이지만 그것은 대립을 위한 대립이 아니라 양기운을 더욱 다지기 위한 작용일 뿐이다. 그리고 어느 날 아이의 결심은 다가올 미래를 준비하는 어떤 행동으로 '시작' 될 것이다. 이것이 '목기운' 이다.

우리가 현실을 통해 또 역사를 통해 충분히 경험하듯이 '때' 가 되면 아무리 현실을 제약하는 음기운이 많더라도 일어날 일은 반드시 일어난다. 생명력은 반드시 분출된다. 미약한 시작일 수도 있고 거창한 시작일 수도 있다. 그러나 때가 되면 반드시 시작된다. 그것을 일컬어 목 木 이라 하는 것이다.

겨울의 추위가 아무리 매서워도 봄이 되면 새싹은 반드시 싹을 틔운다. 용수철을 누르면 그 반발력에 의해, 누르는 힘이 약해지는 순간 튀어나가는 것이다. 밤이 길어도, 아무리 단잠에 취해 있어도 아침은 반드시 오는 것이다. 이 모든 과정의 상象을 '목' 이라 하는 것이다. 여기서 혹시나 싶어 잠깐 언급을 하자면 목기운이 반드시 순조로운 시작만을 의미하는 것은 아니다. 세 가지 경우를 생각해 볼 수 있을 것이다. 목기운이 순조롭게 작용하는 경우, 목기운이 너무 과한 경우, 그리고 목기운이 너무 약한 경우.

목기운이 순조롭게 작용하는 경우는 정상적인 과정을 밟는 것이니 별로 문제가 안 될 것이나 목기운이 너무 과하다면 너무 자신감이 지나쳐 일을 그르치기 쉽다. 가진 실력은 별 볼일 없건만 꿈만 거창하다고 일이 제대로 풀릴 리 있겠는가. 요즘 세태를 보면 자녀를 적게 두다보니 애들 기 꺾인다고 혼내지도 않고 버릇없이 키우는 경우를 간혹 볼 수 있는데 이렇게 음기운을 적게 작용시키면 양기운이 과해져 아이들이 자신의 욕심을 자제하지 못하고 아무데서나 떼를 쓰게 되는 것이다.

반대로 너무 엄하게 키우면 목기운이 너무 약해져 행동이 필요한 때에도 주저하는 자신감 없는 아이가 될 수도 있다. 부모만큼 자식을 잘 아는 사람이 어디 있겠는가. 더하지도 덜하지도 않게 아이의 목기운이 정상적으로 작용할 수 있도록 음기운을 조절해줘야 하는 책임이 바로 부모에게 있는 것이다.

이렇게 모든 오행기운은 정상적인 평기 平氣 와 더불어 너무 강한 태과 太過 와 너무 약한 불급 不及 의 기운이 있을 수 있다. 이런 경우에 따른 각 오행기운의 구체적인 설명은 뒤에 한꺼번에 하기로 하고 일단 여기서는 평기를 중심으로 설명하게 될 것이다. 넘치거나 모자라는 '과불급 過不及' 이 되지 않기 위해서는 평기 즉 '중' 의 기운이 필요하다는 것을 여기에서도 깨달을 수 있다.

목기운은 자연물로서는 '나무' 를 뜻하는 것이고 방위 方位 로 치면 동방 東方 에 해당하고 계절로는 봄이 된다. 사람의 일생을 통해 본다면 앞서의 예와 같이 소년기 少年期 가 목기운이 작용하는 시기, 인생의 봄이 되는 것이다.

다시 한 번 언급하지만 목기운은 무조건 돌진하는 기운을 말하는 것이 아니다. 음기운의 견제를 받으면서 때를 기다린 끝에, 필요하다면 약간 돌아가기도 하고 애초에 세웠던 목표를 수정하기도 할 줄 아는 '중'의 기운을 띤 것이 바로 목기운이다. 자신의 앞에 놓인 장애물이 있을 때 그 장애물을 극복하면서 나아가는 것이 진정한 생명력인 것이다.

{ 오행의 둘째 단계_ 화火 }

화火는 '불'을 의미한다. 그러면 '불'이란 무엇인가. 목기운이 가늘고 길게 위로 솟구치는 기운이라면 불은 목에서 한 단계 발전한 모습, 즉 기운이 위로만 솟구치는 것이 아니라 주위로 널리 확산되는 모습을 뜻하는 것이다. 목에서 시작된 양기운을 주위로 분산시켜 세력을 널리 확장하는 상象을 담은 것이다.

봄에 싹을 틔운 초목은 일단 길이 방향으로 자라는데 전력을 쏟을 뿐이다. 그러나 계절이 바뀌어 여름이 찾아오면 서서히 가지를 뻗으면서 꽃도 피고 무성한 잎사귀도 내어놓는다. 한마디로 풍성해지는 것이다.

그런데 자연물로서의 '불'을 한번 생각해보자. 활활 타오르는 불은 화려하고 정열적이지만 실체는 없다. 불을 만지려 해봐야 손만 데일뿐, 아무것도 만져지는 것은 없다. 양기운이 극에 달한 상태이므로 양기운을 감싸주는 음기운을 찾아볼 수 없다. 불처럼 화려하지만 공허한 것이 또한 '화기운'의 상象이다.

젊음은 아름답다. 청춘 남녀의 모습은 인생의 가장 아름답고 화려했던 순간을 상징하는 것이다. 그러나 젊음은 서툴다. 젊은이가 어른들처럼 타산적이고 복잡한 꼼수를 부린다면 개인적으로야 이득을 볼 수 있 겠지만 참 멋없는 인생이라 할 것이다. 무모한 도전, 열정, 낭만, 비록 서툴지만 젊음은 바로 이런 점 때문에 더욱 매력적인 것이다. 화기운이 가지는 이런 양면성 때문에 성현들은 양기운이 가장 극성한 때를 '화' 로 상징해 놓은 것이다.

   자연의 법칙은 참으로 오묘하다. 이렇게 천하를 얻을 듯 화려함을 뽐 내던 화기운도 영원히 지속되지는 않는다. 이미 우리가 경험을 통해 잘 알고 있는 사실이지만 여름이 주야장천 계속되는 법은 없다. 끝도 없이 자라는 나무는 없다. 영원히 성장만 하는 존재는 없다. 영원히 계속될 것만 같던 화려한 젊음도 어느덧 윤기가 흐르던 피부에 하나둘 주름이 잡히기 시작한다. 이런 모습을 단순하게 바라본다면 이제 화려함은 사라지고 서서히 시들어가는 모습으로만 보일 것이다. 음양의 원리를 잘 알지 못하는 상태에서는 그렇게 바라볼 수도 있다.

   그러나 여기에는 너무도 오묘한 자연의 섭리가 담겨있다. 양기운이 극에 달한 상태에서 아무런 제어장치가 없다면 양기운은 끝내 폭발하고 마는 것이다. 예술에 몸담은 사람들 중에는 아무런 제어장치가 없이 자신의 재능을 끝도 없이 뿜어만 내다가 끝내 생명력마저 소진해버려 요절하는 천재들의 이야기가 간혹 들린다. 그들에게는 보통사람들처럼 자신의 몸을 추스르고 건강도 생각해가면서 적당히 재능을 발휘하는 따위의 일들이 눈에 들어오지 않는다. 그들은 음기운의 제어 없이 양기운만 극도로 발산한 것이다. 자신의 생명력을 오로지 자신의 작품에 몽땅 쏟아낸 것이다.

   그러나 이것은 극소수의 예외에 불과한 것이고 이렇게 양기운을 모두 소진해버리는 일을 자연은 용납하지 않는다. 양기운이 극에 달하면 반드시 음기운이 작용하게 되어 있는 것이다. 음기운이 작용한다는 것은 무슨 의미인가. 음기운은 흩어지고 분산된 양기운을 감싸 안으며 생명력을 추스르도록 도와주는 것이다. 화려함에 취해 이것저것 기웃거리던 생각을 하나로 모아 한가지만을 선택하도록 유도한다. 이제 직장도 잡고 가정도 갖고 무엇보다도 인생의 성취를 이루기 위해 보다 집중된 힘을 발휘하도록 하는 것이다.

젊었던 시절이 인생의 전부가 될 수는 없듯이 '화'라는 것은 오행의 순환 과정에서의 한 단계일 뿐이다. 젊음이 끝났다고 해서 이제부터 늙을 일만 남은 것이 절대 아니라는 것이다. 겉으로 발산하는데 급급하던 생명력을 음기운의 도움을 받아 안으로 추스르면서 알찬 인생의 결실을 맺도록 삶의 방향을 바꾸어주는 것이다.

화라는 것은 이렇게 생명력, 즉 양기운이 최고조에 달한 상태, 그러나 그렇기 때문에 내면에서는 서서히 공허함이 자리 잡기 시작하는 상태를 말한다. 방위로는 남방南方이요, 계절로는 여름이다. 당연히 인생에서는 청년기에 해당한다. 생명력을 그대로 소진시킬 것인지 아니면 내면으로 추슬러 새로운 단계로 나아갈 것인지 결정해야만 하는 단계이다.

{ 오행의 셋째 단계_ 토土 }

토土라는 것은 앞서도 언급했듯이 중용의 기운을 상징한다. '중'이라는 것은 어느 쪽에도 치우치지 않고 중심을 지키는 것을 말한다. 당연히 그 성질은 온화하고 조화調和를 추구한다. 그러나 정확히 말하자면 '토'라는 것은 어떤 실체를 가진 기운이라고 할 수 없다. 구체적인 기운이라 할 수 없기 때문에 그런 기운이 어떤 '작용'을 한다는 말도 따지자면 모순이다. 그렇기 때문에 '토'를 설명한다는 것은 무척 어렵다. 말로야 이런저런 설명을 할 수도 있겠지만 독자의 입장에서 쉬이 감感을 잡기가 어려울 것이라는 우려가 앞선다.

우리는 흔히 내가 어려울 때 그리고 다른 사람들이 다 도움 주는 것을 외면할 때 나서서 도와주는 친구야말로 진짜 친구라고 말한다. 평상시에는 누가 진정 우정을 나눌만한 친구인지 가리기 어렵다. 무언가 절실한 도움이 필요할 때 도움의 손길을 내밀어주는 사람, 그 친구는 평소에도 자주는 아닐지라도 교류가 있었을 것이고, 여러 친구들 중의 한 명이었을 것이다. 친구라는 말 그대로 늘 가까이에 있었던 사람일 것이다.

그러다 어떤 상황이 닥쳐오자 그 친구는 평소와 똑같이 그 우정을 발휘했을 뿐이다. 그러나 도움을 받은 '나'는 생각이 다를 수밖에 없다. 다른 사람들은 다 배신하고 떠나는데 유일하게 남아 도움을 주는 그 친구가 다른 의미로 다가올 수밖에 없다. 뜬금없는 친구 이야기라 생각되겠지만 좀 더 비유를 계속해보자.

어떤 물체가 원운동을 한다는 것은 밖으로 튀어나가려는 원심력과 안에서 잡아당기는 구심력이 서로 균형을 이룰 때 가능하다. 그런데 그 물체는 일정하게 원운동만 하는 것이 아니라 어느 기간은 원심력이 강하여 점점 원운동의 궤도를 넓혀가다가 다음 순간 구심력이 강해져 궤도가 줄어들기도 하는 조금 복잡한 변화를 한다고 가정해보자.

원심력이 주도하는 과정에도 중심은 작용하고 구심력이 주도하는 과정에도 중심은 작용한다. 그러나 이 원운동에서 '중심'이 있다는 것이 가장 돋보이고 눈에 띠는 순간이 있다. 그것은 바로 원심력이 주도하는 과정에서 구심력이 주도하는 과정으로 넘어가는 바로 그 순간, 가장 중요한 변화의 순간에 중심은 그 빛을 발한다.

원래 중심은 늘 작용하고 있었고 언제나 제자리에 있었건만 이 원운동을 바라보는 사람의 눈에는 원심력 주도에서 구심력 주도로 넘어가는 순간, 마치 중심이 어떤 구체적인 '작용'을 하는 것처럼 보였을 것이다.

진정한 친구의 우정이란 것이 시간에 따라 변할 리 없겠지만 내가 절실히 도움을 필요로 하는 순간에 베풀어지는 우정은 그렇게 남다르게 느껴질 수밖에 없다.

'토'라는 것은 이런 것이다. '중'은 언제나 어디에나 있다. 그래야 음양의 운동이 가능하다. 그러나 결정적인 순간이 되면 '중'은 그 진가를 발휘하게 되는 것이다. 그리고 제삼자의 눈에는 마치 '중'의 기운이, 오행으로는 '토'의 기운이 그 순간 어떤 '작용'을 하는 것처럼 보일 뿐이다.

그러나 앞서도 언급했지만 '토'를 무형의 기운으로 놓고 관념적으로만 접근하게 되면 현실에 적용시키는데 너무 어려움이 많다. 그래서 마치 숫자의 '0'처럼 실제로는 없는 개념을 하나 만들어 집어넣으면 문제가 술술 풀리게 되는 것이다. 그러니까 마치 '토기운'이라는 것이 있어 어떤 작용을 한다고 생각하면 이해가 쉽게 되는 것이다. 그러면 토기운은 어떤 작용을 할까.

음양의 운동을 볼 때, 목과 화는 양기운이 주도하는 과정이다. 그러나 우주의 섭리가, 자연의 법칙이 무한정 양기운의 독주를 허용하지 않는다. 균형을 맞추어야 하기 때문이다. 그래서 양기운이 극에 달하면 음기운이 작용하게 되는 것이다. 바로 이 순간, 음양의 운동이 양기운 위주에서 음기운 위주로 바뀌는 순간, 그전까지는 별로 눈에 띠지 않던 '중'의 작용이 시작되는 것이다. 이것을 일컬어 '토'라고 하는 것이다. 따라서 '토'는 성질상 양기운의 편도 아니고 음기운의 편도 아니다. 어느 쪽에도 치우치지 않는다. 또한 서로 대립적인 양상을 띠는 양기운과 음기운을 화해시키려다 보니 조화調和, Harmony적인 성질을 가질 수밖에 없다.

어떤 사람이 돈을 벌어보려고 장사를 시작했다. 평상시 대인관계도 원만한 편이어서 이런 저런 곳에 물건도 많이 팔았다. 그런데 수금이 잘 안 되는 것이다. 아니 아무리 물건만 잘 팔면 뭐하겠는가. 돈이 들어와야 무언가 보람도 있을 텐데 지출만 잔뜩 하고 수입이 없다면 헛고생 아니겠는가. 그 사람은 당연히 이런 생각을 가질 것이다. "아, 장사는 이렇게 하는 것이 아니구나. 수금이 제대로 되지 않는다면 무슨 소용인

가. 방법을 바꿔야겠다." 비유가 제대로 되었는지 모르겠는데 이런 것이 '토'다. 수입과 지출의 균형을 맞추려는 마음이 바로 '토'인 것이다.

어느 혈기왕성한 젊은이가 있었다. 학업도 적당히 쌓았고 친구도 사귀고 이성친구와 청춘사업(?)도 좀 해보고 용돈을 벌기위해 아르바이트도 몇 번 경험해봤다. 그러나 어느 순간, 그 젊은이의 머리에 불현듯 드는 생각. "내가 이런 식으로 적당히 살다가는 사람구실 못하겠구나. 이제 무언가 본격적으로 자리를 잡기위해 노력을 해야겠다." 분출하는 양기운을 쓰기만 해서는 내면의 공허함을 메울 수가 없는 것이다. 바로 이 순간, 토기운이 작용하면서 음기운이 작용할 수 있는 토대를 만들어 가는 것이다.

'토'는 이렇게 어떤 변화의 계기가 필요할 때 결정적으로 작용한다. 더 정확히 말한다면 '목'에서 '화'로 갈 때도 '토'가 작용하고, '화'에서 '금'으로 갈 때도, '금'에서 '수'로 갈 때도, 그리고 '수'에서 '목'으로 갈 때도 '토'는 작용한다.

그러나 가장 결정적으로 '토'가 작용하는 순간이 바로 '화'에서 '금'으로 갈 때이다. 그만큼 양기운에서 음기운으로 전환하는 순간이 음양의 운동과정에서 제일 중요하다는 뜻이다.

실제로 청년기에서 중년기로 넘어갈 때만큼 인생에 있어서 중요한 시기는 없다. 자신만의 성취를 이루기 위해 직업도 가져야 하고, 평생의 반려자를 만나 결혼도 해야 한다. 인생의 성패를 가를 만큼 중요한 결정들이 바로 이 시기에 이루어진다. 여러분은 남들이 다 그렇게 하기 때문에 그냥 남들 따라서 직업을 갖고 결혼을 하는가. 그런 선택은 토기운의 부족으로 인해 지속력이 떨어진다. '내가 이 시기에 무엇을 어떻게 해야 하는가.' 뚜렷한 각성이 있다면 그만큼 자신의 선택에 대해 강한 의지를 불태울 수 있는 것이다.

좀 더 현실적으로 이야기해보자. 대한민국 사회는 학력에 대한 갈망이 심해서 웬만하면 누구나 대학에 가려고 한다. 또 가급적 안정적이고 수입이 좋은 직업을 가지려고 한다. 그 자체를 무어라 하는 것은 아니다. 그러나 남들의 평판에 부화뇌동하여 자신의 적성과 상관없이 전공을 선택하고 수입 좋은 직업을 최고로 생각하여 오직 그런 직업을 갖는 데에만 몰두한다면 반드시 후회가 남게 되어 있다. 쉽게 말해 행복할 리가 없는 것이다. 이런 행태를 일컬어 '가치관'이 없다고 한다. '가치관', 글자 그대로 '가치를 바라보는 눈'이다.

남들은 다 저것이 좋은 것, 가치 있는 것이라 해도 나는 이것이 더 가치 있다고 생각한다는 말이다. 남들은 못 가져서 안달을 하는 물건이라도 내가 관심 없으면 나에게는 가치 없는 것이고 반대로 남들은 거들떠보지 않는 물건이라도 내게 소중하면 그것은 나에게 가치 있는 것이다. 가치관이 없다는 말은, 가치를 따질 줄 모른다는 말이 아니라 내게 정말 무엇이 소중한 것인지 모른다는 것이다. 이런 관점에서 보면 이 세상은 정말 가치관이 없다. 그것은 개성이 없다는 말과도 일맥상통한다. 지금 필자가 지적한 정도는 누구나 다 하는 말이다.

그러나 이것을 음양론적인 차원에서 이야기한다면 '토'가 너무 부족한 것이다. 자신이 가진 생명력을 제대로 발휘하지 못하고 세상에 묻혀서 흘러가고 있는 것이다. 동양학에서 '성공成功'이란 말은 돈 벌고 출세했다는 뜻이 아니다. 자신이 갖고 있는 생명력을 100퍼센트 발휘하여 성취를 했다는 뜻이다. 자신이 가진 개성을 최대한 발현시켜 자신의 존재를 이 세상에 남겼다는 뜻이다. 그리고 이 모든 것을 가능하게 하는 것이 바로 '토' 기운이다. 토라는 것이 '중'의 기운을 띠었다고 해서 '좋은 게 좋은 것 아니냐'는 식으로 구렁이 담 넘어가듯 하는 기운을 말하는 것이 절대 아니다.

　토야말로 우주 삼라만상을 존재하게 하는 절대적인 조화의 기운이라는 것을 깨닫고 보다 적극적으로 '토' 기운의 작용을 자신의 삶속에 끌어들여야 한다. 그것은 어떻게 하면 되는 것인가. 이것은 뒤에 가서 다시 설명하게 될 것이다.

　이렇듯 토는 오행의 변화가 화에서 금으로 넘어갈 때 작용하는 절대중화 絶對中和의 기운이며 자연물로는 '흙'을 의미하고 방위는 당연히 중앙에 위치한다. 계절에 비유하면 흔히 장하 長夏, 즉 한여름이라고 하는데 이것은 토기운이 발휘되는 때가 여름에서도 가장 더위가 극에 달한 순간이기 때문에 이렇게 부르는 것으로 계절로 따지는 데에 너무 큰 의미를 둘 필요는 없다고 본다.

{ 오행의 넷째 단계_ 금金 }

금金이란 수렴하는 기운을 말한다. 즉 음기운이 작용하는 첫 단계이다. 목, 화에서 시작된 양기운이 극에 달하면, 양기운이 더 이상 극단에까지 치닫는 것을 막기 위해 토가 작용하고 이어서 시작되는 음기운의 작용이 바로 '금' 인 것이다.

이런 모습을 지켜보면 음양의 승부작용은 마치 풍선을 부는 것과 비슷하다는 생각이 든다. 바람 빠진 풍선에 서서히 공기를 불어넣으면 그것이 '목' 이고 공기를 있는 대로 불어넣어 팽팽해진 풍선이 바로 '화' 의 상태와 같다. 부풀대로 부푼 풍선의 고무막은 얇을 대로 얇아져 속이 훤히 들여다보일 정도가 된다. 조금만 더 공기를 불어넣으면 터져버릴지도 모른다. 풍선을 터트릴 수는 없는 노릇이니 적당한 선에서 멈추어야 할 필요성이 생긴다.

단, 오행에서의 금의 과정이 풍선과 다른 것은 이때부터이다. 풍선이라면 서서히 바람을 빼면 다시 줄어든다. 그러나 금의 과정은 바람을 빼기보다는 풍선의 고무막이 서서히 굳어 들어가 부피가 줄어드는 과정이라고 생각하면 된다. 부피가 줄어들면 풍선안의 바람은 갈 곳이 없으므로 더욱 팽팽해진다. 음기운이 주도권을 잡고 내면의 양기운을 수렴시켜 가는 것이다.

　사람이 중년에 접어들면 젊을 때에는 밖으로만 향하던 양기운이 서서히 안으로 가라앉게 된다. 음기운은 이론적으로만 작용하는 것이 아니다. 실제로 중년의 피부는 윤기를 잃고 거칠어지면서 주름이 잡히기도 한다. 이것을 단순히 '늙는다' 고만 보는 것이 아니라 음기운이 작용한다고 보는 것이다. 이렇게 음기운이 작용하면 내면의 양기운은 어떻게 될까.

　젊을 때에는 역동적이기는 하지만 분산되어 실속이 없었던 양기운이 중년이 되면 '지혜', '경험', '노련함' 등등의 이름을 달고 본격적으로 작용하기 시작한다. 한마디로 실속 있는 기운이 되는 것이다. 어설픈 모험보다는 현실성 있는 판단을 통해 세상을 바라보기 시작한다. 물론 실속을 차린다고 다 좋은 것만은 아니다. 너무 실속에만 집착하는 인생은 남 보기에도 졸아들어 보인다. 그러나 더 나쁜 것은 아무런 실속이 없는 것이다. 제대로 음기운이 작용하지 못하고 양기운이 어디론가 새어나가 버린다면 글자 그대로 '실속 없는' 인생이 되어버릴 수도 있다. 수렴 과정에서도 '중' 의 기운이 얼마나 중요한가를 새삼 생각해야 한다.

　오행의 순환이 금기운에 도달했다는 것은 이제 서서히 순환의 마무리 단계로 가고 있다는 것을 의미한다. 이렇게 한 번 음양의 순환이 마무리되면 모든 것이 끝나는 것인가. 그럴 리는 없다. 그래서 수렴의 첫 단계인 금기운의 과정에서 제일 중요한 것은 결실을 맺는 일이다. 쉽게 비유를 하자면 초목은 열매를 맺고, 사람이나 동물은 자식을 낳는다.

　'금' 의 과정에서 수렴을 하고 결실을 맺는다는 것은 새로운 음양의 순환을 준비한다는 말과도 같은 것이다. 물론 어찌 자식만 인생의 결실이겠는가. 개인적인 성취, 명성을 얻는 일, 남들이 알아주는 어떤 업적을 남기는 것도 중요한 결실이라 할 것이다. 조금 원론적으로 말한다면 '인간으로 태어난 보람을 느끼는 일'이라고나 할까.

음양의 순환이든 사람의 일생이든 그저 시간 따라 흘러가는 평면적인 것이 아니다. 그것은 자신의 생명력을 내어놓고 또 거두어들이는, 생명의 농사를 짓는 일이다. 돈을 많이 벌어 한평생 떵떵거리고 살았지만 그 돈 때문에 온 집안에 싸움이 나서 콩가루가 되어버린 집안을 두고 누가 실속 있는 삶이라 부르겠는가. 반면에 너무 가난하여 이것저것 추스를 겨를도 없이 삶에 치여 사는 인생도 딱하기는 마찬가지다. 옛사람들이 욕심 없는 청빈淸貧한 삶을 꿈꾸었다지만 그것도 어느 정도껏이지 하루세끼 입에 풀칠하기도 벅찬 인생을 놓고 함부로 그런 소리를 할 수는 없을 것이다.

'금기운'이란 이렇게 더하지도 덜하지도 않게 생명력을 내면으로 추스르면서 결실을 맺는 단계이다. 한마디로 성숙成熟의 과정이다. 자연물로는 '쇠'로 표현하여 가라앉는 묵직한 기운을 상징하고 있으며, 방위로는 서방西方에 해당하고 계절로는 가을이 된다. 인생에서는 중년기에 해당하게 될 것이다.

금기운을 이야기할 때 하나 재미있는 것은 방향성을 따지는 방법이다. 무슨 이야기인가 하니 동양에서는 모든 것을 근본에서부터 바라보는 버릇이 있다. 근본에서 출발하여 점차 멀어지면 이것은 순리를 거스르는 행동, 즉 역행逆行이라고 하고 반대로 근본으로 돌아오는 과정은 순리를 따르는 행동, 즉 순행順行이라고 한다. 언뜻 듣기에는 아무런 이상한 점이 없을 것이다. 모든 일을 근본부터 따지는 것에 무슨 이상한 점이 있다는 말인가. 음양의 순환을 다시 한 번 인생의 흐름에 비유해보자.

탄생에서 성장까지의 과정은 동양적인 관점에서 근본에서 멀어지는 것이니 역행을 하는 것이고, 성숙에서 죽음까지의 과정은 근본으로 돌아가는 것이니 순행이 되는 것이다. 즉, 동양은 탄생이전의 순간 내지는 죽음을 통해 '돌아가는' 순간을 생의 근본으로 보았던 것이다. 왜 이것이 '근본'이 되는가. 오행의 마지막 단계인 수水를 통해 그 의미를 알아보자.

{ 오행의 다섯째 단계_ 수水 }

앞서도 잠깐 언급했듯이 수水는 오행의 다섯째 단계이지만 그것은 설명하는 순서상 그렇다는 것이지 수가 오행의 마지막 단계라는 뜻은 결코 아니다. 그보다는 오히려 시작의 단계로 보는 것이 더 정확할 수도 있다. 다시 말해 '수' 라는 것은 한 순환의 마지막이자 새로운 순환의 시작이라는 이중적인 의미가 담겨있는 것이다.

'금' 이 수렴의 시작이라면 '수' 는 수렴의 최종단계이다. 수렴이라는 것은 음기운이 작용한다는 뜻이고 음기운은 겉에서부터 안쪽으로 작용하기 때문에 금의 과정에서는 표면이 먼저 딱딱해지기 시작하여 수의 과정에 도달하면 거의 보일락 말락 한 양기운만을 남긴 채 안까지 완전히 굳어지게 된다.

양기운이 음기운에 완전히 포위되어 생명력이 압축되어 있는 상태를 '수' 라 하는 것이다. 이 상태에 도달한 생명력을 일컬어 인간에 있어서는 정精이라 하고 식물의 경우 핵核이라 한다. 그래서 인간의 경우 자신의 분신을 탄생시킬 수 있는 생명의 핵을 정자精子, 여성의 경우는 난자卵子라 부른다.

　인간이 청소년기에 접어들게 되면 소위 '제2차 성징' 이 나타나면서 이러한 정精을 형성할 수 있게 되는데 이것을 음양론적인 관점에서 보면 이 나이가 돼서야 비로소 신체내부의 음양 순환과정에서 음기운의 수렴작용이 제대로 작동하는 단계에 이르렀다는 것을 의미하는 것이다. 다시 말해 그전까지의 신체는 양기운이 너무 많아 음기운을 제대로 수렴하지 못했던 것이다.

　식물의 경우, '핵' 이라는 것은 간단히 말해 씨앗이라는 의미이다. 많은 경우 씨앗은 딱딱한 껍질에 쌓여 있으면서 껍질 안은 부드러운 속살이 있는 것을 볼 수 있는데 이런 형태야말로 '수' 의 '상象' 을 제대로 보여주고 있다고 할 수 있다.

　그러나 양기운이 비록 음기운에 의해 포위되었다고는 해도 영원히 그런 상태를 지속할 리는 없다. 양기운을 촉발시키는 것이 음기운이라는 것을 몇 번 언급한 바 있거니와, 고도로 응축된 양기운은 때가 되면 다시 음기운을 밀어내고 생명력을 발휘하게 되는 것이다. 모진 시련을 겪을수록 그 열매가 달다고 했던가. '수' 의 과정을 통해 다져지고 다져진 생명력은 다가올 '목' 의 단계에서 더욱 강한 생명력을 발휘하게 되는 것이다.

　'수' 는 이렇게 하나의 음양 순환을 끝내고 새로운 음양 순환으로 이어지는 역할을 한다. 끝이면서 시작이 되는 이치가 바로 여기에 있는 것이다. 그래서 동양에서는 '수' 를 모든 오행 순환과정의 본체本體 라고 한다. 모든 생명력을 수렴하고 있기에, 현실에서는 아무것도 보이지 않지만 그렇기 때문에 어떤 것으로도 될 수 있는 가능성 100퍼센트의 상태, 죽음과 탄생이 맞닿아 있는 곳, 마무리와 시작이 공존하는 신비스러운 단계가 바로 '수'의 과정이다.

'수'는 자연물로는 '물'을 뜻한다. 물이란 어떤 존재인가. 물은 앞서의 나무 불 흙 쇠와는 조금 다른 모습을 보여준다. 조용히 있는 물은 사람이 손을 넣으면 아무런 저항 없이 자신을 비워주지만 성난 물은 모든 것을 파괴할 듯이 강한 모습을 보여준다. 물은 얼음이 되어 단단히 뭉쳐있기도 하고 수증기나 구름이 되어 퍼져있기도 한다.

한마디로 물은 목 화 토 금이 보여줄 수 있는 모든 상象을 다 지니고 있는 것이다. 그래서 성현들은 이 과정에 걸맞은 상징물을 '수'로 표현했던 것이다. 이것은 단순한 상징을 넘어서는 의미를 내포하고 있다. 다시 말해 '수'는 본체이므로 모든 것을 수의 변화로 설명할 수 있다는 뜻이다.

'목'은 '수'의 생명력이 뻗어나가는 단계, '화'는 생명력의 분산이 극에 달하여 널리 퍼져있는 단계, '토'는 '수' 안에 내재되어 있는 '중'의 기운이 작용하는 단계, 그리고 '금'은 '수'의 생명력을 수렴하는 단계로 바꿔볼 수 있다. 모든 것이 '수'의 변화과정일 뿐이다.

필자는 앞서 '만물의 과정적 변화를 통해 그 원리를 연구해 볼 수 있다'는 한동석 선생의 말을 전한 바 있다. 그것은 결국 '수'가 목 화 토 금의 과정을 거쳐 다시 '수'로 돌아오는 변화를 통해 우리가, 그리고 모든 철학자들이 궁금해 했던 '생명'이라는 것의 신비를 풀어헤칠 수 있다는 것이다.

물론 이에 대한 설명은 나중에 하게 되겠지만 생명의 탄생과 죽음, 우리가 흔히 무생물로 분류하는 이 우주와 대자연의 정교하고도 규칙적인 순환운동, 그리고 인간이 지닌 사고思考 작용의 신비에 이르기까지 모든 해답이 이 '수'의 성질을 정확히 파악함으로써 가능하다는 것을 일단 말해두고자 한다.

   수는 방위로는 북방北方에 해당하고 계절로는 겨울, 인생에 있어서는 일단 노년기라고 보는 것이 타당할 것이다.

{ 나무 불 흙 쇠 물과 오행 }

일단 이로써 오행에 대한 설명을 마쳤다. 그러나 앞으로의 이야기를 원활하게 진행하기 위해 몇 가지 오행의 성질에 대한 것을 덧붙이고자 한다. 그중 하나가 오행에 대응되는 자연물, 즉 나무 불 흙 쇠 물에 대한 것이다.

오행의 개념을 설명하기 위해 자연물을 상징으로 택한 것은 음양오행이라는 것 자체가 자연의 법칙이기 때문이다. 자연의 법칙을 설명하기 위해 그 법칙이 잘 녹아들어가 있는 자연의 상징물을 내세운다는 것은 아주 '자연'스러운 선택인 것이다. 그러면 개개의 나무 불 흙 쇠 물이 어떻게 오행 개념을 상징하는지 좀 더 구체적으로 살펴보자.

음양오행의 변화를 이해하는데 있어 특히 명심해야 할 점은 필자가 누차 강조했듯이 이 세상을 다양한 오행의 순환으로 바라보아야 한다는 것이다. 한 개의 순환만 있는 것이 아니라 크고 작은 순환이 동시에 존재하고 하나의 순환 속에 여러 개의 순환이 내포되어 동시에 변화하는, 한마디로 엄청 복잡한 구조를 이루고 있다는 것을 항상 잊지 말아야 한다. 그렇지 않으면 오행이라는 단순한 잣대로 모든 것을 가늠해보려는 실수를 범하게 된다.

예를 들어 한사람의 일생을 오행의 단계에 따라 바라볼 수는 있지만 그 사람이 처한 시대상황이라는 더 큰 순환과정에서 한 개인이 자유로울 수도 없는 일이고 또 그 사람이 가족과 만들어내는 개인적인 사건의 순환과도 무관할 수가 없다. 여기에서는 학문적인 설명을 위해 단순화시킬 수밖에 없지만 오행법칙을 현실에 응용할 때는 항상 명심하기를 바란다.

자연물을 오행의 개념과 연결시킬 때에도 이런 과정이 필요하다. '나무'라는 것을 오행의 '목'과 연결시킬 때는 크게 나무의 두 가지 면을 보려고 하는 것이다. 하나는 봄에 초목이 차가운 땅을 뚫고 싹을 틔우듯이 양기가 뻗치는 모습을 상징한 것인데 형체보다는 기운에 더 비중을 둔 것이다.

이것은 목기운을 다시 음과 양으로 세분화 했을 때, 목기운의 양적인 측면, 즉 기운적인 측면을 본다고 해서 양목陽木이라 한다. 또 하나는 실제의 나무가 충분히 자라서 곧게 뻗어있는 형태적인 측면을 보려는 것인데 이것을 음목陰木이라고 한다. 목기운도 이렇게 세분해서 음양으로 나누어 볼 수 있는 것이다. 목기운 하나만 가지고 다시 다섯 단계로 나누는 것도 분명 가능하다. 그러나 그럴 경우 너무 번거로워지기 때문에 음양정도의 구분만 하는 것이다.

'불'은 어떨까. 불도 양화陽火가 있고 음화陰火가 있다. 음화라는 것은 비유하자면 우리가 흔히 일상생활에 사용하는 통제 가능한 불이다. 성냥불, 가스불, 모닥불 등 그 기운을 통제할 수 있는, 즉 '중용'을 발휘할 수 있는 불이 음화라면, 위세가 너무 강력하여 통제가 안 되는 불, 화재나 폭염처럼 강력한 불이 양화이다. 쉽게 비유하자면 같은 젊은이라도 타이르면 듣는 사람이 있고 막무가내인 사람이 있지 않은가.

'흙'도 양토陽土가 있고 음토陰土가 있다. 적극적으로 개입하는 중재자가 있고 그냥 내버려두면 알아서 잘 될 것이라 믿는 자유방임형의 중재자도 있다. 흙으로 치면 그냥 산도 되고 길도 되는 자연의 흙이 있는 반면에, 집을 짓고 길을 포장하는 시멘트처럼 넓은 의미에서 적극적으로 활용되는 흙이 있는 것이다.

'쇠'는 어떨까. 쇠도 양금陽金이 있고 음금陰金이 있다. 이제는 어느 정도 짐작이 되겠지만 자연상태의 쇠가 음금이라면 우리가 무기를 만들고 산업에 활용하는 쇠는 양금이다. 화학을 통해 바라보아도 금속류란 응집력이 강한 원소를 뜻하는 것이고, 다툼이 심해져 무기를 들게 되면 '이제는 끝장을 보자'는 상징적인 의미를 띠지 않는가. 금기운이 갖고 있는 수렴하는 성질을 표현하기에 부족함이 없는 것이다.

'물'에 대해서는 앞서도 약간 설명한 바가 있지만 얌전한 물이 있는가 하면 성난 물이 있다. 하나는 음수陰水이고 하나는 양수陽水가 되는 것이다.

이러한 음양의 구분은 성질을 자세하게 분류하기 위한 것일 뿐이지, 고정된 개념이 아니다. 보는 관점에 따라, 그때그때 맡는 역할에 따라 음양의 구분은 언제든지 바뀔 수 있다는 것도 또한 잊어서는 안 될 것이다.

{ 평기平氣 및 태과太過, 불급不及 의 오행기운 }

　각 오행기운 마다 다시 평기平氣와 태과太過 및 불급不及 의 기운으로 나눠질 수 있다는 점은 앞서 설명한 바와 같다. 이것은 조금 세부적인 내용이기는 하지만 오행기운을 보다 현실적으로 바라보는데 도움이 되리라 생각하여 언급하려는 것이다. 각각의 오행기운이 다시 평기, 태과 및 불급의 기운으로 나뉠 수 있다는 것은 무슨 의미인가.

　세상에 평기만 존재한다면 이 세상의 모든 변화는 아주 단조로울 것이다. 모든 것이 정상적으로 움직이는데 무슨 문제가 있겠는가. 그러나 우리가 알고 있는 세상은 그렇지가 않다. 항상 넘치기도 하고 모자라기도 하면서 온갖 예측할 수 없는 변화를 나타내는 것이 우리가 보는 현실에 더욱 가깝다.

　어떤 때는 너무 덥거나 너무 추워서 말썽이고, 또 어떤 때는 너무 가물거나 또는 홍수가 나서 말썽이다. 부자로 태어나 평생 힘든 일 한번 안하고 사는 인생이 있는가 하면 가난을 멍에처럼 지고 태어나 평생을 생활고에 시달리는 인생도 있다. 재주가 많아도 발휘할 기회를 찾지 못해 안타깝게 스러져 가는 사람도 있고 별 재주 없어도 잘만 먹고사는 사람도 있다.

　한 번의 태과 또는 불급의 기운이 작용하면 이후에 일어나는 작용에 연쇄적으로 영향을 미쳐 이후의 변화를 도저히 예측 불가능한 상황으로 만들어 놓는다. 그리고 사람들은 이런 현실을 바라보면서 불안감을 느끼는 것이다. 내가 하는 일이 정상적으로 진행될 것인지 아니면 예측

못할 변수를 만나 낭패를 당할 것인지 궁금하지 않을 수 없다. 이런 인간의 불안감과 미래를 점쳐보고 싶은 마음이 바로 운명학運命學을 나오게 한 것이다. 사주팔자四柱八字를 통해 자신의 미래를 점쳐본다는 것은 결코 미신迷信은 아니다. 그 속에는 음양오행의 변화를 정교하게 분류하여 체계화시켜놓은 철학이 담겨있는 것이다.

그러나 맹목적인 믿음도 문제가 있다. 인생이란 영화처럼 시간의 흐름에 따라 펼쳐지는 정해진 결과가 있는 것이 아니기 때문이다. 언제든지 '자신의 선택'이라는 중요한 변수가 놓여있는 곳이 바로 인생이다. 주어진 상황 속에서 어떤 현명한 선택을 할 것인가. 이것이 또한 철학을 공부하고 음양오행을 공부하는 까닭인 것이다.

또 하나 왜 이런 태과, 불급의 기운과 같은 불균형과 모순이 생기는 것인가 하는 의문이 있을 것이다. 이것은 후에 오운五運과 육기六氣를 설명하면서 충분히 다루게 될 것이니 여기서는 생략하기로 하고 지금은 이러한 기운의 불균형, 불평등이 어떤 모습을 띠고 있는가 하는 것을 먼저 살펴보려는 것이다. 또한 이 부분의 설명은 한동석 선생의 『우주변화의 원리』를 상당부분 참고하였음을 미리 밝혀둔다.

	목	화	토	금	수
평기	부화敷和	승명升明	비화備化	심평審平	정순靜順
태과	발생發生	혁희赫曦	돈부敦阜	견성堅成	유연流衍
불급	위화委和	복명伏明	비감卑監	종혁從革	학류涸流

평기 및 태과, 불급의 오행기운

{ 목木의 세 가지 기운_
 부화敷和, 발생發生, 위화委和 }

　부화敷和, 발생發生, 위화委和는 각기 목의 평기와 태과 및 불급한 기운을 말하는 것이다. 이해할 수 있도록 충분히 풀어서 설명할 예정이니 어려운 한자가 나온다고 너무 부담을 가질 필요는 없다.
　목의 평기인 부화敷和에서 부敷자는 일직선으로 쭉 뻗어져 가는 모습을 뜻한다. 예를 들어 철도를 건설하는 것을 부설敷設이라 하고 말의 의미를 확장하는 것을 부연敷衍이라고 하듯이 곧게 뻗어가는 모습을 상징하는 단어인 것이다. 또한 화和자는 어떤 상대를 만나더라도 서로 대립하지 않고 조화를 이루는 것을 의미한다. 한마디로 목의 평기는 생명력을 뻗어내는 과정에서 마주치는 여러 장애물을 슬기롭게 극복하면서 맡은 바 임무를 다하는 모습인 것이다.
　목의 태과 기운인 발생發生은 목기운이 너무 지나치게 작용하는 것을 말한다. '발發' 자는 강하게 내쏘는 것을 뜻하는 말로서 총을 발사發射하거나 화약이 폭발暴發한다고 할 때 쓰이는 말인 것이다. 목기운이 과하게 작용하면 과연 어떤 일이 벌어질까. 사람이 의욕이 지나쳐 온갖 일을 벌이기만 할 뿐 제대로 운영해가지 못하는 모습이 바로 '발생' 의 모습이다. 자신의 욕심을 자제하지 못하는 모습인 것이다. 이럴 경우, 기다리는 것은 실패밖에는 없다.
　목의 불급 기운인 위화委和는 반대로 목의 기운이 위축당해 제대로 실력을 발휘하지 못하는 모습을 나타낸다. 여기서 한 가지 분명히 해두어야 할 것은 불급不及하다는 것과 부족不足하다는 것은 의미가 다르다는 점이다.

'불급'이란 힘은 있지만 아직 때가 이르다든지 외부의 압박에 의해 그 기운을 발휘하지 못하는 것을 말하는 것이고 '부족'이란 자신이 가지고 있는 힘 자체가 모자라다는 것을 말하는 것이다. 사람 중에는 의욕 자체가 없어서 맥없이 사는 사람도 있지만, 그보다는 의욕이 있음에도 때가 되지 않았거나 외적인 장애요인이 너무 많아서 자신의 뜻을 펼치지 못하는 경우가 더욱 많을 것이다.

바로 후자의 경우를 '불급'이라고 하는 것이며 위萎자는 다른 외부의 힘에 의하여 위축萎縮되는 것을 뜻하는 말이다. 이럴 경우, 환경만 탓할 수만도 없는 일이고 남들보다 몇 배 더 '토'의 기운을 발휘하여 '부화'의 단계에 까지 이르도록 하지 않으면 안 되는 것이다.

{ 화火의 세 가지 기운_
 승명升明, 혁희赫曦, 복명伏明 }

    화기운의 평기는 승명升明이다. 화기운은 가지고 있는 생명력을 최대한 발휘하는 자리이지만 동시에 모든 생명력을 고갈시켜서는 안 되는 자리이기도 하다.

    그래서 승升자는 승강기昇降機, 상승上昇 같은 단어에 담겨있는 것처럼 내려가는 것, 하강下降하는 것을 전제로 하는 '올라감'을 뜻하는 말인 것이다. 명明자도 그냥 밝음을 뜻하는 것이 아니라 해日의 양광陽光과 달月의 음광陰光이 합쳐있다는 의미로 쓰는 단어인 것이다.

    한마디로 최대한 생명력을 발휘하기는 하되 때가 되면 언제든지 하강할 수 있도록 만반의 준비를 갖춘 화기운이 되어야 하고, 그렇기 위해서는 항상 밝게明 깨어있어야 한다는 것을 강조하고 있는 것이다.

    화의 태과 기운은 혁희赫曦라고 한다. 혁赫자의 뜻은 화기가 충천하는 모습을 뜻하는 것이고 희曦자도 태양광이 폭사하는 것을 뜻하는 것이다. 따라서 혁희는 여름에 태양 볕이 뜨겁게 내리쬐듯이 화기운을 내뿜는 모습인 것이다. 여름 날씨에 혁희의 기운이 나타나게 되면 초목이 말라비틀어지고 땅은 거북등처럼 쩍쩍 갈라지게 되는 것이다.

    인생에 혁희의 기운이 나타나면 요절하는 천재마냥 생명력을 폭사하며 끝내는 죽음에 이르고 마는 것이다. 그런 인물들의 외모를 보면 종종 마른 몸매에 날카로운 눈빛을 띠는 모습을 보게 되는데 이것이 바로 혁희의 상象인 것이다.

화의 불급 기운은 복명伏明이라고 한다. 복伏자는 엎드리다, 굴복한 다는 뜻이니 화기운이 제대로 발휘되지 못하고 잠복하고 있다는 것이 다. 마찬가지로 여름 날씨에 복명의 기운이 나타나게 되면 냉해冷害가 발생하여 잎이 제대로 펴지 못하고 온갖 질병들이 나타나게 된다.

인생에 복명의 기운이 나타나게 되면 총명聰明함이 떨어져 아둔한 인물이 되고 마는 것이다. 우리가 흔히 총명한 사람을 보고 '눈이 살아 있다' 라는 표현을 쓰곤 하는데 반대로 총명함이 떨어지면 눈빛도 보통 사람보다 흐리다는 것을 느껴본 적이 있을 것이다. 세상을 야무지게 바 라보지 못하는 '흐릿한 눈', 이런 것이 바로 복명의 상象이다.

{ 토土의 세 가지 기운_
비화備化, 돈부敦阜, 비감卑監 }

토기운의 평기는 비화備化 라고 한다. 토라는 것은 음과 양의 모순과 대립을 중재하여 원만하게 음양 기운의 변화가 일어날 수 있도록 도와주는 존재이다. '토'는 오행에 있어서 '수' 만큼이나 중요한 존재이므로 토의 구체적인 작용에 대해서는 뒤에 많은 설명을 하게 될 것이니 여기서는 간단히 언급하는 것을 양해하기 바란다.

비備자는 갖추다, 준비한다는 뜻이니 '토'가 비록 중용의 자리라고는 하나 모순을 중재할 구체적인 실력을 갖추고 준비하지 못한 채, 자신의 위세만 믿고 나서려고 한다면 아무 것도 해결할 수는 없을 것이다. 오직 실력을 갖추고 준비된 '토'만이 중재자의 역할을 다할 수 있을 것이니 이것을 비화라 부르는 것이다.

그러면 토가 태과나 불급이 되었을 때, 어떤 모습을 띠게 될까. 먼저 토의 태과기운은 돈부敦阜 라고 하는데 이 두 글자는 모두 두툼하다, 넉넉하다는 뜻을 지니고 있다. 화의 태과기운인 '혁희' 처럼 화기운이 넘치면 모든 것이 말라비틀어지는 반면, 토는 중화적 성질을 띠기 때문에 사람으로 치면 너무 '낙천적인' 성품을 지니게 되는 것이다. 낙천적인 성격을 지닌 사람들이 대개 살진 모습을 갖고 있는 것이 바로 돈부의 상을 의미하는 것이다.

또 다른 예를 들자면 말솜씨가 청산유수여서 서로 상충되는 사람들의 관계를 원만하게 잘 해결하는 사람들을 볼 수가 있는데 이런 사람들이 자신의 재주를 악용하여 장사를 하면 순간적으로 꼭 필요한 물건이 아님에도 사게 만드는 실력을 발휘하기도 한다. 이렇게 과소비(?)를 부추기는 말솜씨 같은 것도 돈부의 상이라 할 수 있다.

반면에 토의 불급 기운을 비감 卑監이라고 하는데 비卑자는 낮추다, 천하다는 뜻이고 감監자는 살펴본다는 뜻이다. 따라서 비감이란 제 할 일을 제대로 못하고 뒷전으로 밀려나서 눈치만 살피고 있다는 뜻이다.

운동 경기를 할 때, 심판이란 어느 편에도 치우침이 없이 공정하게 경기를 이끌어야 하고 그러기 위해서는 토의 평기인 비화와 같이 충분히 실력을 갖추고 경기를 능동적으로 이끌 수 있는 권위가 있어야 할 것이다. 그러나 실력 없는 심판의 미숙한 판정으로 판정 시비가 나고, 이로 인해 양쪽 선수들이 너무 흥분하여 심판은 안중에도 없이 서로 치고받고 싸움을 벌이고 있다면 심판은 하릴없이 구석에서 지켜만 보고 있게 될 것이다. 중재자임에도 중재를 못하고 속수무책으로 바라보고만 있는 모습이 바로 비감의 상인 것이다.

토라는 것은 우리가 사는 현실 속에서 '지도자'의 의미를 띠기도 하는데 국민들의 의견이 나뉘어 사회에 분란이 많음에도 지혜로운 해결책을 내놓지 못하는 것도 역시 비감의 상이 될 수밖에 없을 것이다.

{ 금金의 세 가지 기운_
심평審平, 견성堅成, 종혁從革 }

    금기운의 성질은 수렴 작용을 하는데 있다는 것을 말한 바 있다. 그런데 수렴 작용이라는 것은 양면성을 띤 것이다. 하나는 당연히 열매를 맺어 씨앗을 남기는 것이고 다른 하나는 열매를 맺는데 필요 없는 부분은 과감히 쳐버린다는 것이다. 가을을 보면 우리가 추수의 기쁨을 누리는 한구석에 우수수 떨어진 낙엽이 뒹굴고 있는 것과 마찬가지이다.

    사람의 인생도 중년에 접어들면 젊을 때 꿈꾸었던 많은 것들을 포기하지 않으면 안 되는 것이다. 그러나 너무 많은 것을 포기해야 한다면 그 사람의 인생은 너무 볼품없는 것이 되고 만다. 그래서 금기운의 평기를 심평審平이라 하는 것이다. 다시 말해 버려야 할 것과 버려서는 안 될 것에 대한 판단, 즉 심판審判이 공평公平해야 한다는 뜻에서 이를 심평이라 이름붙인 것이다. 금기운이 이러한 판단의 기능을 공정하게 수행하지 못한다면 어떤 상황이 될 것인가.

    금기운의 태과 기운은 견성堅成이라 하는데, 견堅자는 굳다 단단하다는 뜻을 가지고 있다. 우리는 굳고 단단한 것을 일컬어 견고堅固하다고 하는데 이것을 음양론적으로 바라보면 '견' 자는 표면이 굳어있는 것을 말하는 것이고 '고' 자는 속이 단단해진 것을 의미한다.

    따라서 견성이란 겉이 너무 단단하게 되었다는 뜻이다. 이것은 버려야 할 것을 버리지 못하고 있는 것 없는 것 모두 부여잡고 놓지 않으려는 상을 말하는 것이다. 당연히 남들이 보기에는 쓸데없는 고집을 부리고 있는 모습이 될 것이다. 우리는 종종 '내가 왕년에 이랬었는데…' 하며 과거에 대한 집착을 버리지 못하는 모습을 보게 되는데 이런 것이 바로 견성의 상이라 할 것이다.

금기운의 불급 기운은 종혁從革이라 하는데 이것은 조금 깊은 내용을 담고 있다. 종從자는 좇다, 따른다는 뜻이고 혁革자는 우리가 보통 개혁改革, 혁명革命 같은 단어에 많이 쓰지만 그 뜻은 '가죽'이라는 뜻이다.

왜 '혁'자는 본래의 뜻과는 사뭇 다른 의미로 쓰이는 것일까. 가죽은 한자로 피혁皮革이라고 하는데 여기에도 음양론적인 의미가 있다. 다시 말해 '피'자는 가공하지 않은 글자그대로 짐승의 거죽이라는 뜻인 반면, '혁'자는 이런 짐승의 거죽을 인공적으로 가공하여 우리가 사용할 수 있도록 만들었다는 의미가 담겨있는 것이다. 천연 그대로의 짐승 가죽이라면 원시인들이나 옷으로 쓸까, 문명인에게 어울리는 것은 아니다.

동양의 성현들은 이러한 가죽의 가공 과정에 금기운의 상이 담겨있다고 보았던 것이다. 즉 인위적으로라도 버려야 할 부분은 과감히 버리고 쓸 수 있는 부분은 새롭게 씀으로써 새로운 가치를 창출해야 한다는 것이다.

어느 한 나라가 세워져 세월이 흐르다보니 처음에 백성들의 기대를 모았던 참신함은 사라지고 온갖 부패가 들끓게 되었다고 생각해 보자. 왕은 주색에 빠져 민생을 돌보지 않고 신하들은 신하들대로 자기 뱃속 채우는 데만 몰두하고 있다면 나라꼴이 어떻게 되겠는가. 이것은 나라가 세워진 본래의 목적을 다하고 있지 못하는 상황이다. 본래의 목적을 완수하지 못하고 있으니 이 역시 금기운의 수렴작용이 제대로 이루어지지 않고 있는 것이다. 즉 나라가 백성을 위해 해야 할 일들을 제대로 못하고 있다, 공정한 심판이 이루어지지 않고 있다는 뜻인 것이다. 하늘이 이런 나라를 징벌하지 않는다면 사람이 하늘대신 나서서라도 잘못된 일을 바로 잡아야 한다. 이것이 천도혁명天道革命, 하늘의 심판을 대신하는 동양의 혁명사상인 것이다.

　금기운이 불급하여 제대로 된 수렴작용을 못한다면 '혁'의 상을 좇아 인위적으로라도 수렴을 시켜내야 한다는 것이 바로 종혁의 뜻인 것이다. 일반적인 태과 불급 기운의 명칭이 그 '상'을 설명하는 방식임에 반해 종혁은 다분히 금기운의 올바른 작용이 필요하다고 '주장'하는 내용을 담고 있는 것이 이채로우나 그만큼 제대로 된 금기운의 중요성을 강조하려는 뜻으로 이해하면 될 것이다.

{ 수水의 세 가지 기운_
  정순靜順, 유연流衍, 학류涸流 }

　수기운의 평기는 정순靜順이라고 한다. 수기운은 수렴의 최종단계이자 새로운 탄생의 기운을 잉태하고 있는 곳이다. 따라서 너무 수렴이 강해지면 새로운 탄생에 많은 부담을 줄 것이 뻔하고 반대로 수렴이 약하면 생명력의 응축이 약해져 추진력이 부족한 상황을 만들게 되는 것이다. 따라서 수렴은 견고히 하되 새롭게 출발할 수 있는 의지 또한 강하게 갖고 있는 모습이 수기운의 평기가 돼야 하는 것이다.
　정靜자는 '고요하다'는 뜻을 지니고 있지만 실제 '정' 자를 뜯어보면 동방의 목기운을 뜻하는 푸를 청靑자와 투쟁한다는 뜻의 싸울 쟁爭자가 합쳐있는 것이다. 따라서 '정' 자는 바로 고요한 가운데 생명력이 꿈틀거리는 수기운의 상을 담기위해 쓰이는 글자임을 알 수 있다.
　순順자 역시 비록 '좇다', '따르다'는 뜻이 있지만 이것은 절대 맹목적인 추종을 의미하는 것이 아니라 도리를 좇고, 순리를 따르는 중용의 기운을 내포하고 있다. 따라서 순리에 맞게 고요함을 지키는 곳, 그러나 때가 되면 이 세상에 자신의 포부를 마음껏 펼쳐 보일 준비를 하고 있는 곳이 바로 '정순'이 의미하는 '상'인 것이다. 한마디 더 한다면 삼국지를 보면 강남에 은거하고 있는 제갈량을 '복룡伏龍'이라고 하지 않던가. 이런 모습이 바로 정순의 상이 될 것이다.
　유연流衍은 수의 태과 기운이다. 이것은 주변의 응고력이 너무 강하여 생명력을 발휘할 수 없는 '상'을 의미한다. 유流자와 연衍자는 한자

고어 古語를 인용해야 하는 번거로움이 있어 여기서는 설명을 생략하거니와 굳이 궁금하다면 한동석 선생의 『우주변화의 원리』를 참고하기 바란다.

유연의 '상'은 어떤 것일까. 봄이 되면 초목은 당연히 새싹을 틔워야 함에도 그해에 유난히 추위가 심하여 싹을 틔울 엄두조차 못 내고 있는 상황이 바로 유연이다. 그 정도면 충분히 주목을 받을 수 있는 작품임에도 하필이면 같은 시기에 더 훌륭한 작품들이 쏟아져 나오는 바람에 작품을 발표할 기회조차 제대로 잡지 못하는 상황이라고나 할까.

수의 불급 기운인 학류 涸流는 어떠한가. 학 涸자는 물이 마른다는 뜻이다. 다만 물이 원래 없는 것이 아니라 여러 가지 원인에 의해 근원이 막혀있기 때문에 제대로 흐를 수 없어 물이 마른 것이다. 이는 음기운의 응고작용이 부족하여 생명력이 제대로 다져지지 못하고 따라서 발휘되는 힘 또한 약해진 모습을 뜻하는 것이다.

유난히 따뜻한 겨울을 겪은 씨앗이 봄철에 제대로 싹을 틔우지 못하는 경우가 실제 있기도 하고, 사람의 생각도 여러 사람과의 토론을 통해 비판도 받고 견제도 당해봐야 하는 것인데 이런 과정이 부족한 채 혼자만의 생각에 빠져 있다면 남에게 설득력 있는 생각을 내놓기가 어려워지듯이 음기운의 수렴이 부족하여 결국 생명력도 약해진 상이 바로 학류이다.

{ 이제마의 사상의학 }

이제마 李濟馬 선생의 사상의학 四象醫學 은 이미 많은 사람들에게 알려져 있는 학설이다. 인간의 체질을 태양인, 태음인, 소양인, 소음인으로 구분하고 과거의 한의학 처방과는 다른 새로운 처방을 내림으로써 한의학의 수준을 한 단계 높인 것으로 잘 알려져 있다.

그러나 이제마의 사상의학이 단지 인간을 체질적으로 구분한다는 생각을 했다고 해서 유명해진 것은 물론 아니다. 그 속에는 지금까지 관행적으로 행해지던 오행의 해석을 한 차원 넘어서는 이제마 선생만의 철학과 병든 세상사람들을 조금이라도 낫게 하려는 무한한 애정이 담겨 있는 것이다.

이제마 선생의 저서인 『동의수세보원 東醫壽世保元』은 제목부터 이러한 선생의 철학이 담겨있는 바 '동양의 의학 東醫' 이 '세상 사람들을 오래 살게 壽世' 하고 '근원을 보존 保元' 하리라고 말하고 있는 것이다.

지금 이 단계에서 사상의학을 설명한다는 것은 다소 무리가 있으나 앞으로 글을 전개해 나가는데 마땅히 언급할 기회가 없고, 또한 오행론의 이해를 돕는 차원에서 간략히 소개하려는 것이니 혹시 이해가 어렵더라도 나중에 또 읽으면 된다는 편안한 마음으로 보면 될 것이다.

{ 인간의 장기 臟器와 오행 }

　세상 모든 것을 음양오행으로 바라볼 수 있는데 인간의 장기臟器라고 예외일 수는 없다. 더 정확히 말하자면 인체야말로 음양오행 기운의 총 집합체라고 할 수 있다. 인간도 대자연의 품속에서 탄생한 것인데 어떻게 별다른 원리를 갖고 있을 수 있겠는가.

　나중에 언급하게 되겠지만 음양오행의 보다 고차원적인 과정에 오운五運 육기六氣 라는 것이 있다. 인간 역시 이러한 오운 육기의 기운을 받고 태어났다고 보기 때문에 한의학에서는 인간의 장기를 오장五臟과 육부六腑로 나눈다.

　오장은 간肝, 심장心臟, 비장脾臟, 폐肺, 신장腎臟을 말하는 것으로 줄여서 '간심비폐신'이라 하며 육부는 위胃, 소장小腸, 대장大腸, 방광膀胱, 담膽, 삼초三焦를 말한다. 여기는 한의학을 논하는 자리가 아니므로 이들 장기의 구체적인 작용은 각자 알아볼 일이고 여기서는 상식적인 수준에서 이야기를 하고자 한다.

　조금 철 지난 유머이지만 한때 '간 큰 남자' 시리즈라는 것이 유행한

	목	화	토	금	수
오장	간	심장	비장	폐	신장
육부	담	소장 삼초	위	대장	방광

인간의 장기와 오행

적이 있었다. 요즘 들어 가정의 주도권이 남성보다는 여성에 쏠리는 것을 빗대어 함부로 부인에게 대드는, 분위기 파악 못하는 남자가 바로 '간 큰 남자'다. 그런데 왜 함부로 남에게 대드는 사람은 '간이 큰' 것일까.

간肝은 오행기운에서 '목'을 상징하는 장기이다. 목기운이 음기운의 두터운 견제를 뚫고 솟구치는 기운을 상징하듯이 용감하게(?) 자신의 마음속에 있는 말을 내뱉을 수 있는 것은 목기운을 다스리는 간이 남들보다 크기 때문이라고 보는 것이다. 따라서 간이 크면 목기운이 강한 사람이 되는 것이다.

마찬가지로 화기운을 다스리는 장기는 심장이다. 심장이 활기차게 고동치면서 온몸에 피를 공급하여 생명을 유지시키는 것이 화기운의 상과 매우 닮아있음을 쉽게 느낄 수 있다.

비장脾臟은 보통 '지라'라고도 하며 소화기관의 일종으로 오행의 '토'를 상징한다. 사람이 식사를 통해 음식물을 받아들이면 소화기관은 이를 영양분의 형태로 바꾸어 온 몸에 에너지를 공급하기 때문에 음식물을 영양분으로 변화시키는 작용이 음양 기운의 변화를 중재하는 토의 작용과 같다고 생각한 것이다.

흔히 음식을 가리지 않고 잘 먹거나 남이 싫은 소리를 해도 잘 삭여 넘기는 사람을 보고 '비위가 좋다'라고 하는데 이때의 비위脾胃가 바로 비장과 위장의 줄임말이다. 비위가 좋다는 것은 토기운이 많다는 뜻이고 토기운이 많으면 남들이 잘 먹지 못하는 음식이나 잘 견디지 못하는 상황도 능히 견뎌낼 수 있는 것이다. 이렇게 비장은 토의 상을 가지고 있다.

폐는 허파를 말한다. 폐는 인간이 호흡을 통해 받아들인 산소를 혈액에 공급해주는 역할도 하지만 동시에 찬 공기를 받아들여 인체의 열을 식혀주는 작용도 한다. 한마디로 음기운을 받아들여 신체에 공급해 주는 것이다. 이것은 금기운의 상이다.

금기운이 겉에서부터 양기운을 수렴해가는 모습을 보여주듯이 실제로 폐도 신체 상반신에 분포되어 있는 온갖 장기를 넓게 감싸고 있으면서 수렴작용을 하고 있는 것이다.

마지막으로 신장腎臟은 수기운의 상을 가지고 있다. 신장에 대해서는 흔히 노폐물을 걸러주는 장기 정도로 이해하고 있는 것이 사실이다. 그러나 한의학에서는 신장의 역할을 매우 중요시 한다. 인간의 신체를 움직이는 숨은 동력원이 바로 신장이라는 것이다.

여러분들도 기氣 수련을 하거나 동양의 무술을 이야기할 때 쓰는 단전丹田이라는 말을 많이 들어보았을 것이다. 단전은 무형의 기氣가 온몸을 돌다가 궁극적으로 모이게 되는 장소를 말하는 것인데 배꼽아래 세치(약 9cm) 정도에 있다고 한다.

무형의 기가 모이는 단전과 짝을 이루는 유형의 장기가 바로 신장으로 신장에는 진액津液이라는 것이 있어서 인간이 며칠 굶어도 생활을 영위할 수 있는 것도 이 진액 때문이며 이 진액이 마저 고갈되면 결국 인간은 죽음을 맞이하게 되는 것이다.

결국 신장이나 신장 속에 있는 진액은 오행운동의 원천, 본체의 작용을 하는 수기운의 상인 것이다. 사람이 일시적으로 많은 양의 정기를 소모하거나 한창 생리가 심한 여성이 허리에 욱지근한 느낌을 갖게 되는 것도 뼈나 근육에 문제가 있어서가 아니라 기의 부족으로 인한 통증인 것이다.

이렇게 간심비폐신은 오행의 목화토금수의 상을 그대로 지니고 있다. 따라서 기운의 순환도 오행의 순환과 동일하게 이루어지는 것이다. 간의 기운은 심장에 영향을 미치고, 심장은 비장에, 비장은 폐에, 폐는 신장에 영향을 미치는 순환구조를 갖게 된다.

 한의학에서는 이런 원리에 입각하여 간에 탈이 나면 간을 고치는 약만 쓰는 것이 아니라 간에 영향을 주는 신장과 간이 영향을 미치는 심장에 작용하는 약을 동시에 처방한다.

 우리의 생활상에 비교해 보자면 만약 쌀값이 갑자기 많이 올랐을 때, 외국에서 쌀을 수입해서 해결하는 방법도 있지만 논농사를 확대하고 또 국민들의 쌀 위주의 식단도 개선하는 식의 입체적이고 종합적인 대책이 필요한 것처럼, 한의학은 인간의 신체를 오행의 순환운동처럼 유기적인 관계를 갖고 있다고 보고 종합적인 대책을 강구한다는 점에서 단순한 의술醫術이 아닌 철학을 지닌 의학醫學이라 할 수 있다.

{ 이제마 선생의 새로운 해석 }

그러면 이제마 선생은 이러한 간심비폐신과 목화토금수로 이루어진 인간 장기의 해석에 어떤 획기적인 변화를 시도한 것일까.

이제마 선생은 『동의수세보원』에서 간을 목이 아니라 금이라 하고, 심장을 화가 아니라 토라고 하고, 비장을 토가 아니라 화라고 하고, 폐를 금이 아니라 목이라 하고, 신장만은 아무런 변화 없이 그대로 수라고 칭하였다. 왜 그리고 무슨 근거로 이러한 개념의 변화를 시도한 것일까. 여기에는 오행의 변화작용에 대한 깊이 있는 해석이 담겨있는 것이다.

오행의 개념이란 아무래도 이론理論적인 측면이 강하다. 우리가 오행의 개념을 충분히 머릿속에 집어넣고 사람이나 상황을 관찰한다고 하자.

'저 사람은 목기운이 많은 사람이다.'

'이 상황은 금의 단계에 접어들고 있구나.'

이런저런 판단을 함에 있어서 막상 뚜껑을 열어보면 판단이 틀린 경우를 쉽게 접할 수 있다. 자신의 준비가 부족해서이건 상황이 너무 복잡해서이건 이론적인 판단은 항상 현실과 동떨어진 판단이 될 수 있는 가능성을 갖고 있다. 이것이 단순한 판단에 그친다면 모르지만 사람의 목숨을 다루는 의학에 있어 이런 이론적이고 관념적인 잣대로 병의 원인을 파악하다가 자칫 실수라도 하면 큰 일이 나는 것이다. 이제마 선생은 한의학의 이런 오래된 숙제를 해결해야겠다고 생각했던 것이다. 그리고 그 결과 인체의 오장에 대한 전통적인 오행론적 해석을 뒤집는 새로운 해석을 내놓게 된 것이다.

이것을 학문적인 방법으로 설명한다는 것은 너무나 어려운 문제이기 때문에 필자는 독자들에게 재미있는 비유를 들어 설명하고자 한다. 다만 필자의 지식도 한계가 있는 것이기 때문에 부족한 점이 보이더라도 너그러이 이해해주기 바란다.

어떤 기업이 있다고 치자. 아니 더 정확히 말하면 어떤 기업을 세워 사업을 시작하려고 한다고 치자. 우선 어떤 과정이 필요하겠는가.

'목'의 상을 떠올려보면 제일 먼저 필요한 것은 상품의 개발과 생산이다. 무형의 상품이든 유형의 상품이든 상관은 없다. 누가 봐도 '팔릴만한 상품'이 있어야 기업도 시작할 수 있는 것이지 공장부터 지어놓고 상품을 개발하는 사람은 아마 없을 것이다.

말이 좋아 '팔릴만한 상품'이지 개발자의 입장에서 보면 무수한 실패와 주변의 평을 견뎌야 한다. '그런 상품이 팔리겠어', '괜한 수고하지 마' 등등 주변의 온갖 제약을 뚫고, 즉 음기운을 뚫고 자신의 생명력을 담아 시제품을 만든다는 것은 분명 싹을 틔우는 목의 상이다. 최초의 시제품에서 대량생산이 가능한 공장의 건설에 이르기까지의 과정이 양목陽木에서 음목陰木에 이르는 '목'의 과정이라 할 수 있다.

그러나 상품 생산만 한다고 모든 것이 끝날 리가 없다. 물건이 팔리지 않으면 아무리 좋은 상품이라도 무슨 소용인가. 상품의 장점을 널리 알리고 소비자가 기꺼이 돈을 주고 구입하도록 애를 써야 한다. 흔히 말하는 '영업'을 해야 하는 것이다. 이것은 상품을 널리 알리고 또 많이 진열되도록 해야 한다는 점에서 분명 '화'의 상이다. 이제는 위로 솟구치기만 해서는 안 되고 널리 기운이 확산돼야 하는 것이다.

이 단계가 끝나면 바야흐로 생산자와 소비자 간의 보이지 않는 승부가 기다리고 있다. 상품이라는 것은 소비자의 요구Needs와 직결되어 있는 것이다. 생산자는 상품이라는 매개체를 통해 소비자와 어떤 교감이 있기를 바랄 것이다. 이것이 바로 '토'의 상이다. '중심'이 성립돼야 하는 것이다. 소비자의 요구보다 지나치거나 또는 요구에 미치지 못한다면 상품이 팔릴 리가 없다. 조금 감상적으로 이야기한다면 소비자들은 상품에 담긴 사업주의 '마음', 그 '정신'을 사는 것이다. 따라서 '토'는 기업가 자신이 되기도 한다. 즉 기업가가 이 모든 순환의 중심에 서서 상황을 총괄하고 난관을 타개하면서 사업을 꾸려나가는 것이다.

그 다음 단계는 더욱 냉정한 현실이 기다리고 있다. 이제 이 기업이 수지맞는 장사를 했는지 판가름이 나는 것이다. 이윤을 내지 못하는 기업이 버틸 재주는 없다. 따라서 이 단계는 '금'의 단계이다. '금'의 단계에서 초목이 열매를 맺듯이 기업은 돈을 벌어야 한다. 또한 금의 단계에서 초목이 낙엽을 떨어뜨리듯이 예상하지 못했던 상품의 부족한 부분을 과감히 쳐내는 작업도 필요할 것이다. 한마디로 이 단계는 심판을 내리는 단계이다.

다행이도 이 기업은 생산을 지속할 만한 성공을 거두었다고 치자. 이제 어떤 단계가 남아있겠는가. 오직 한 가지 제품만 영원히 생산하는 기업이 있다면 할 말은 없지만 그런 기업은 거의 없으리라 본다. 시대가 바뀌고 소비자의 요구도 바뀌고 기술도 발전한다.

따라서 어떤 기업이든 지금까지 겪은 모든 상황을 종합해서 새로운 기획을 하고 신제품을 만들어내려 할 것이다. 목화토금의 모든 과정이 '수'의 단계에 와서 하나로 수렴되고 이 수렴된 생명력을 바탕으로 새로운 생명의 탄생을 준비한다는 점에서 이 단계는 '수'의 단계이다.

조금 어설픈 점이 있겠지만 한 기업의 운영과정을 오행의 각 단계에 비교해서 바라보면 그 체계를 세우는데 전혀 부족함이 없음을 알 수 있다. 오행이란 이렇게 어떤 사물이든, 조직이든 과정의 변화로 바라보기 때문에 그 범위를 벗어나는 것이 있을 수가 없는 것이다.

그런데 필자의 이러한 해석은 앞서 이제마 선생의 지적처럼 전통적인 오행의 해석방법이다. 그러면 이 기업의 예를 놓고 이제마 선생의 해석방법을 적용하면 어떤 변화가 나타날 것인가.

우선 '목'의 단계, 제품의 생산과 관련해서 살펴보자. 아무리 새로운 아이디어도 좋지만 공장의 생산은 안정적이어야 한다. 품질이 들쭉날쭉하고 불량품이 많다면 아무리 좋은 물건이라도 외면 받을 것이다. 품질의 개선이라도 안정적인 생산기반을 흔드는 것이 되어서는 안 된다. 이것이 우리가 보는 '현실'의 공장이고 생산과정이다.

관념적인, 이론적인 해석을 할 때 기업의 생산 부문은 '목'이 되지만 현실의 생산부서는 안정성, 다시 말해 '금'의 상을 지향한다. 관념의 '목'이 현실에서는 '금'이 되는 것이다. 그래서 이제마 선생은 간을 금이라 표현한 것이다. 실제로 간은 나이가 들어감에 따라 점점 굳어져 간다.

기업의 영업부문을 관념적으로는 '화'로 표현한다. 그러나 현실에서는 어떨까. 소비자와 직접 부딪치는 영업 현장에서 '융통성'은 최대의 미덕이다. 경직된 영업이라는 것은 살 테면 사고 말테면 마라는 식이다. 그러나 현실에서는 '흥정'이 존재한다. 즉 관념적인 '화'가 실제에서는 '토'로 변해야 하는 것이다. 심장이 하는 일은 관념적으로는 분명 '화'의 역할이지만 실제로는 '죽은 피'를 불러들여 '새 피'로 바꾸어주는 '토' 의 역할을 한다는 것이 이제마 선생의 새로운 해석인 것이다.

기업의 중심 역할을 하는 기업가 즉 '토' 는 어떤 변화를 겪을까. 기업가가 '나는 중심이고 중앙이니 도덕군자와 같이 중용을 지키자' 라고 생각한다면 과연 현실에서 얼마나 먹히겠는가. 적극적이고 능동적으로 움직이는 기업가를 직원들은 훨씬 믿음직한 눈으로 바라보지 않을까. 결국 관념적인 '토' 는 현실에서는 '화' 로 변하고 마는 것이다. 비장은 음식물을 소화시켜 영양분을 만든다는 점에서는 분명 '토' 의 역할이지만 영양분, 즉 에너지원을 적극적으로 만들어낸다는 점에서 이를 '화' 로 해석한 것이다.

기업에서 금의 역할을 하는 재무, 회계 정확히 말해 그 기업의 잉여자금은 다음 생산을 가능하게 하는 가장 확실한 디딤돌이 된다. 처음 시작은 아이디어만 가지고도 가능했겠지만 지속적인 기업의 생존을 가능하게 하는 것은 신제품 개발을 가능하게 하는 '자금' 인 것이다. 이래서 관념적으로는 '금' 으로 보이던 자금부문이 '목' 의 작용을 가능하게 하는 힘' 으로 변화하는 것이다. 구체적으로 폐가 '목' 으로 역할을 바꾸는 것은 철학적인 해석이 필요한 부분이라 과감히 생략하는 것을 양해해 주기 바란다.

마지막으로 '수' 의 역할을 하는 기획부서는 어떨까. 이제마 선생은 목화토금의 역할은 서로 바꾸었지만 '수' 만은 변화시키지 않았다. '수' 라는 것은 본체에 해당하기 때문에 관념에서건 현실에서건 변화하지 않는다는 것이다.

실제로 기획부서는 모든 과정에서 일어나는 상황을 경험으로 수렴하고 새로운 제품의 아이디어를 창출해야 한다는 점에서 특별한 변화를 겪지는 않는다. 기획부서가 안정적인 상황을 추구한다는 것도 말이 안 되고, 무슨 흥정을 겪을 필요도 없고, 경험의 수렴을 소홀히 한 채 적극적인 기획에만 몰두해서도 안 될 것이다. 역시 기획부서는 '수'의 역할을 그대로 수행해 나가야 하는 것이다.

이렇게 오행은 금과 목, 그리고 화와 토 사이에 서로 역할의 변화가 일어난다. 수는 본체라 변하지 않는다는 것은 이미 말한 바와 같다. 이제마 선생이 간의 목을 금으로 바꾸고, 심의 화를 토로 바꾸고, 비의 토를 화로 바꾸고, 폐의 금을 목으로 바꾸어 놓은 것은 오행의 이런 성질을 바탕으로 한 것이다.

필자의 짧은 식견으로 인해 서투른 비유가 되지 않았는가 걱정이 앞선다. 만약 생각이 부족한 부분이 있더라도 독자들이 지혜롭게 메워 나가면 될 것이다. 또 하나, 현명한 독자라면 눈치 챘겠지만 필자가 관념적 오행이 현실적 오행으로 바뀌는 과정을 설명할 때 사용한 오행의 의미는 약간씩 다르다.

이것을 학문적으로는 오행의 질량변화 質量變化 라고 하여 질적인 오행이 양적인 오행으로 변화해 가는 것을 설명하는 것인데 여기에서는 자세한 과정을 다루지 않았다. 구체적인 것은 오운과 육기를 다루면서 자연스럽게 설명될 것이니 우려할 필요는 없다.

여하튼 오행은 자연법칙으로서, 현실에 드러나지 않은 '상 象'과 현실에 드러난 '자연물'이 서로 관계를 형성하고 있는 것이다. 이제마 선생은 이 부분에 주목하여 인체의 각 장부의 '상'을 관념적으로 다루는 위험을 피하고 현실적으로 나타나는 각 장부의 상태에 더 주목하여 병자를 진단하고자 했던 것이다.

말로만 들으면 대단한 것이 아닌 것처럼 느껴질 수도 있다. 또 오행의 질質적인 부분인 '상'과 양量적인 부분인 현실에서의 모습을 구분하는 것은 특별히 새로운 것도 아니고 오운 육기를 공부하면 누구나 알게 되는 개념이다. 그러나 막상 이러한 원리를 신체의 장부에 적용하고 나아가 환자의 진단과 처방에 활용한다는 것은 혁명적인 발상의 전환이었던 것이다. 이러한 과정을 통해 한민족의 의학은 한漢의학의 그늘을 벗어나 한韓의학으로의 홀로서기를 더욱 뚜렷이 할 수 있게 되었다.

태음인, 태양인, 소음인, 소양인

이제마 선생은 이에 그치지 않고 이러한 오행의 개념 변화를 바탕으로 하여, 인체의 각 장기가 하는 역할의 크고 작음에 따라 인간의 체질을 구분하였다. 이것 역시 병자의 진단과 처방에 도움을 주기 위해서인 것은 물을 필요도 없다.

	태음인	태양인	소음인	소양인
관념적인 해석	간대폐소 木大金小	폐대간소 金大木小	신대비소 水大土小	비대신소 土大水小
현실적인 해석	간대폐소 金大木小	폐대간소 木大金小	신대비소 水大火小	비대신소 火大水小

사상체질과 장기의 관계

태음인太陰人은 간대 폐소肝大 肺小 하고 태양인太陽人은 폐대 간소 肺大 肝小 하고 소음인少陰人은 신대 비소腎大 脾小 하고 소양인少陽人은 비대 신소脾大 腎小 하다고 하여 인체를 네 가지 체질, 즉 사상四象으로 나눈 것이 바로 여러분들이 잘 알고 있는 사상의학인 것이다.

먼저 태음인부터 살펴보기로 하자.

태음인이 간대 폐소肝大 肺小 하다고 했으니 이것을 관념적인 차원에서 보면 '목'의 기운이 강하고 '금'의 기운이 약하다는 뜻이다. 그러나 이것을 이제마 선생의 기준대로 보면 반대로 점점 '금'의 기운이 강해지고 '목'의 기운이 약해진다는 뜻도 된다. 여기서 열쇠를 쥐고 있는 것은 '금'이다. 이렇게 설명하면 이해가 잘 안될 테니 다시 앞서의 기업의 예를 통해 살펴보자.

기업이 목기운이 강하고 금기운이 약하면 참신한 제품을 잘 만들어내지만 막상 수입이 신통치 않다는 뜻이 된다. 기업 경영이 이런 상황에 처한다면 누구나 신제품 제작을 자제하고 수익을 증가시키는 데 더 주력하게 될 것임은 말할 나위도 없다. 결국 기업은 수익에 목을 매는, 다시 말해 '금'의 기운을 증가시킬 수 있는지의 여부가 중요한 변수가 되는 상황에 처하게 되고 마는 것이다.

이러한 원리에 따라 간대 폐소한 태음인은 젊어서는 목과 금이 어느 정도 균형을 이루는 양상을 겪지만 나이가 들어갈수록 점점 금에 치우친 상황을 맞이하게 되는 것이다. 이렇게 태음인이 금기운에 치우친 특징을 들어 행동거지가 점잖고 말에도 절도가 있으나, 언제나 나중에 움직이려 하고 한번 생각을 정하면 잘 바꾸려하지 않는다고 하는 것이다. 마치 '대부代父'라는 영화의 주연을 맡았던 '말론 브랜도' 같은 인상을 떠올리면 될 것이다.

흔히 태음인을 음흉한 성질을 가지면서도 다정多情하고 감상적인 인물이라고 하는 것은 바로 금이 주도적으로 작용하면서도 목의 영향을 받는 모습을 그대로 묘사한 것이다. 따라서 태음인은 한번 마음먹은 것은 반드시 이루는 의지도 가지고 있지만 한번 꺾이면 일어서지 못하는 겁 많은 모습도 동시에 가지고 있다.

태양인은 태음인과는 정반대의 모습을 보이는 사람이다. 태양인은 폐대 간소 肺大 肝小 하다고 했으니 관념적으로는 '금'이 세고 '목'이 약한 상황이지만 이제마 선생의 개념에 따르면 '목'이 세고 '금'이 약한 사람이 된다.

　기업의 예를 다시 들자면 돈(금)은 많이 벌었는데 새로운 제품의 개발(목)이 잘 이루어지지 않는 상황이다. 현실적으로 보면 자금이 풍부하니까 무엇이든 새로운 제품을 만들어 기업을 계속 발전시키고 싶은 생각은 굴뚝같은데 막상 새로 만드는 제품들은 소비자들의 요구와 잘 맞지 않는 상황이 되고 만 것이다.

　따라서 태양인은 가진 재주는 많지만 그것을 원만하게 내어 쓰는 방법이 서툰 사람이다. 태양인은 행동거지가 무례하고 말도 함부로 뱉는 성격이며 남들이 보기에 비상식적인 행동으로 건방이 하늘을 찌르는 모습을 보이는 것이다. 일반사람이 이런 행동을 보였다가는 맞아죽기 십상이겠지만 태양인은 타고난 금기운으로 총명하기가 그지없고 그로 인해 세상의 보통사람들을 '속물 俗物'로 보는 안하무인의 태도를 보이는 것이니 이것은 '카리스마를 지닌 천재'의 모습인 것이다.

　기업이 이런 상황에 처하면 망하지 않을 도리가 없을 것이고 사람이 이런 기질을 가지면 요절 夭折 하기 쉬운 것이다. 그러나 만약 운 運 을 잘 타고 태어나 약한 '목' 기운을 '화'의 단계까지 끌어올리는데 성공한다면, 다시 말해 자신의 재주를 원만하게 내어 쓰는 수완만 갖고 있다면 그 사람은 역사에 남는 인물이 될 것이다. 참고로 이제마 선생은 스스로를 '태양인'으로 진단한 바 있으며 '태양인 이제마'라는 드라마도 한 편 있었던 것으로 필자는 기억한다.

　소음인은 신대 비소 腎大 脾小 한 사람이다. 기존의 오행으로는 '수기운'이 세고 '토기운'이 약한 사람이지만 이제마 선생의 논리대로라면 '수기운'이 센 것은 같지만 '화기운'이 약한 사람이다.

　기업으로 치면 기업가가 어느 정도 성공해서 좋은 인재도 얻고 기업의 상황도 좋은데 별로 그 이상의 의욕을 보이지 않는 형국이다. 기업가가 적극적으로 나서지 않으니 직원들은 활기차게 움직이고 싶어도 움직일 수가 없는 것이다.

　수기운이 많다는 것은 생명력도 강하고 또 '물'처럼 부드러운 성질도 있다는 뜻이니 소음인은 두뇌가 명석하고 성격도 온화하다. 반면 토기운이 약하고 궁극적으로 화기운이 약해진다는 것은 포용력이 작고 행동도 소극적이라는 뜻이 된다. 한마디로 소심한 사람이 되는 것이다. 소음인을 흔히 '참모형 인간'이라고 하는 것은 스스로 일을 저지르기 보다는 남의 행동에 조언을 던지고 아이디어를 제공하는데 더 특징을 발휘하기 때문이다.

　소양인은 비대 신소 脾大 腎小 한 사람이니 이것은 소음인과 정반대의 모습을 보여준다. '토기운'이 센 것은 결국 '화기운'이 세어진다는 것을 의미하고 수기운이 적은 것은 수렴기운이 부족하고 나아가 생명력이 부족해진다는 것을 말하는 것이다.

　기업으로 치면 기업가가 의욕과잉, 자신감 과잉으로 인해 실속을 차리는 것을 등한시 한다는 뜻이 된다. 독자들도 주변을 둘러보면 나서기 좋아하고 사람과 잘 친하며 자신감이 넘치지만 실속이 없어 허풍장이라고 놀림도 많이 받는 친구 한명쯤은 있지 않은가. 이런 사람이 바로 소양인이며 삼국지의 장비같은 사람이다. 소양인은 용기가 많고 성격이 밝은 탓에 남몰래 딴 짓을 하는 식의 어두운 행동을 하지 않는 착한 사람이지만, 비위(토)가 좋아 남들이 못하는 일을 잘 저지르는 까닭에 버릇이 없어 보이기도 하는 것이다.

이런 소양인과 태양인은 어떻게 다를까. 태양인은 금기운의 작용이 있기 때문에 두뇌의 총명은 소양인보다 더욱 낫지만, 용기에 있어서만은 소양인을 따를 사람이 없는 것이다. 반대로 소양인의 단점은 모든 일에 마무리가 부족하여 용두사미龍頭蛇尾가 되기 쉬우니 이는 음기운(수)이 부족한 소양인의 운명인 것이다.

이상으로 사상체질에 대한 간략한 설명을 붙여 보았다. 사상체질을 통해 새로운 방식으로 병자를 진단하고 처방을 내리는 것이 바로 사상의학이거니와 이것은 의학의 분야이니 필자가 함부로 나설 자리는 아닐 것 같아 체질에 대한 설명만 한 것이니 양해 바란다.

다만 사상체질을 언급하면서 태양인, 소양인, 소음인이 각기 두뇌가 총명하다고 한 것에 대해 부연설명이 필요할 것 같아 잠시 언급하고자 한다.

인간의 총명이라는 것도 결국 오행운동의 결과일 뿐이다. 소음인은 강한 수기운으로 인해 수렴작용이 잘 되면서 발생하는, 분석, 종합, 판단력에 강점을 보이는 총명함인데 반해, 태양인은 강한 금기운과 금기운이 목기운으로 변화해가는 이치에 따라 이해력과 포용력이 뛰어난 총명함을 가지고 있고, 소양인은 따뜻한 마음을 지니고 있어서 쉽게 자신의 감정을 타인이나 대상물에게 실을 수 있기 때문에 기억력이 매우 뛰어난 사람이 되는 것이다. 필자의 이러한 설명을 이해할 수 있다면 오행의 작용에 대해 거의 다 이해했다고 봐도 좋을 것이고 이해가 안된다 하더라도 뒤에 가면 충분히 이해될 것이니 꾸준히 읽어 가면 될 것이다.

마지막으로 한마디 더 한다면 이제마 선생을 통해 제시된 오행개념의 변화는 사실 적용분야가 무궁무진하다. 이것을 잘 발전시키면 이 시대의 사회상을 바라보는데 많은 도움을 받을 수 있는 것이다. 예를 들어 보자.

간은 기본적으로 목의 상을 가지고 있는데 목의 분출하는 기운은 인간의 심성에 있어 언짢거나 못마땅하여 성내고, 화내는 것에 비유된다. 따라서 목기운이 과하면, 다시 말해 화를 많이 내면 간에 안 좋은 것이다. 살아가면서 받게 되는 스트레스 같은 것도 억누르는 기운으로 작용하여 간에 안 좋은 영향을 미친다. 또 무서운 상황을 겪거나 순간적으로 깜짝 놀랐을 때 '간 떨어질 뻔 했다'고 하듯이 너무 놀라도 간에 좋지 않다. 그러니 화낼 일 많고, 스트레스 많이 받고, 놀랄 일 많은 환경에 처해 있는 사람은 간에 병이 나고 마는 것이다.

어느 시대에 간계통의 질병이 많이 발생한다는 것은 그 시대의 간염 병원균이 유난히 기운이 세서 그런 것이 아니라 그 시대가 간의 약화를 초래하는 원인을 제공하고 있다고 봐야 하는 것이다. 이런 것이 동양의 철학으로 시대를 바라보는 방법이다. 어떤 비정상적인 사회상이 많이 발생하는 것을 보고 그 원인을 헤아려 볼 수 있는 지혜를 제공하는 것이 바로 동양철학의 장점인 것이다.

{ 상생과 상극에 대하여 }

이제 오행을 설명하는 마지막 단계로서 상생 相生 과 상극 相克 에 대해 이야기할 차례가 되었다.

상생과 상극은 이미 많이 알려져 있는 단어이다. 요즘 정치권에서부터 상생이란 말이 많이 쓰이면서 사회의 각계 분야에서 널리 사용되고 있다. 그러나 이 말을 쓰는 사람들은 아마도 상생을 '서로 잘되게 한다'는 정도의 의미로 알고 있는 것 같다. 상생을, 한 쪽이 승자가 되고 반대쪽은 패자가 되는 살벌한 승부가 아니라 서로 승자가 되는 새로운 길을 찾자는 뜻으로 사용한다고 해서 그 해석이 완전히 틀렸다고는 할 수 없을 것이다.

그러나 본래 상생은 오행의 운동을 설명하는 철학적인 용어이며 동양학에서 유래된 것이다. 오행이 목 화 토 금 수의 단계를 밟아갈 때, 목은 화의 원천 源泉 이 되고 발판이 되어 화가 제대로 그 역할을 다 할 수 있도록 해주므로, 이것을 목이 화를 낳아 준다는 뜻으로 '생 生' 자를 붙여준 것이다. 마찬가지로 화는 토를 낳고, 토는 금을 낳고, 금은 수를 낳아주며 수는 다시 목을 낳아주는 순환의 한 마디를 완성하게 되는 것이다.

각자가 맡은 바 자기의 역할을 충분히 해준다면 그것은 다음 단계로 순조롭게 연결되며 이렇게 서로를 낳아주고 도와주는 과정이 연속되면 이것은 무궁무진한 순환을 만들어 낼 수 있는 것이다. 동양의 영생론 永生論 이라고나 할까. 동양의 성현들은 사람의 삶을 한 편으로 마감되는 단막극 單幕劇 으로 본 것이 아니라 조상과 나, 그리고 자손으로 이어지

2장_ 오행에 대하여

는 연속극連續劇의 한 부분으로 바라본 것이다. 한 사람만 놓고 볼 때는 시작과 끝이 있다고 할 수도 있지만 전체적으로 볼 때는 무한히 연결되는, 생명의 순환을 더 중요하게 바라본 것이다. 왜 그런 시각으로 인생을 바라보았을까. 그것은 상생이야말로 대자연의 법칙이기 때문이다.

우리가 우주나 자연을 단순한 자연물로 바라보는 까닭은 우주나 자연이 인간이나 동물 또는 식물과 같이 능동적인 모습, 주체적인 모습을 보여주지 않기 때문이다. 지구를 비롯한 태양계의 모든 행성이 주기적으로 태양을 도는 모습을 보고 '이것은 그냥 물리법칙을 따를 뿐이지 어떤 생명이 있어 독자적인 행동을 한다고 볼 수는 없다', 이렇게 주장하는 것이 사람들의 생각인 것이다.

과연 그럴까. 아직 동양학을 설명하는 데 진도가 절반도 채 나가지 않은 상태이지만 우주나 대자연, 그리고 인간, 동물, 식물에 이르기까지 모든 운동과 변화를 음양과 오행이라는 하나의 원리로 해석해 볼 수 있음을 느꼈다면 이제 '생명'이라고 부르는 것에 대한 정의를, 우리가 과거에 알고 있던 차원에서 벗어나 새롭게 내려야 할 때가 된 것이다.

생명에 대한 제1의 법칙은 '모든 생명은 순환한다'는 것이다. 순환하지 않으면 생명이 될 수가 없다. 순환하지 않으면 영원성과 지속성을 가질 수 없다. 우리가 오행이라고 정의한 다섯 단계의 과정을 통해 생명을 분출시켰다가 거두어들이는 작용을 반복하지 못하고 어느 단계에서건 태과太過하거나 불급不及한 기운이 지나치게 많으면 그 존재는 생명력을 폭발시키거나 새로운 탄생을 준비하지 못하는 일회성一回性의 존재가 되고 마는 것이다.

우주의 운행은 태과나 불급이 전혀 없는 오직 평기로만 이루어진 순환이다. 그러니 언뜻 보기에는 생명이 없는 것으로 보이기도 하는 것이다. 그러나 우주야말로 가장 생명의 원리에 충실한 '순수 생명'인 것이다. 대자연의 법칙도 거의 태과나 불급이 없는 모습을 띠고 있다. 그러나 우리가 알다시피 자연에서는 '돌연변이'식의 예측하지 못한 변화가 발생하기도 하는데, 그래도 이것은 인간이나 동물, 초목보다는 훨씬 안정된 차원에서 순환을 유지한다. 그래서 자연도 또한 '거의 순수한 생명'인 것이다.

그 다음은 어떻겠는가. 짐작하다시피 초목, 동물, 그리고 인간의 순으로 태과, 불급의 기운이 증가하고 있는 모습을 볼 수 있다. 평기가 상대적으로 적다는 것은 변화가 그만큼 심하다는 것이다. 그것이 인간에 이르러서는 거의 예측 불가능한 수준에 이르게 되는 것이다. 어느 누가 감히 앞으로 다가올 인간의 역사를 놓고 '반드시 이럴 것이다' 이야기할 수 있겠는가. 반대로 봄에 모내기를 하면서 '이것이 자라서 가을에 벼가 될까' 반신반의 半信半疑 하면서 농사짓는 사람이 누가 있는가.

이렇게 평기가 적어질수록 '상생'이 어렵게 된다. 상생의 역할을 제대로 할 수 없기 때문에 인간 사이는 점점 더 각박해지고 불신이 싹트게 되어있다. 보통 사람들은 '왜 이렇게 세상이 점점 살벌해지고 살기 어려워지는가' 근심할 따름이지만 철학을 공부하는 자라면 이러한 현실이 하나의 '당연한 과정'을 밟고 있음을 알아야 하는 것이다.

서양에서도 '엔트로피 Entropy' 라고 하는 열역학의 법칙을 통해 '인간의 역사는 점점 복잡도 複雜度 가 증가하고 무질서가 증가하는 방향으로 가고 있다'는 설명을 하고 있기는 하다. 그러나 이것은 설명이고 지적일 뿐, 결론이 없다. 그래서 인류가 언젠가는 망할 것이라는 말인지

2장_ 오행에 대하여 151

아니면, 어떤 해결책을 찾게 될 것인지 더 이상 말이 없는 것이다.

그러나 동양학은 여기에 대한 답Solution을 갖고 있다. 일단 앞에서 설명한 것을 놓고 보면 두 가지 의문이 떠오르게 될 것이다. 하나는 '왜 인간은 평기가 적은, 다시 말해 태과, 불급이 많은 존재가 되었는가' 하는 것이고, 또 하나는 '이렇게 인간 역사가 예측 불가능한 상태를 점점 늘여간다면 궁극에 가서는 어떻게 될 것인가' 하는 것이다.

이 두 가지 의문은 결국 '인간이란 존재는 과연 무엇인가' 하고 묻는 것과 같은 것이다. 그러나 이것은 오운 육기를 공부해야만 풀릴 수 있는 문제이므로 여기서는 일단 의문을 잘 간직해 두면 될 것이다.

여하튼 무심히 흘러가는 것같이 보이는 대자연은 그러나 '상생'이라는 원리를 통해 순간순간 생명이 자신의 '제대로 된 역할'에 충실할 것을 경고하고 있는 것이다. 그리고 상생의 법칙을 깨뜨리는 순간, 그 생명은 거대한 자연의 순환에서 탈락되어 멸망의 길을 걷고 마는 것이다. 요즘 '공해 문제'니 '생태계 파괴'니 하여 마치 인간이 자신이 주인공인양 환경을 살려야 하네, 생태계를 복원해야 하네 호들갑을 떨고 있지만 이것은 상생의 법칙을 지키지 못한 인간에게 대자연이 보내는 경고장인 것이다.

다음은 상극의 원리에 대해 살펴보기로 하자. 상극의 원리를 이해하기 위해서는 사람이라면 누구나 한번쯤은 생각해보았을 가장 간단한 질문부터 출발해야 한다.

'왜 이 세상은 나에게 이런 시련을 주는 것일까' 하는 질문을 떠올려 보지 않은 사람이 과연 있을까. '나에게는 왜 이런 어려운 상황이 닥쳐 온 것일까', '왜 어딜 가나 딴죽 거는 사람이 꼭 있는 거야' 하는 생각들.

누구나 예외 없이 이런저런 고민을 안고 살아가고 있는 것이 바로 이 세상이다.

깊이는 좀 다를지라도 많은 철학자들이나 사상가들도 '이성理性적으로만 해결한다면 안 풀릴 문제가 없을 텐데 왜 이 세상에는 이성적이지 않은 일들이 존재할까' 하는 고민을 무수히 해왔던 것이다. 과연 왜 그런 것일까. 이 문제를 푸는 실마리는 '사람마다 각기 처한 상황과 지니고 있는 생각에 따라 고민의 내용이나 정도가 각기 다르다는 것'이다. 물론 비슷한 고민을 하는 사람도 있을 것이다. 필자가 지적하고자 하는 것은, 고민의 정도나 상황이 비슷할 수도 있지만 '모두가 같은 고민을 하지는 않는다'는 점이다.

우리가 익히 알고 있는 바와 같이 음양오행의 원리를 제외한 그 어떤 철학도 이런 사소하지만 중요한 문제에 대해 속 시원히 이야기해주지 못했다. 그래서 사람들은 결국 종교로 달려가 해답을 찾으려 했던 것이다.

사람이 온갖 시련과 고난을 겪는 것에 대해 기독교에서는 인간이 원죄를 지니고 있어서 그렇다고 하고, 불교에서는 인간이 무지無知와 욕심에 눈멀어 있어서, 즉 무명無明에 빠져 있기 때문이라고 한다. 종교에서의 가르침이 틀렸을 리는 없으나 이것은 필자가 함부로 왈가왈부할 성격의 것은 아니고 다만 이 문제는 철학적으로도 충분히 해석이 가능한 문제라고 생각한다.

앞서 몇 번에 걸쳐 동양에서는 서양과는 달리 '절대 선'이나 '절대 악' 같은 생각을 하지 않았다는 것을 이야기했는데 동양은 언제나 모든 것을 '음양의 대립'과 같이 상대적인 시선으로 바라보았던 것이다.

만약 '절대 선'이나 '절대 악'이 있다면 이것을 겪은 사람들에 의해 역사적으로 '공통의 적'이나 '공통의 선'이 있었음직도 한데 아직까지 필자는 그런 것을 보지는 못했다.

현실을 바라보면 이런 문제는 더욱 극명하게 드러난다. '나는 저 사람이 싫은데 저런 사람을 좋아하는 사람도 있네' 라든지 '나는 이 일이 제일 힘들고 고민스러운데 왜 저 사람은 너무 쉽게 해결하는 거야' 등등. 이런 상황을 굳이 이름붙이자면 '상대적인 선', '상대적인 악'이라고나 할까. 사람마다 좋아하는 것, 싫어하는 것이 너무도 다르다. 웬만한 사람이라면 다 싫어할 일도 좋다고 나서는 사람이 꼭 있는 현실. 이것이야말로 이 세상이 모두 상대적으로 존재하고 있다는 명확한 증거가 되는 것이다.

'상대적인 선'이란 바로 앞서 말한 '상생'이다. '상생'은 마냥 좋은 게 좋은 것이라는 식의 선행善行이 아니다. 분명한 조건이 붙는 선행인 것이다. 그 조건을 어기면 자연의 법칙에 따라 냉정히 탈락시켜 버리는 것이다.

마찬가지로 '상대적인 악'이 바로 '상극相克'이다. 상극은 상생을 유지하기 위해 저지르는 필요악必要惡인 것이다. 내가 좋아하는 것, 싫어하는 것이 남과 다르다는 것은, 뒤집어 말하면 그런 모습이 '나만의 개성'을 유지하기 위해 꼭 필요한 요소가 된다는 뜻이다. 마찬가지로 살면서 마치 나만을 겨냥해 벌어지는 듯한 온갖 시련과 사건들 또한 '나'라는 존재의 정체성正體性을 갖추기 위한 필수적인 요소가 되는 것이다. 그 시련과 사건을 이겨내야만 비로소 나는 개성個性을 지닌 독자적인 존재가 될 수 있는 것이다.

이 세상을, 음양이라는 서로 다른 성질을 지닌 두 기운이 때로는 상생하고 때로는 상극하는 모습으로 바라본 것은 절대 한 가지 성질의 기운만으로는 아무런 변화도 일으킬 수 없기 때문이다. 고장난명孤掌難鳴, 한 손으로 박수를 칠 수는 없지 않은가. 그러나 서로 다른 두 가지 기운이 있다는 것은 문제를 일으킬 소지를 애초부터 가지고 있는 것이다.

음양, 더 구체적으로는 오행의 각 기운들이 서로 상생만 한다면 이 세상은 항상 천국 같을 것이고 아무런 근심과 걱정도 없는 세상이 되어야 옳은 것이다. 그러나 이 세상의 모습은 결코 그렇지 않다. 온갖 근심과 걱정, 버거운 삶의 무게에 짓눌려 신음하는 사람이 얼마나 많은가. 바로 이 부분을 동양학에서는 상극相克이라 부른 것이다. 서로 극克한다, 서로 대립한다, 서로 겨룬다, 서로 싸운다, 이것이 상극의 원리이다. 왜 이런 원리가 있어야 하는가. 결론은, 상극 또한 대자연의 엄정한 법칙이라는 것이다.

음기운이 없다면 아무도 시비를 걸 존재가 없으니 양기운은 일단 편할지도 모른다. 그러나 대상이 없으면 결국 양기운도 없는 것이나 마찬가지다. 음기운이 있기에 양기운도 있는 것이다. 상극이라는 것은 그 상극을 받는 대상의 존재를 뚜렷하게 만드는 것이다. 시련이 있어야 성과도 있는 것이다. 가난한 사람이 있어야 부자도 있는 것이다. 세상 사람이 다 부자이거나 가난하다면, 부富는 뭐고 가난은 또 뭔가. 절망이 있어야 희망이 값진 것을 알고, 또 희망이 있어야 절망의 의미가 살게 되는 것이다.

결국 상극이란 삶을 삶답게 만들기 위해 반드시 필요한 존재이다. 그래서 필요악必要惡이라는 표현을 쓴다. 상생과 상극은 이 우주가, 이 대자연이 '생명生命'을 길러내는 절대의 법칙인 것이다.

{ 오행의 상생 }

　아직 십간十干의 개념이나 하도河圖, 낙서洛書를 언급하지 않은 상태에서 본격적인 오행의 상생과 상극을 설명한다는 것은 사실 무리이다. 그러나 오행을 구성하는 중요한 개념을 빼놓고 갈 수도 없는 노릇이기 때문에 가장 기본적인 수준에서 설명하되 그 유래由來에 대한 것을 조금 덧붙이고자 한다.

　먼저 오행의 상생관계를 살펴보자. 오행의 상생 관계는 앞서 이야기한대로 목이 화를 낳고, 화가 토를 낳고, 토가 금을 낳고, 금이 수를 낳으며 다시 수가 목을 낳는 순환의 모습을 보여주고 있다. 이것을 목생화木生火, 화생토火生土, 토생금土生金, 금생수金生水, 수생목水生木이라 표현하고 오행의 상생순환相生循環이라 이르는 것이다.

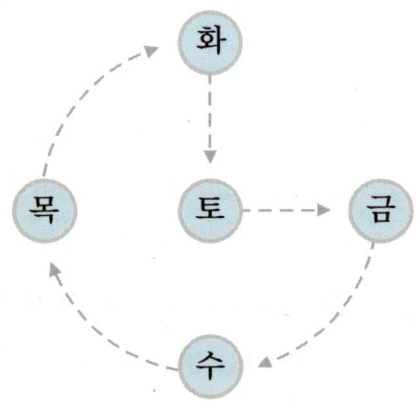

오행 상생도

'수'는 오행운동의 본체 本體 이자 원천 源泉 이다. '수'는 외부의 강한 음기운에 양기운이 포위, 응축되어 있는 모습이지만 때가 되면 새로운 생명으로 탄생하는 존재라는 점에서 다양한 성질을 동시에 간직하고 있다는 것은 앞서 설명한 바와 같다.

수는 음과 양이 동시에 존재하고 또 강하게 응축되어 있다는 점에서 동양의 성현들은 이것이야말로 '태극 太極 의 진면목'이라고 생각하였고 그래서 '태극수 太極水'라고도 불리고 있다. '수'는 수렴하는 측면에서 보면 응고성 凝固性 이 가장 강한 상태이고, 화(양기운)에서 금(음기운)으로 변화할 때 토가 강력하게 작용했듯이 수(음기운)에서 목(양기운)으로 변화할 때도 '화'와 '금' 사이만큼은 아니지만 토가 크게 작용한다. 이것을 수의 조화성 造化性 이라고 한다. 또한 '수'는 반드시 음기운의 압박을 이겨내고 내면의 생명력을 탄생시키고 마는 것인데 이를 일컬어 수의 자율성 自律性 이라고 한다. '수'의 응고성과 조화성과 자율성은 중요한 개념이니 일단 이런 것이 있다는 것은 꼭 머릿속에 넣어두기를 바란다.

기다리고 기다린 끝에 '수'에 갇혀있던 생명력이 탈출에 성공하면 바로 그 순간 '목'의 과정이 시작된다. 흔히 상생을 이어달리기 경주에서 선수들이 배턴을 주고받는 것처럼 설명하기도 하는데 이것은 적절한 비유가 아니다. 상생이란 '수'가 '목'이 생겨날 수 있는 상황을 적극적으로 만들어 주는 것이기 때문에 글자그대로 '낳아주는 生' 모습이라 보아야 할 것이다.

'목'의 과정은 생명력을 탈출시키는 무형의 과정으로부터 시작되어 장차 양기운이 넓게 뻗어나갈 수 있는 유형의 뼈대를 형성하는데 까지 이어진다. 이런 사전 준비가 끝나면 이때부터는 '화'의 세상이 되는 것이다.

'화'는 서서히 시작되어 본격적인 단계에 접어들면 걷잡을 수 없을 정도로 맹위를 떨치고 끝내 생명력을 소진할 위기에 당도할 때까지 조금도 멈추지 않는다. 이때가 바로 우주 운행의 절대 중심, '토'가 작용할 순간이다. 조금만 실수해도 생명력이 그대로 폭발할 수 있는 위기 상황에서 토는 '화'와 '금'의 극적인 타협을 이뤄내고 다시금 '있는 듯 없는 듯'한 존재로 돌아가는 것이다.

'화'를 싸안은 '금'은 과감하고도 냉정한 판단력을 동원해 필요 없는 것은 그대로 버려버리고 꼭 필요한 것만 챙기는 성숙함을 보여준다. 그리고 순조롭게 생명력을 응축해가면서 다시 '수'의 단계로 넘어가는 것이다.

이러한 생명의 순환과정, 오행의 상생을 동양의 성현들은 어떻게 발견하게 되었을까. 하도河圖를 계시받고 팔괘八卦를 처음 그렸던 동양학의 시조始祖 태호 복희씨는 하도를 통해 대자연이 존재하는 방식에 대해 중요한 실마리를 잡았던 것이다.

항상 되풀이되는 계절의 순환을 바라보면서 복희씨는 이것이 어느 제삼자가 때에 따라 던져주는 것이 아니라 생명 그 자체의 흐름이라는 것을 깨달은 것이다. 계절이 펼쳐짐에 따라 지상의 온갖 생명들이 그 순환에 호응하여 탄생하고, 삶을 살아가고, 자식을 낳고, 또 자연으로 돌아가 흙이 되는 과정을 반복하는 것을 보면서 이것은 '인위적인 개입이 필요 없는 자연 자체의 움직임'이라는 것을 깨닫게 되었던 것이다.

순간순간 벌어지는 모순과 대립의 상황이 없는 것은 아니지만 거시적인 안목으로 바라보면 끝내 모순을 극복하고 거대한 순환의 흐름을 이어가는 것을 보면서, 생명이 생명을 낳는 위대한 드라마를 펼치고 있음을 알게 될 것이다. 이것이 상생相生이다. 이것이 모든 동양학의 출발점이었다. 더 나아가 이 속에는 우주와 인간이 서로 정신精神을 교류交流하는 원리가 숨어있는 것이다(복희씨와 하도에 대한 이야기는 바로 다음 장에서 본격적으로 다룰 것이다).

{ 오행의 상극 }

오행의 상극 相克 을 설명하기에 앞서 독자 분들도 어릴 때 세상 모든 것이 서로 맞물려 돌아간다는 의미에서 다음과 같은 말을 한번쯤 들어본 적이 있을 것이다.

'쇠는 나무를 이기지만 불에 녹고 불은 쇠를 이기지만 물을 부으면 꺼지고 물을 불을 이기지만 흙에다 부으면 흔적도 없이 사라지고 흙은 물을 이기지만 봄철에 싹이 트는 것을 보면 알 수 있듯이 나무에 진다.'

어릴 때 재미삼아 들은 말이겠지만 이것이 바로 상극의 원리이다. 다시 말해 세상 모든 것에는 '천적 天敵' 이 있어서 아무리 강해보여도 그것을 이기는 존재가 반드시 있으며 또 그 존재도 영원히 승자가 될 수는 없다는 뜻이다.

상극도 상생과 마찬가지로 그림를 통해 정리해보면 다음과 같다.

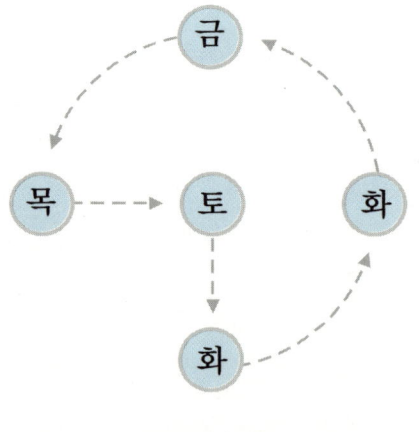

오 행 상 극 도

그러나 상극도 相克圖가 상생도 相生圖와 다른 점은 첫째, 상생도와 달리 금과 화의 위치가 바뀌어 있다는 점이고, 둘째, 상생도가 본체인 수를 중심으로 좌측으로 순환하는 반면에 상극도는 우측으로 순환하고 있다는 점이다. 이것은 일부러 그런 그림을 그린 것이 아니고 그 자체가 하나의 원리를 담고 있는 것이니 이것은 사실 '낙서 洛書'를 그대로 옮겨 그린 것이기 때문이다(우왕이 계시 받은 낙서에 대해서도 다음 장에서 설명된다).

상극도는 이렇게 기운의 순환이 우측으로 전개되면서 금극목 金克木, 목극토 木克土, 토극수 土克水, 수극화 水克火, 화극금 火克金 하는 상극의 순환을 이루게 되는 것이다.

먼저 금이 목을 극克 하는 과정을 살펴보자. 목기운이 처음 발동하게 되면 마치 갓 태어난 아기처럼 아무런 보호막이 없이 무방비 상태가 된다. 얼마나 춥고 황량하겠는가. 아직도 춥고 세찬 바람이 부는 초봄에 싹을 틔운 초목은 이런 금기운이 휘몰아치는 거친 환경 속에서 자신을 보호하기 위해 안간힘을 쓸 것이다.

서서히 딱딱한 외피를 두르려고 할 것이고 햇볕을 조금이라도 더 받기 위해 빛을 향해 가지를 뻗는 노력도 게을리 하지 않는다. 금이 목을 극한다는 것은 목을 죽이려고 하는 것이 아니라 궁극적으로 목의 생을 위한 것임을 잊어서는 안 된다. 그러나 가혹한 환경 속에서 죽어가는 새 싹도 분명히 있음을 우리는 알고 있다.

인류의 초기, 선사시대의 인류도 분명 금의 극을 받고 있었다. 그중에는 환경의 도전을 이기지 못하고 전멸한 종족도 있었을 것이다. 그러나 우리의 조상은 결국 시련을 무사히 이겨내고 지금의 자손을 낳게 된 것

이다.

여기서 하나 흥미로운 것은 목을 극하는 금에 대항하기 위해서 초목의 경우는 딱딱한 껍질을 두르고, 사람이라면 외부의 도전을 피하기 위해 옷을 입거나 집을 짓거나 어떤 방법으로든 방어책을 강구한다는 점이다. 금기운에 대항하기 위해 자신을 금기운으로 둘러싸는 것이다. 이것이 바로 이제마 선생이 말한 목이 궁극적으로 금으로 변해간다는 설명의 의미이다.

목이 토를 극하는 과정은 어떨까. 토라는 것은 화에서 금으로 넘어갈 때 중요한 작용을 하는 것이다. 이런 토를 자극하는 것이 목이라는 것은 어떤 의미일까.

목이란 처음 태어난 생명이다. 원래의 순수했던 모습이다. 토가 제대로 작용하지 못하면 화에서 생명은 폭발되어 사라질 수도 있다. 이런 토에게 원래 생명이 출발했던 순수했던 모습을 떠올린다는 것은 크나큰 자극이 될 수밖에 없는 것이다. 책임감을 느끼지 않을 수 없게 된다.

약간 관념적인 설명이지만 우리는 종종 '원칙을 잊어서는 안된다', '초심初心을 잊어서는 안된다' 는 말을 듣게 되는데 이러한 것이 목이 토를 극하는 상황이다. 목의 극을 받지 않아 원칙을 버리고 초심을 버리면 어떻게 되는가. 한마디로 뿌리를 잘린 나무처럼 말라죽고 마는 것이다.

토가 수를 극하는 상황은 어떨까. 토의 작용은 상생이든 상극이든 관념적인 설명을 피하기 어려운데 수가 목으로 발전하기 위해서는 조용히 웅크리고 있는 수의 생명력을 자극하지 않으면 안 된다고 본 것이다. 마치 겨울에 춥다고 방안에 웅크리고만 있는 자식을 보고 참다못한 부모님이 혼내면서 쫓아내는 형국이라고나 할까. 토의 극은 대략 이런 과정이라고 보면 된다.

수가 화를 극하는 것은 어떤 상황일까. 이것은 쉽게 상황을 떠올릴 수가 있다. 토는 '목' 정도가 극해도 충분히 알아듣고 행동을 취하지만 화는 이미 번성할 대로 번성한 존재이니 웬만한 자극에는 꿈적도 하지 않는다. 그래서 가장 상극적인 위치에 있는 수가 물벼락을 내리는 것이다.

여러분들은 젊은 시절에 어떤 자극을 받고 철이 들었다고 생각하는가. 가까운 사람의 죽음을 보고 '아, 정말 사람이 죽는구나' 하고 충격을 받은 사람도 있고 서서히 노쇠해가는 부모님을 보면서 정신이 번쩍 들었던 사람도 있을 것이다. 좀 더 그럴듯하게 이야기하자면 만약 마음을 다잡지 않고 그대로 살았을 때 떠오르는 '미래의 내 모습'에 자극받은 사람도 있었을 것이다. 이런 것이 수가 화를 극하는 모습인 것이다.

마지막으로 화는 어떻게 금을 극하는 것인가. 이것은 젊은이가 나이 든 사람에게 자극을 주는 형국이다. 그 젊은이는 보통의 젊은 사람일수도 있고 자기 자식이 될 수도 있다. 나이든 사람이 젊은이를 보았을 때, 자신의 젊은 시절을 떠올리며 부러운 눈으로 바라보는 사람도 있고, '나도 저렇게 천방지축 철이 없었을까' 하고 부끄러워하는 사람도 있다.

자식이 커가는 모습을 대견스럽게 바라보는 부모도 있고 철없는 자식 때문에 가슴을 치는 부모도 있을 것이다. 그 어떤 경우도 당사자에게는 큰 자극이다. 극을 받는 것이다. 그러나 상극은 궁극적으로 상생을 위해 존재하듯이 이런 자극을 통해 자신을 다시 한 번 되돌아보면서, 가족을 지키기 위해, 직장을 지키기 위해 마음을 다잡는 것이 보통의 우리

부모들인 것이다.

(필자가 이렇게 비유를 통해 상생이나 상극을 설명하는 것에 거부감을 느끼는 독자도 있을 수 있다. 그러나 필자는 현재로선 이것이 최선이라 생각하는 것이다. 종래의 방식대로 설명을 하자면 '목木이 자기의 형形과 화火의 신神을 조성하려면 금金의 극尅을 받아야하고…' 라는 식으로 설명을 해야 하는데 이것은 설명은 커녕 읽기만 해도 머리가 지끈거리게 되는 것이다. 일단 이런 식으로 설명을 들어 어느 정도 이해를 한 후에 본격적으로 어려운 책을 구해서 보는 것이 좋을 것이며 시중에 어려운 책은 얼마든지(?) 있다).

상극의 원리가 갖는 의미는 무엇인가. 앞서도 이야기했지만 인간의 삶을 풍요롭게 하기 위해 나온 세상의 온갖 가르침이 '인간이 꼭 가야할 길'이나 '바람직한 삶의 길'에 대해서는 수많은 이야기를 해주고 있지만 정작 왜 그런 '바람직하고 이상적인 가르침이 현실에서는 제대로 실현되기 어려운지' 설명해주는 경우는 거의 없다. 여러분들은 어떻게 생각하는가.

'인간이 원래 이기적인 동물이어서 그렇다' 라든지 '인간에게는 파괴적인 본능이 있다' 라든지 심지어 '고민하지 마, 세상은 원래 그런 거야' 등등 좋고 바람직한 이야기는 차고 넘칠 정도로 많지만 왜 세상이 바람직한 방향으로 가지 못하는지에 대한 이야기는 별로 없다. 있다고 해도 종교적인 가르침을 인용하거나 아니면 개인적인 학설에 불과하다.

성선설性善說이나 성악설性惡說은 글자그대로 설說일 뿐이지 그 정도로 이 복잡한 세상의 다양한 경우를 설명한다는 것은 한마디로 무리이다. 그러나 오행의 상극은 다르다. 이것은 다양하고 개별적인 상극의 과정을 설명하면서 한편으로는 바람직한 '상생'의 경우와 바람직하지 않은 '상극'의 경우를 동등한 원리로 다루고 있다. 선과 악은 상대적이면서 '그 가치는 같다'는 것이다.

이것은 악을 옹호하자는 것이 아니라 악을 선을 위한 상대적인 도구로 보라는 뜻이다. '악'을 극복해야만 비로소 '선'이 있다는 것이다. 악이 없다면 선도 없다는 것이다. 그래서 상극이야말로 상극을 받는 존재에 정체성 正體性 을 부여한다고 설명하는 것이다. 이것은 상상을 초월하는 발상의 전환이다. 그리고 이러한 원리가 이미 수천 년 전에 제시되어 있었다는 사실은 더욱 놀랍다.

정치를 하거나 기업을 하는 사람들을 보면 '이 세상에는 영원한 적도 없고 영원한 동지도 없다'고 거침없이 말한다. 또는 '시련에 대한 도전이야말로 인간이 가진 특권'이란 말도 있다. 심지어 '애들은 싸워야 큰다'라는 말도 한다. 이런 말에 대한 철학적인 근거를 거론하는 사람은 별로 없다. 찾으면 있을지도 모른다. 그러나 상극의 원리는 이러한 경험에서 우러난 말이 대자연의 원리를 그대로 반영하는 것임을 쉽고도 분명하게 보여주는 것이다.

이상으로 오행에 대한 설명을 마치려고 한다. 필자로서는 오행의 순환이 시간의 흐름에 따라 그저 흘러만 가는 상황이 아니라 순간순간 상극이라는 엄청난 시련을 통해 맺어진 값진 열매라는 것을 이해할 수 있었다면 더 바랄 것이 없다.

오행은 대자연의 모습을 그대로 투영한 자연 법칙이며 이렇게 입체적인 시각으로 생명의 순환을 바라보는 것이야말로 우리의 삶을 있는 그대로 바라볼 수 있게 한다는 것을 느낄 수 있었다면 더욱 좋을 것이다. 적어도 동양의 철학이 절대로 고리타분한 것이 아니라 서양의 철학 못지않으며 오히려 능가하는 가치를 지니고 있음을 깨달을 수 있었다면 그 또한 필자의 큰 행복이다.

3장
상과 수의 세계

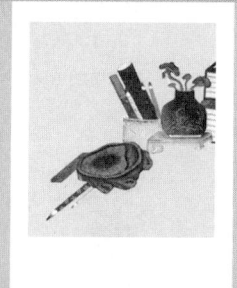

3장_ 상과 수의 세계

음양오행의 원리에 대한 개괄
태호 복희 씨와 하도_1
상수학_숨어있는 변화를 읽는다
질의 수학
태호 복희씨와 하도_2
우 임금과 낙서_1
우임금과 낙서_2
우임금과 낙서_3
태호 복희씨와 하도_3
괘 로 바라보는 상의 세계
| SP | 64괘와 주역
현실에서 발견하는 상_물상
| SP | 사주팔자와 인간의 운명
360도의 원리_정도수 와 윤도수

{ 음양오행의 원리에 대한 개괄 }

상象과 수數에 대한 이야기를 시작하기에 앞서 이 책 전체에 대해 개괄해보는 것도 의미가 있을 것이다.

음양오행에 대한 이야기는 앞서 설명한 음양과 오행으로부터 시작하여 보다 구체적이고 전문적인 이야기를 하기 위한 사전 준비 단계로서 음양과 오행이 기원한 하도河圖, 낙서洛書에 대한 설명이 꼭 필요하다. 그리고 이를 통해 앞서 간략히 언급한 상象의 문제를 본격적으로 다루게 된다.

상象은 다시 수數를 이용해 상을 관찰하는 수상數象과 팔괘를 통해 상을 관찰하는 괘상卦象, 그리고 자연물을 통해 상을 관찰하는 물상物象으로 나뉘게 되어있는 것이다.

이를 다시 현실에 비유하자면 음양오행은 초등학교 과정 정도라고 보면 되고, 상과 수에 관한 것은 중학교 과정에 해당한다. 이후 이러한 기초위에 음양오행이 현실에 펼쳐지는 모습을 구체적이고 정밀하게 살펴보는 오운五運과 육기六氣를 배워야 하는데 이 단계가 고등학교 과정 정도에 해당하는 것이다. 처음에는 한 권 정도의 분량을 생각했으나 점점 양이 늘어나는 관계로 하는 수 없이 1, 2권으로 나누어 집필하게 되었는데 여기까지가 1권에 해당하는 내용이다.

2권은 대학교 과정이라고나 할까, 지금까지 배운 것을 토대로 우리가 인간적으로, 철학적으로 항상 의문을 품어왔던 문제들에 대한 해답을 찾아보는 시간이 될 것이다. '사람은 왜, 그리고 어떻게 사는가', '어

3장_ 상과 수의 세계 169

떤 삶이 바람직한 삶이 되는가', '인간의 정신이란 무엇인가', '이 우주는 조물주가 따로 있는가 아니면 그냥 자동적으로 돌아가는 것인가', '우주의 본체는 무엇인가', 그리고 '인류의 미래는 어떻게 될 것인가' 등등 제목을 나열하는 것만으로도 벅차 보이는 온갖 문제에 대해 동양학적인 해답을 제시하게 될 것이다. 다시 한 번 이야기하지만 이것은 필자 개인의 의견이 아니다.

   이미 동양에서는 김일부 선생이후로 모든 문제에 대한 해답이 제시되어 있음에도 세상 사람들이 여러 가지 이유로 인해 접해볼 기회가 없는 것이 안타까워 부끄러움을 무릅쓰고 손을 대게 된 것이다. 따라서 평소에 동양학에 대한 관심을 가지고 있던 분들은 물론이고 이런 학문이 있다는 것을 전혀 몰랐던 독자라 할지라도 새롭게 관심을 갖게 되었으면 하는 것이 필자의 소박한 바람이다.

{ 태호 복희太昊伏羲씨와 하도河圖_1 }

태호 복희씨는 전설상의 인물이라고 한다. 연대年代도 정확하지 않아 그저 6천 년 전의 인물이라고만 알려져 있다. 비록 아무것도 태호 복희씨의 실존 여부를 증명할 만한 것은 남아있지 않지만 모든 동양의 경전들이 그를 동양학의 시조라고 하고 그가 계시 받은 하도와 그 하도를 바탕으로 처음 팔괘를 그리면서 동양학이 시작되었다고 전하고 있다. 전설적인 존재이니만큼 복희씨가 하도를 처음 계시 받게 된 과정도 그야말로 전설적이다. 복희씨가 하도를 계시 받게 된 이야기를 하기 전에 먼저 한 가지 짚고 넘어가야 할 것은 필자가 '계시啓示'라고 말하는 부분이다.

계시란 일반적으로 사람의 힘으로는 알 수 없는 지혜를 신神적인 존재가 알려주는 것을 말한다. 그러나 동양에서 계시라고 할 때 이것은 어떤 초월적인 권위를 가진 신으로부터 주어진 것을 의미하는 것은 아니다. 그보다는 우주와 대자연속에 내재되어있는 정신의 한 자락을 어떤 계기를 통해 보게 되었다는 의미로 해석해야 맞을 것이다. 보통 사람은 볼 수 없지만, 볼 수 있는 준비를 갖춘 어떤 사람에게 우주와 대자연은 자신의 모습을 보여준다는 것이다. 그리고 이러한 계시를 받은 사람을 동양에서는 성인聖人이라 부른다. 그야말로 동양적인 기준이지만 동양에서는 아무나 성인이 될 수 없다.

성인은 오직 계시를 받아 그것을 이 세상에 드러내준 사람만이 될 수 있는 것이다. 복희씨가 그렇고 우임금이나 문왕이 그러한 존재이다. 그

리고 성인에 이어서 성인이 이 세상에 드러내 준 것을 연구하여 보다 체계적으로 발전시킨 사람에게는 '자子' 자를 붙여 추앙하는데 공자나 맹자, 주자 같은 경우가 그렇다. 공자는 세 번째 팔괘를 계시 받아 성인의 반열에 들고 싶어 했지만 끝내 그 소망을 이루지 못했다는 것을 서문을 통해 잠깐 언급한 바 있다. 이것은 동양의 전통이 그렇다는 것이지 이 기준으로 누구는 성인이고 누구는 성인이 될 수 없다는 식의 시비를 가리자는 것은 절대 아니니 오해 없기를 바란다.

복희씨는 아주 진심眞心 가득한 분이었을 것이다. 그랬기에 그가 강가에 있을 때, 용의 모습을 띤 말(이것을 용마龍馬 라고 한다)이 나타나게 되고 다른 사람들은 이 기적 같은 일에 놀랄 따름이었지만 복희씨만은 그 용마의 등에 명멸明滅하는 도형을 볼 수 있었던 것이 아니겠는가. 복희씨는 그 명멸하는 도형의 모습이 자나 깨나 머리를 떠나지 않자 마침내 그것을 하나의 도형으로 그려내기에 이르렀으니 그것이 바로 하도이다. 하도의 정확한 명칭은 용마가 지니고 나왔다고 해서 용마하도龍馬河圖 라고 하며 다음과 같은 모습을 하고 있다.

언뜻 보기에는 그저 검은 돌과 흰 돌 몇 개를 적당히 배치한 것으로 보이지만 이것이 바로 음양오행의 출발점이었던 것이다.

하도를 자세히 살펴보자. 먼저 동서남북 4방위와 중앙에 각기 돌이 배치되어 있는 것을 볼 수 있다. 우리는 서양식 교육을 받아왔기 때문에 위쪽을 북방, 왼쪽을 서방으로 보는 방식에 익숙해져 있지만 동양에서는 방위를 반대로 본다는 것에 익숙해져야 할 것이다. 따라서 아래쪽이 북방이고 위쪽은 남방, 왼쪽이 동방, 오른쪽이 서방이다.

북방에는 한 개의 흰 돌과 여섯 개의 검은 돌이 있다. 동방에는 세 개

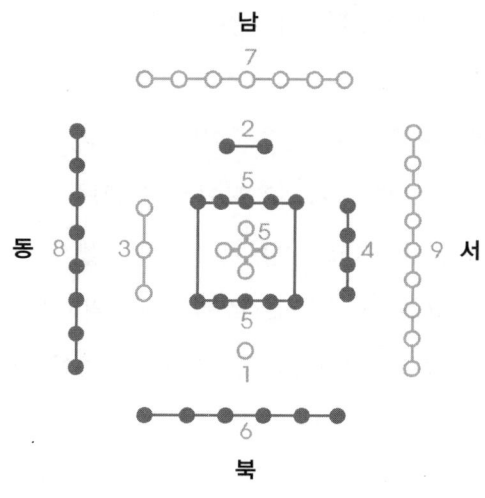

용마하도

의 흰 돌과 여덟 개의 검은 돌이 있다. 남방에는 두 개의 검은 돌과 일곱 개의 흰 돌이 있고, 서방에는 네 개의 검은 돌과 아홉 개의 흰 돌이 있다. 마지막으로 중앙에는 다섯 개의 흰 돌과 열 개의 검은 돌이 있다.

 이것은 오행의 상생도와 기본적으로 똑같은 것이다. 즉 북방의 1과 6은 수水를 의미한다. 동방의 3과 8은 목木, 남방의 2와 7은 화火, 서방의 4와 9는 금金을 의미하며 중앙의 5와 10은 토土가 되는 것이다. 절대 혼동해서는 안 될 것이 상생도에서 하도가 나온 것이 아니라 하도에서 오행과 그 상생의 순환이 나왔다는 점이다.

 하도에서 첫째 주목해야 할 것은 바로 수數에 관한 것이다. 우리가 쓰는 자연수 1, 2, 3, 4, 5, 6, 7, 8, 9와 10을 단순히 셈을 하기 위한 도구로 보아서는 안 된다. 수에는 자연의 법칙이 들어있기 때문에 자연수의 변화를 철학적인 차원으로 끌어올려 연구한 것이 동양의 수학數學이다.

수數를 계산하는데 주로 활용하는 것이 수數의 양量적인 성질을 이용한 것이라면 동양에서는 수의 질質적인 측면에 더욱 치중하여 질質의 수학을 만들어 냈는데 이것이 앞으로 설명할 동양의 상수학象數學이다.

보이지 않는 형이상학의 세계와 보이는 형이하학의 세계, 그 중간에 걸쳐있는 것을 상象이라고 부른다는 것을 설명했거니와 이러한 관념적인 '상'을 조금이나마 구체적으로 관찰하기 위해 동원된 것이 수數이며, 수를 통해 상을 관찰한다고 해서 붙여진 이름이 바로 상수학인 것이다.

둘째는 검은 돌과 흰 돌에 관한 것이다. 이것은 당연히 이 우주 삼라만상이 음과 양이라는 상대적인 두 기운으로 구성되어 있다는 상象인 것이다. 여기서 흰 돌은 모두 홀수로 되어있으며 이것은 양陽기운을 상징하고, 검은 돌은 모두 짝수로 이루어져 있어 음陰기운을 상징한다. 왜 홀수는 양기운, 짝수는 음기운을 상징하는가.

홀수란 글자그대로 짝을 이루지 못하고 홀로 떠도는 수가 있음을 의미한다. 홀로 있는 것은 무엇이든 짝을 이루기 위해 떠돌게 되어있는 것이다. 이것이 양기운의 정체이다. 반면 짝수는 짝을 이루고 있으니 안정적이다. 따라서 떠돌 필요 없이 안정을 유지하려고 하는 것이다. 이것이 음기운이 가진 속성인 것이다. 복희씨는 하도를 통해 이 세상은 음양이라는 두 기운으로 구성되어있다는 것을 알아챈 것이다.

셋째는 방위에 관한 것이다. 방위方位란 일단 동서남북의 방향을 가리키는 것이다. 그러나 동양학에서 방위라 할 때는 좀 더 많은 의미를 담고 있다. 예를 들어 목기운이 동방을 상징한다고 했을 때, 사실 목기운이 동쪽에서만 발생하는 것은 절대 아니다. 그러나 당시에 살고 있던 환경을 통해 보았을 때, 아침에 해가 뜨거나 봄이 되면 동쪽에서 따뜻한 바람이 불어오는 것을 통해 동방이 목기운이 생生할 수 있는 환경과 조건을 만들어 준다고 생각했던 것이다.

   그러니 현대적인 관점에서 보자면 방위는 어떤 기운이 조성될 수 있는 '환경' 또는 '조건'이라는 의미가 담겨있는 것이다. 따라서 동방은 동쪽이라는 의미 외에 목기운이 생할 수 있는 모든 환경이나 조건이라는 의미로 받아들여야 한다. 우리가 추운 겨울에도 온실에서 초목의 싹을 틔우고 꽃을 피울 수 있는 것은 인위적으로 동방의 조건을 만들어 주었기 때문이라고 생각하면 되는 것이다.

   마지막으로 하도에서 주목해야 할 것은 바로 순환에 관한 것이다. 오행의 상생도를 설명하면서 수水가 있는 북방을 본체로 보고 좌측으로 목→화→토→금→수의 단계를 거쳐 순환하는 것을 설명했거니와 하도에는 바로 이러한 상象이 담겨있는 것이다. 구체적인 것은 상수학을 이야기하면서 설명하겠지만 하도를 자세히 관찰해보면 북방과 동방의 돌들은 홀수가 안쪽에 짝수가 바깥쪽에 배치되어 있는 반면, 남방과 서방의 돌들은 짝수가 안쪽에 홀수가 바깥쪽에 배치되어 있다.

   이것은 북방과 동방, 남방과 서방의 주된 동력원이 서로 다르다는 것을 의미한다. 그러면 독자들은 다소 혼란을 느낄 것이다. 오행을 통해서는 분명 목과 화의 과정이 양기운의 과정이고, 금과 수의 과정이 음기운의 과정이라고 배웠는데 하도를 보면 수와 목의 주된 기운이 양기운이고, 화와 금의 주된 기운이 음기운으로 설정되어 있으니 도대체 왜 앞뒤가 맞지 않는가.

   한국의 대통령과 일본의 수상이 서로 만나 회담을 하는 경우가 종종

있다. 두 나라의 정상이 경제문제나 외교문제에 관해 의견을 주고받고 그 결과를 언론에 발표했을 때, 실제로는 어떤 일이 벌어질까. 짧은 시간의 만남을 통해 두 정상이 회담주제에 대해 토론하고 의견의 일치를 본다는 것은 사실상 불가능하다. 정상회담이란 미리 실무자끼리 만나서 충분히 조율하고 각자 자국의 책임자에게 허락을 얻은 사안에 대해 각국의 정상이 최종적으로 만나 의례적이고 형식적인 절차를 거치는 것이 대부분이다. 일반 국민들은 각국의 정상이 만나 대외적으로 발표하는 것만을 보고 들을 뿐이지만 이미 몇 달 전, 심지어 몇 년 전부터 실무적으로 다뤄왔던 일인 경우가 허다한 것이다.

　우리가 봄과 여름에 보는 양기운도 이와 같은 것이다. 실제로는 이미 겨울부터 양기운의 움직임이 준비되고 있었던 것이다. 대자연의 움직임은 이렇게 주도면밀하다. 토의 평기를 비화備化라 부르면서 '준비성'을 강조하는 것도 같은 의미이다. 자연은 봄, 여름의 목화기운을 연출하기 위해 가을, 겨울부터 준비를 해왔던 것이다. 하도는 이렇게 기운이 실제 움직이는 상황을 보여주고 있는 것이며 우리가 눈으로 보는 사계절은 이런 준비를 통해 현실에 드러난 기운인 것이다.

{ 상수학象數學 _ 숨어있는 변화를 읽는다 }

우리는 경험을 통해 우리가 눈으로 볼 수 있는 많은 것들이, 보이지 않는 준비과정을 거쳐 우리 눈앞에 나타난 것임을 잘 알고 있다. 세상에는 물론 '아무런 생각 없이' 행동하는 사람도 있겠지만 대다수의 경우 말 한마디, 행동 하나도 다 충분히 생각하고 옳고 그름을 저울질 한 후에 실천에 옮기게 되는 것이다. 어찌 말과 행동뿐이겠는가. 앞서도 예를 들었듯이 봄이 오기 위해서는 벌써 가을, 겨울부터 치밀한 준비를 하는 것이 바로 대자연이다.

아직도 자연이란 그저 시간의 흐름과 기후의 변화에 따라 기계적인 현상만을 반복한다고 생각하는 사람이 있다면 참으로 안타까운 일이 아닐 수 없다. 자연은 고유의 방식대로 음양의 율동을 보여주는 '생명'이다. 밤이 가장 긴 동지冬至부터 낮이 점점 길어지듯이 자연은 겨울에 벌써 봄을 준비하고 있는 것이다. 그러나 우리는 자연의 속 깊은 행동을 이해하지 못하고 그저 봄이 되면 그제야 기후가 변했음을 느끼게 되는 것이다.

상象을 관찰한다는 것은 이와 같이 보이지 않는 단계를 살펴보려는 노력인 것이다. 그해 겨울이 무척 추웠다면 음기운의 강한 응축력으로 인해 다가올 봄여름에 초목의 생명력이 더욱 강해질 것을 미리 점쳐볼 수 있는 것이다. 마치 바둑을 두면서 상대의 수手를 몇 단계에 걸쳐 계산하듯이 하나의 현상을 놓고 그 이면의 세계, 준비 단계를 관찰해보는 것이 상을 보는 것이며, 또한 현재의 상태가 미래에는 어떤 변화를 일으킬 것인지 짐작해 보는 것도 역시 상을 보는 것이다.

그러나 변화무쌍한 현실에서 상을 관찰한다는 것은 결코 쉬운 일이 아니다. 그래서 동양의 성현들은 음양과 오행의 법칙을 발전시켜 상을 관찰하는 방법을 체계화시켜 놓은 것이다. 처음에는 힘들겠지만 음양오행, 나아가 오운육기로 발전하는 생명의 기본적인 흐름을 꿰고 있으면 점차 무질서해 보이는 자연의 흐름, 인간사의 다양한 사건들이 어떤 일정한 과정적 변화를 띠고 일어난다는 것이 '눈에 보이게' 되는 것이다.

필자는 이러한 음양오행의 법칙이야말로 철저히 인과관계, 즉 한 사건의 앞에 그 원인이 있고 그 사건의 뒤에는 일정한 결과가 따른다는 점에서 과학적 사고방식이라고 생각한다. 음양오행은 아주 입체적인 인과관계를 지닌 과학인 것이다.

사람이 슬픈 일을 겪거나, 공포에 질릴 때, 안색이 창백해진다는 것은 다 아는 사실이다. 슬픔이나 공포는 다 같이 감정을 억누르는 음기운, 그중에서도 금기운이 주로 작용하는 것인데 그로인해 금기운을 상징하는 백색 白色이 얼굴에 나타난다는 것이 우연히 그런 것일까.

적어도 안색이 창백한 사람을 보면 순간적으로 감정이 눌려 있거나 또는 평상시 체질에 금기운이 많은 사람임을 추측해 볼 수 있고 우리가 그런 판단에 걸맞은 행동을 한다면 결과는 어떻게 될까. 적어도 이러한 행동은 막연한 경험이나 '눈치'를 동원하지 않고 '철학적으로' 사물을 관찰하는 행위가 되는 것이다. 고리타분하고 나와는 상관없는 죽은 학문이 아닌, 실전을 통해 응용되는 진짜 '철학'을 하게 되는 것이다.

이렇듯 상을 관찰한다는 것은 철학과 현실을 연결하는 고리를 이어주는 것이다. 그러면 어떻게 해야 상을 정확히 관찰할 수 있는가. 그 첫

째가 바로 수상數象, 즉 수數를 통해 상을 관찰하는 방법이며 이것을 특별히 상수학象數學이라고 하는 것이다.

{ 質의 수학 }

우리가 흔히 1, 2, 3, 4, 5, 6, 7, 8, 9, 10으로 이어지는 수를 사용하는 것은 수의 양量적인 측면을 보는 것이다. 하나에 하나를 보태면 둘이 되고 둘에 하나를 더하면 셋이 되고… 하는 식으로 양을 세는데 쓰는 것이 수數이고 이것을 발전시킨 것이 바로 수학인 것이다. 그러나 하도의 수는 이것과는 성질이 다르다. 하도는 1, 3, 2, 4, 5, 6, 8, 7, 9, 10으로 진행하는 독특한 수의 배열을 가지고 있다. 이것은 양量을 세려는 것이 아니라 수가 갖고 있는 철학적인 의미를 파악해야만 풀 수 있는 질質의 수학인 것이다.

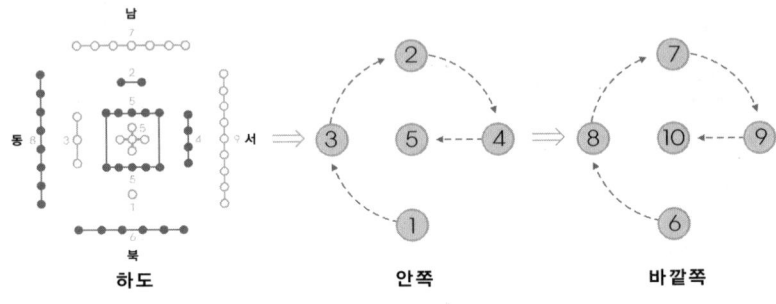

하도의 수를 읽어가는 순서
(1→3→2→4→5→6→8→7→9→10)

1이란 무엇인가. 하나는 늘 외롭다. 그래서 변화를 꿈꾼다. 자신의 짝을 찾으려는 노력을 하게 되는 것이다. 움직이려는 기세가 가득하기 때문에 양기운, 그중에서도 수水 기운을 상징하는 수가 되는 것이다.

2는 둘이다. 둘은 서로의 짝을 만났기 때문에 안정된 기운을 상징한다. 그럼에도 음기운을 띤 2가 화火 기운을 상징한다는 것은 언뜻 모순된 것으로 보일수도 있다. 그러나 이것은 화火의 상을 완전히 이해하지 못한데서 오는 오해인 것이다. 둘이란 하나일 때는 꿈꾸지 못했던, 자신의 의지를 투영投影할 대상對象을 만났다는 의미를 갖는다. 세상에 혼자만 있다고 생각해보라. 제아무리 세상을 들었다 놨다하는 재주를 가지고 있은들 무슨 소용인가. 생명이 지닌 잠재적인 기운은 반드시 상대방을 통해 표출되었을 때만이 가치가 있는 것이다.

수水라고 하는 무형의 생명력이 자신의 생명을 현상계에 표출시켜 둘이 된 모습, 그것이 바로 화火의 상인 것이다. 다시 말해 2란 1이라는 무형의 기운이 현상계에 드러난 모습을 상징하는 숫자인 것이다.

오행을 구체적으로 보면 음과 양을 대표하는 수와 화가 중심을 잡는 체體가 되고 수에서 화로 갈 때의 중간단계인 '목'과 화에서 수로 갈 때의 중간단계인 '금'이 실제적으로 역할을 하는 용用이 된다. 오행의 변화는 한마디로 수화水火의 변화라고 요약할 수 있지만 현실에서는 목금木金의 작용이 더욱 두드러져 보이는 것 또한 하나의 음양관계를 형성하고 있는 것이다.

3이 목을 상징하는 숫자가 된 것은 이런 까닭이다. 1과 2는 순수한 음양기운을 표현하는 상징적인 의미가 더 큰 반면, 3은 실질적인 의미가 강하다. 사람도 어떤 일을 하려면 하나나 둘 정도는 너무 적고 적어도 셋은 모여야 제대로 일을 해볼 수 있다고 생각하기 마련이다. 3은 양수이기 때문에 양기운을 더 많이 갖고 있는 셈이며 이런 모습 때문에 목을 상징하는 수가 된 것이다.

4는 반면에 안정적인 의미가 더욱 강해진 상을 보여준다. 둘이 모이면 의견차 때문에 말다툼이 벌어질 수 있겠지만, 넷이 모이면 어떤 형태로든 결론이 내려질 수밖에 없다. 4라는 숫자는 이렇게 강한 음기운을

보여주게 되는 것이다. 쉬운 비유를 들어보자. 탁자 같은 것을 세우려는데 다리가 하나이거나 둘이어서는 절대 세울 수 없다. 셋이면 탁자를 세우는데 부족함이 없지만 약간 불안한 면이 있는 것도 사실이다. 그러나 탁자에 다리가 넷이면 더할 나위 없이 안정된 모습을 보여주는 것이다. 물론 다섯이나 여섯 혹은 그 이상의 다리를 지닌 탁자도 있다. 그러나 이것은 태과太過한 모습이다. 넷 이상은 있어도 그만 없어도 그만인 모습인 것이다. 이런 모습을 통해 4가 금기운의 상을 보여주고 있음을 누구도 짐작할 수 있는 것이다.

그러면 5는 어떤 기운을 간직하고 있는 것일까. 5는 일단 1, 3, 2, 4로 하나의 순환을 완성한 수의 변화에서 별로 끼어들 여지가 없다. 그러나 수가 1, 3, 2, 4만 있는 것은 아니다. 6, 8, 7, 9로 계속 변화해 나가야 하는 것이다. 또한 6, 8, 7, 9는 사실 1, 3, 2, 4가 형태만 달리 했을 뿐 계속 반복되는 모습인 것이다. 그러나 질적으로는 1, 3, 2, 4를 반복하고 있을지라도 6, 8, 7, 9가 1, 3, 2, 4와 같다고 할 수는 없지 않은가. 6, 8, 7, 9는 분명 1, 3, 2, 4가 양量적으로 확대된 모습을 갖고 있는 것이다.

병아리가 부화하여 닭이 되는 모습을 상상해보자. 달걀안의 노른자와 흰자가 암탉의 보살핌을 받아 부화되기까지 달걀 안에서도 오행의 순환은 이루어지고 있다. 그리고 껍질을 깨고 나온 병아리도 오행의 순환을 계속한다. 오행의 순환이 이루어진다는 점에서 아무런 질적인 차이는 없지만 달걀안의 부화과정과 병아리의 성장과정은 분명 다른 것이다. 달걀속의 생명과 병아리사이에 일어난 사건, 그것을 '생명의 도약'이라고 부르기로 하자.

1, 3, 2, 4와 6, 8, 7, 9사이에 일어난 것이 바로 '생명의 도약'이다. 그

리고 도약이 가능하도록 발판을 놓아준 존재, 그것이 바로 5이다. 1은 5를 딛고 6이 되며, 2는 5를 딛고 7이 되고, 3은 8, 4는 9가 되는 것이다. 이렇게 5는 디딤돌이 되어주기 때문에 일단 토의 상을 지니고 있다고 볼 수 있다. 그러나 도약하는 쪽으로만, 다시 말해 확장하는 쪽으로만 디딤돌이 되어주기 때문에 온전한 '토'의 상을 보여준다고 하기에는 부족함이 있는 것이다. 그래서 5는 부분적이다. 2와 3을 더해 5가 나오고, 1과 4를 더해 5가 나오는 것이 그런 까닭이다. 5는 궁극적으로 어떻게 될까.

일단 도약의 임무를 성공시킨 5는 이제 단순한 도우미가 아닌 경험자가 되었다. 부분적인 역할만 하던 존재에서 전체를 바라볼 수 있는 눈을 갖게 된 것이다. 그래서 5는 스스로 변해서 10이 된다. 이를 철학적으로는 '오五가 자화自化하여 십十이 되었다'고 표현한다.

어떤 기술자에게 멋진 물건을 만들 아이디어가 떠올랐다고 하자. 그는 숙련된 기술자이기 때문에 그 물건의 부품을 만들면서 그동안 쌓아왔던 경험을 총동원해 '이 부품은 이렇게 만들고 저 부품은 저렇게 만들면 돼' 하는 식으로 자신의 아이디어를 하나씩 현실의 부품으로 만들어가게 된다. 그리고 마침내 완성된 하나의 물건을 만들어내게 되었을 때, 부분적인 그의 경험은 하나의 물건을 만들어낼 수 있는 노하우 Know-How로 승화되는 것이다.

이것이 부분적인 경험이 총체적인 지적재산知的財産으로 변화하는 과정이며 부분적인 조화력만 발휘하던 5가 전체를 조율할 수 있는 10으로 변하는 과정이다. 5는 각각의 부품을 머릿속 구상에서 현실의 물건으로 변화시키는 부분적 경험이며 이 과정이 끝나면 5는 완성된 물건을 만들 수 있는 지식知識, 즉 10으로 변화하는 것이다.

3장_ 상과 수의 세계

{ 태호 복희씨와 하도_ 2 }

우선 이 정도로 상수학에 대한 감각을 지니고 하도를 다시 살펴보자.

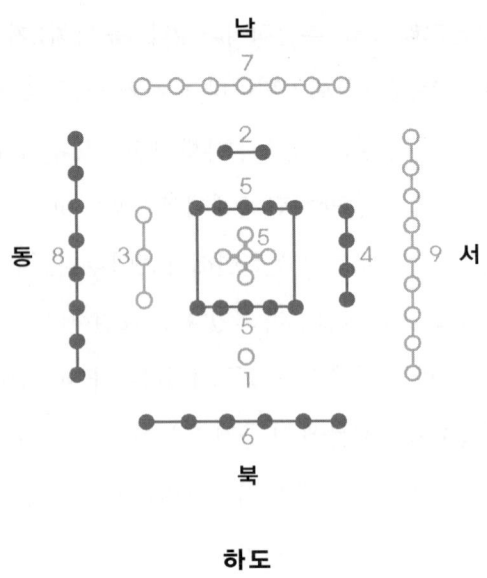

하도

북방의 수水는 숫자로는 1과 6으로 표현되어 있다. 1이란 모든 생명력이 응축되어 있으면서 새롭게 출발하려는 '수'의 상을 있는 그대로 보여주고 있다.

반면에 6은 1의 외곽에서 1을 보호하고 있는 상이다. 초목으로 치면 씨앗을 둘러싸고 있는 딱딱한 껍질에 해당하고 사람으로 치면 여성의 자궁子宮과도 같은 존재이다. 이는 1을 둘러싸고 있으면서 강하게 응축 시키는 역할을 주로 수행하고 있는 것이다.

따라서 1은 관념적인 '수기운'의 의미가 강하므로 이것을 양수陽水라 부르고 6은 현실의 '물'의 모습을 닮아있어서 음수陰數라고 부른다. 그리고 상수학에서는 이 모든 수기운을 통틀어 '일육수一六水'라고 하는 것이다.

하도에서 동방의 목木은 숫자 3과 8로 표현되어 있다. 3은 앞서 말한 대로 1과 2가 합쳐져 있는 것이지만 양기운이 주도권을 쥐고 기운을 발發하는 상을 보여주는 것이다. 반면 8은 수에서와 같이 3을 둘러싸고 보호하는 상을 보여준다. 3이 현실화되기 위해서는 8이라는 껍질이 필요한 것이다.

따라서 3은 관념적인 목기운을 상징하고 양목陽木이라 부르는데 비해 8은 현실의 '나무'와 같다고 생각할 수 있고 이를 음목陰木이라 부른다. 그리고 상수학에서는 목기운의 두 가지 성질을 보여주는 숫자를 덧붙여 삼팔목三八木이라 하는 것이다. 하도는 이렇게 관념적, 형이상학적인 면에만 치우쳐 있는 것도 아니고 현실적, 형이하학적인 면에만 치우치지도 않은, 자연이 갖고 있는 양면성을 동시에 표현하는 모습을 보여주고 있다.

남방의 화火 역시 숫자로는 2와 7로 표현되어 있다. 그러나 화는 앞서의 수나 목과는 다른 양상을 보여주고 있다. 수와 목은 생명력을 발산하는 양기운을 음기운이 외부에서 보호하면서 양기운이 흩어지지 않도록 하고 있는 반면에 화는 7로 상징되는 현실의 화기운이 이미 외부에 드러나 위세를 떨치고 있고, 이러한 화기운의 폭발을 방지하기 위해 내부에서 2가 음기운을 발휘하여 외부의 양기운을 당기는 작용을 하고 있는 상이다.

따라서 7은 양화陽火이며 현실의 '불'에 가깝고, 2는 음화陰火이며 관념적인 화기운을 상징하는 것이다. 하도가 보여주고 있는 이러한 화기운의 속성은 언뜻 듣기에는 말장난 같아 보일수도 있겠지만 음양오행에 대해 눈이 트인 사람에게는 현실에서 얼마든지 볼 수 있는 모습이다.

쉬운 예로 여러분은 여름에 더위를 식히기 위해 냉수나 빙과류를 먹지 않는가. 화기운의 작용으로 인해 외부로 발산되는 땀, 열기 등을 내부로부터 식혀주지 않으면 사람은 탈수로 인해 쓰러지거나 일사병이 걸리게 되는 것이다.

서로 싸우는 사람들이 있을 때, 화가 머리끝까지 치밀어 오르면 순간적으로 무모한 행동을 저지르는 것도 화기운이 폭발하는 상을 보여주는 것인데 이런 경우, 누군가가 잠시 화를 가라앉히고 냉정을 되찾도록 유도하면 싸움을 보다 수월하게 말릴 수가 있는 것이다. 더 구체적으로 말하자면 한창 싸움에 열을 올리는 사람들 곁에서 뜬금없는 엉뚱한 싸움을 일부러 벌인다면 순간적으로 김이 빠지면서 싱겁게 끝나버리기도 하는 것이다. 곤란한 사건이 벌어져 곤경에 처한 위정자가 일부러 다른 사건을 터트려 논란을 희석시키는 것을 '물타기' 내지 '맞불작전' 이라 하는데 역시 비슷한 맥락이라고 보면 된다.

여하튼 현실에서는 목과 화가 양기운이 작용하는 순간이지만 철학적으로는 수와 목에서 양기운이 움직이고 있듯이, 현실에서는 금과 수가 음기운이 작용함에도 철학적으로는 화와 금에서 벌써 음기운이 작용하고 있음을 보면서 대자연의 용의주도함에 다시금 감탄을 금할 수 없는 것이다. 이러한 화기운을 상수학에서는 이칠화二七火라고 한다.

다음은 서방의 금기운이다. 금기운은 숫자로는 4와 9로 표현되어 있으며 4가 안정을 추구하는 음기운을 가진 숫자임은 앞서 설명한 바 있다. 9는 조금 복잡한 의미를 띠는 숫자이다. 9는 1에서 10까지의 숫자 중에서 토를 상징하는 10을 제외한 가장 양量적으로 팽창한 모습을 가지고 있다.

이는 키만 크고 호리호리한 젊은이와는 달리 중년이 되면 살까지 붙어서 외형적으로 가장 풍만한 모습을 보여주고 있는 것과 같다. 그러나 중년의 피부는 이미 양기운이 떨어져 거칠고 탄력도 없고 주름까지 잡힌 모습이다. 이제 쭈글쭈글 말라가는 일만 남은 것이다. 숫자 9는 바로 이런 상을 보여주는 것이다. 9가 외형적으로 쪼그라들면서 수축하는 모습을 보여준다면 4는 내부에서 더욱 강하게 잡아당기는 모습이다. 음기운이 작용하는 단계에서는 음수가 더욱 힘을 발휘하는 것이 당연한 수순인 것이다.

따라서 4는 관념적인 금기운을 상징하는 음금陰金이고 9는 현실적인 쇠를 의미하는 양금陽金이며 이를 통틀어 상수학에서는 사구금四九金이라 부른다.

하도는 토를 중앙에 배치하고 있다. 이것은 토의 본래 성질에 비추어 당연한 것이다. 우리가 편의를 위해 토를 마치 현실에서 어떤 '작용'을 하는 것처럼 간주하고 오행을 설명한다는 것을 앞서 이야기했거니와 당연히 중용의 덕을 지닌 토는 중앙에 배치되어야 마땅한 것이다.

토는 5와 10으로 표현되어 있는데 이것은 5라는 부분적이고 전술戰術적인 의미를 지닌 조화기운을, 10이라는 전체적이고 전략戰略적인 의미를 갖는 조화기운으로 감싸고 있는 형국인 것이다. 5와 10이 갖는 차이점에 대해서는 앞서 간략히 비유를 들어 설명했거니와, 토가 갖고 있는 조화기운을 이해한다는 것은 음양오행의 여러 분야 가운데에서도 가장 어려운 단계에 속하는 것이므로 오운과 육기를 어느 정도 이해한 후에 2권에서 '토화작용土化作用'이라는 주제로 본격적으로 다루게 된다.

5는 부분적인 조화기운을 지닌 양토陽土이며 10은 전체적이고 완전한 조화기운을 상징하는 음토陰土이고 이를 통틀어 오십토五十土라고 부른다.

이상으로 하도의 기본적인 배치에 대해 알아보았다. 하도를 통해 느낄 수 있는 것은 필자가 목 화 토 금 수 오행의 개념을 설명하면서 말이나 글로 표현할 수 없었던 미묘한 부분에 이르기까지 하도에서는 자세하게 표현되어 있다는 점이다. 동서남북 사방四方에서 목, 화, 금, 수 기운이 움직이는 것을 음기운과 양기운으로 구분하여 관념도, 현실도 모두 수용한 변화의 모습을 보여주는 것이며, 내부적으로 양기운이 주도적으로 움직이면 외부에서는 음기운이 이를 감싸서 보호하고, 또 내부적으로 음기운이 주도적으로 움직이면 외부의 양기운을 끌어당기면서 보호하는 모습을 보여주는 것도, 생각하면 생각할수록 사람으로 하여금 더 깊은 생각에 잠기게 한다.

현실이란 이렇게 겉과 속이 서로 다르게 움직이면서 또 하나의 음양 구조를 보여주고 있는 것이다. 흔히 표리부동表裏不同하다는 것은 나쁜 뜻으로 쓰이는 말이지만 자연계에 있어서 표리부동하다는 것은 겉은 양이지만 속으로는 음을 준비하고 마찬가지로 겉이 음일 때 속으로는 양을 준비하는 대자연의 치밀한 마음씀씀이를 일컫는 표현인 것이다.

이를 현대적인 의미로 바꿔보면, 우리가 살아가고 있는 현재라는 시간 속에는 과거의 모든 것이 그 안에 응축되어 들어가 있는 것이며, 또한 현재는 미래라는 시간을 만드는 모든 재료가 나열되어 있는 것이다. 과거와 현재와 미래가 '상생'이라는 서로 낳아주는 과정을 통해 연결되어 있으며 그리고 '순환'하고 있는 것이다. 현재를 통해 과거를 바라볼 수도 있고 미래를 점쳐볼 수도 있는 원리가 바로 여기에 있다.

저명한 역사가인 E. H. 카Carr가 '역사란 과거와 현재의 끊임없는 대화'라고 했다든지 링컨 대통령의 '사람은 마흔이 넘으면 자기 얼굴에 책임을 져야한다'는 말들도 하도를 공부한 사람에게는 지극히 당연한 말이 되는 것이 구금九金 속에는 삼목三木이나 이화二火의 과정이 고스란히 담겨있을 수밖에 없기 때문이다. 좋은 종자와 정성스런 보살핌 없이 어떻게 풍성한 열매를 바란단 말인가.

이로써 하도를 연구할 때 주목해야 할 네 가지 문제 중에서 수數에 관한 것, 검은 돌과 흰 돌에 관한 것, 방위에 관한 것에 대한 개략적인 설명을 마쳤다. 마지막 남은 과제는 바로 순환에 관한 것이다. 하도의 순환에 관한 것이 왜 그렇게 중요한 것인가 하면 여기에는 바로 '생명의 존재 방식'을 탐구할 수 있는 실마리가 담겨져 있기 때문이다.

예로부터 하도를 '우주창조의 설계도'라고 하거니와 당연히 그 속에는 생명의 비밀을 풀 수 있는 열쇠가 담겨있는 것이다. 그러나 이것은 너무도 중요하고 심오한 문제이므로 하도만 가지고 설명하기에는 어려움이 너무 많다. 그러나 다행이도 우주와 대자연은 인간이 이러한 어려움을 극복하고 우주와 대자연의 신비를 파헤칠 수 있도록 결정적인 계시를 하나 더 내려주었으니 그것이 바로 낙서洛書이다. 그러니 하도의 순환에 대한 문제를 연구하기 전에 먼저 우임금과 낙서에 대한 이야기를 해보도록 하자.

{ 우禹임금과 낙서洛書_ 1 }

태호 복희씨가 역사적인 기록이 별로 없는 전설적인 인물이라면 우임금은 그래도 역사에 기록되어 있다는 점에서 보다 현실적인 인물이라 할 수 있다. 우임금은 사서삼경중의 하나인 서경書經에 등장하고 있으며 순임금 때의 사람이라고 한다. 순임금은 우리가 흔히 태평성대를 비유해서 말할 때 곧잘 언급하는 요순시대堯舜時代의 순임금이다.

순임금 때, 구년홍수九年洪水 칠년대한七年大旱이라 하여 춘향전 같은 고전문학에도 자주 언급되는 큰 자연재해가 있었는데 이때 순임금이 홍수를 다스리기 위해 임명한 곤鯀이라는 인물이 있었다. 곤은 홍수를 다스리기 위해 열심히 노력했지만 뚜렷한 성과를 거두지 못한 관계로 순임금에 의해 처형되고 곤의 아들인 우禹가 아버지의 뒤를 이어 홍수를 다스리라는 명을 받는다.

다행이도 우는 성공적으로 치수治水사업을 완수하고, 그 공로로 인해 순임금은 우에게 왕위를 물려주게 되는데 이로써 우임금은 중국 최초의 왕조王朝인 하夏나라의 시조가 된다. 중국 한족을 일컫는 여러 명칭 중에 화하족華夏族이라는 표현이 있는데 이때의 하夏자가 바로 하나라에서 유래된 것이기도 하다.

우임금이 계시 받은 낙서는 바로 우임금이 치수사업을 벌이던 낙수洛水라는 강에서 벌어진 일이다. 치수사업 도중에 사람들이 강에서 등에 이상한 문양이 새겨진 거북이 한 마리를 건져 올리게 되는데, 이 문양이 바로 낙서이며 신령스런 거북이가 전해주었다고 해서 신구낙서神

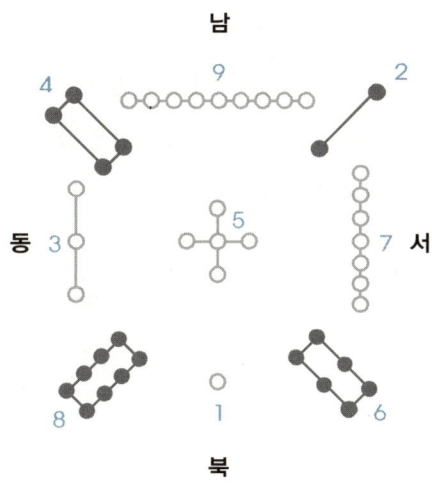

신구낙서

龜洛書라고 한다.

 일단 낙서의 모습을 보기로 하자. 낙서는 하도와 비슷한 생김새를 갖고 있다. 세부적인 것은 물론 다르지만, 검은 돌과 흰 돌을 각 방위에 배치해 수數를 표현하고 있다는 점에서 일단 같은 맥락에 있는 것이다. 특히 낙서는 그 독특한 수학적 원리 때문에 마방진魔方陣, Magic Square이라는 이름으로 일찌감치 서양에 전파되기도 했는데, 낙서의 숫자배열을 보면 가로세로 어떤 방향에서 더해도 그 합이 15가 된다.

4	9	2
3	5	7
8	1	6

3×3 마방진 魔方陣

3장_ 상과 수의 세계

이러한 마방진의 원리는, 낙서처럼 가로세로 3줄에서뿐만 아니라 가로세로 5줄, 7줄 등으로 규모를 확대해도 얼마든지 같은 방식의 숫자 배열을 만들 수 있다는 점에서 사람들의 시선을 끌고 있는 것이다(참고로 가로세로 5줄의 마방진을 싣는다).

17	24	1	8	15
23	5	7	14	16
4	6	13	20	22
10	12	19	21	3
11	18	25	2	9

5×5 마방진 魔方陣

사람들은 이러한 낙서의 신비스런 면에만 관심을 가질 뿐 정작 그 철학적인 의미를 살피는 데에는 무심했다. 그러나 동양의 성현들은 낙서를 통해 이 우주와 대자연이 운행되고 있는 실질적인 상象을 관찰해내고야 말았던 것이다.

낙서에 나타나 있는 검은 돌과 흰 돌은 각기 음양을 나타내며, 숫자의 의미 또한 하도에서 설명한 바와 다를 것이 없다. 다만 숫자가 배열된 방식이 하도와는 상당히 다르다는 것과 또 하나 하도에는 1에서 10까지의 숫자가 나타나 있는 반면 낙서에는 1에서 9까지의 숫자밖에 없다는 사실이다.

결론부터 말하자면 낙서는 바로 상극의 원리를 설명하는 도형이다. 하도가 오행상생도의 모습과 똑같았던 것처럼 낙서는 오행상극도의 배치를 그대로 보여주고 있다. 물론 순서를 따지자면 오행상극도가 낙서에서 파생된 것임을 잊어서는 안 된다.

먼저 낙서에 10이 없는 문제부터 살펴보자. 하도에서 1에서 10까지의 수의 전개과정이 모두 표현되고 있는 것은 그 자체로 하나의 '완전한 순환'을 하고 있다는 뜻이 된다. 그 이상은 1에서 10이 양적으로 확대되어 있을 뿐 질적으로 동일한 과정을 반복할 뿐인 것이다. 그런데 낙서에 10이 없다는 문제를 어떻게 해석해야 하는가.

10이 완성된 지혜를 상징한다는 것은 앞서 설명한 바 있거니와 이러한 10이 없는 관계로 낙서에서 중용의 역할을 할 존재는 5밖에 없다. 따라서 불완전한 중재, 다시 말해 5가 가지고 있는 중재력의 한계로 인해 발전을 돕는 역할만 할 수 있을 뿐, 성숙을 시킬 수는 없는 것이다. 이것을 다른 방향에서 설명하면 낙서는 상황을 벌이는 일, 즉 일을 진행시키는 요령, 수단, 경험을 상징하는 원리이다. 우리가 흔히 '공자님 말씀 같다'라고 표현하는 원론적, 이상적인 원리가 아니라 한마디로 '현장의 논리'이고 '시장판의 원리'이다.

앞서 상극의 원리를 설명하면서 서양에서는 '세상이 왜 이성적으로 움직이지 않는지' 많은 고민을 해왔다고 이야기한 바 있는데 동양에서는 아예 시작부터 대놓고 '세상은 절대 이성적으로만 움직이지 않는다'라고 선언하고 있는 것이다. 오히려 '감성적이고 비이성적인 것이 이성적인 것과 동등하게 존재하는 것이 바로 세상'이며 그러한 원리를 지금으로부터 약 4천 년 전에 하늘이 인간에게 계시를 통해 알려주었다고 이야기하고 있는 것이다.

아마 모르긴 몰라도 이러한 이야기는 합리적인 진리를 찾기 위해 고민하는 많은 철학도들에게 '마른하늘의 날벼락' 같은 소리이다. 음양이라는 상대론을 통해 철학을 발전시킨 동양과 '절대 진리'를 찾기 위해 고뇌해온 서양이 서로 다른 길을 가게 된 이유도 바로 여기에 있는 것이다. 물론 그 옳고 그름에 대한 판단은 온전히 독자의 몫이다.

여하튼 낙서에 10이 없다는 것은 '이 세상에는 10이 없는 현실이 존재하고 있다'는 뜻이고 또한 '10이 없어야만 의미가 있는 현실이 있다'는 뜻이다. 다시 말해 상생과 상극은 이 세상이 운행되는데 필요한 동등한 원리이고, 또한 상생을 위해 상극은 필수적으로 존재해야 한다는 것이다.

{ 우임금과 낙서_2 }

다음은 낙서의 숫자 배열에 대해 구체적으로 알아보자. 낙서의 숫자 배열을 연구하기 위해서는 먼저 하도와 같은 방식으로 수 水를 본체로 하여 왼쪽으로 순환하며 설명하는 방식이 있고, 또 하나는 똑같이 수를 본체로 하되 오른쪽으로 순환하며 설명하는 방식이 있다.

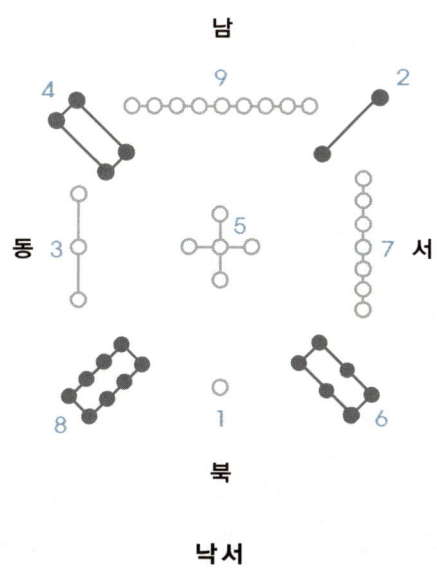

낙서

먼저 좌선左旋, 즉 왼쪽으로 순환하며 설명하는 방식을 보자. 하도와 비교했을 때, 하도는 원론적으로 수水가 북방에서 1과 6으로 구성되어 있음을 보여준다. 그러나 낙서는 1이 북방에 자리 잡고 있는 것은 같지만, 6을 서북방에 배치시켜 6의 역할을 구체적으로 보여주고 있는 것이

3장_ 상과 수의 세계

다. 즉 육수六水는 서북방의 영향(서북방의 환경과 조건)으로 양기운을 수렴, 응축시키는 역할을 하는 존재임을 보여주고 있다. 반면에 일수一水는 모든 오행순환의 본체답게 북방에서 생명력을 간직한 채 때를 기다리는 존재로 표현되어 있는 것이다.

삼팔목三八木 역시 하도에서의 원론적인 방위 배치에 비해 훨씬 현실적인 모습을 보여주고 있다. 팔목八木은 동북방에 배치되어 있어 일수一水가 삼목三木으로 전개되어 가는 통로 역할을 하고 있음을 보여주고 있으며 삼목三木은 정동방正東方에 배치되어 있어 목의 역할을 다 할 수 있도록 배려하고 있는 것이다.

여기까지는 각 수數의 역할을 좀 더 구체적으로 설명한 것에 불과하다. 그러나 이후로 가면 낙서는 하도와 전혀 다른 모습을 보여준다. 먼저 동남방을 보면 뜬금없이 사금四金이 버티고 있고 정남방正南方에는 구금九金이 배치되어 있다. 또한 서남방에는 이화二火가, 정서방正西方에는 칠화七火가 배치되어 있는 것이다. 왜 이런 배치를 한 것이며 그 의미는 무엇인가.

우선 이렇게 하도의 화와 금을 낙서에서 서로 바꾸어 배치한 것을 일컬어 금과 화가 서로 바뀌었다는 의미로 '금화교역金火交易'이라고 부른다(금화교역은 동양학에서 이해하기 어렵기로 가장 유명한 분야이며, 2권에서 다시 구체적인 설명을 하게 되므로 당장은 이해가 어렵더라도 편안한 마음으로 읽어가길 바란다).

생명生命, 즉 살아있다는 것은 무엇일까. 숨 쉬고, 음식을 먹고, 행동을 할 수 있으면 살아있는 것일까. 동양에서는 무생물처럼 보이는 우주나 대자연조차 하나의 생명으로 보아야 한다고 하는데 우주나 대자연의 어떤 모습을 보고 '살아있다'고 하는 것일까. 동양에서 굳이 이 세상을 음과 양이라는 이질적인 두 기운으로 나누어 설명하려는 까닭은 뭔가.

그것은 음양이라는 두 기운이 서로 교류하는 방식을 통해 해답을 찾을 수 있다. 생명이란 홀로 존재하는 것이 아니다. 반드시 대상이 있어야 한다. 양은 음이 있기에 자신의 존재를 느끼고 또 자신의 역할을 할 수 있다. 물론 음도 마찬가지이다. 그러나 상대적으로 존재한다고만 해서 그것을 생명이라 부를 수는 없는 것이다. 음과 양은 상대적으로 존재할 뿐만 아니라 어떤 시기에 가면 서로 역할을 바꾸는 '교역 交易'을 하는 것이다. 이것이 핵심이다. 음과 양이 서로의 역할을 바꾸는 것, 즉 기운의 교역이 일어나 양기운이 음기운 되고, 음기운이 양기운이 되는 일이 벌어지는 것이다.

그러나 이렇게만 설명하면 도통 무슨 뜻인지 짐작이 안 될 것이다. 그래서 다시 비유를 들어보자. 앞서 예를 들었던 한 기술자의 경우를 보자. 그가 어떤 기막힌 아이디어가 떠올라 그것을 물건으로 만드는데 성공했다면 우리는 그것을 그저 기술이 좋고 경험이 많아 좋은 물건을 만들었구나 생각할 것이다. '저 사람, 남들이 뭐라해도 한길만 파더니 끝내 성공했구나', '저렇게 훌륭한 물건을 만들었으니 돈도 벌고 참 보람 있는 인생이야' 이렇게 생각하는 사람도 있을 것이다.

이것을 동양적인 관점에서 보면 이렇다. 그의 아이디어라는 것은 그의 생명 속에 자라고 있던 양기운이다. 그 양기운이 오행의 순환을 거쳐 구체적이고 손에 잡히는 좋은 물건으로 변모한 것이다. 무형의 아이디어가 유형의 물건으로 변화하는 과정, 즉 양기운이 음기운으로 변화하는 과정, 그것이 바로 금화교역이다. 이것을 고상하게 표현하면 '존재의 목적을 실현實現했다' 고 하는 것이다.

이 우주가 어떤 이유에서건 빅뱅Big Bang을 일으켜 지금 우리가 살고 있는 이 모든 환경을 만들어 놓았다고 했을 때, 이 우주는 아직 완전하지는 않지만 일차적으로 그 존재의 목적을 달성한 것이다. 자신을 '우주'라고 부르며 느끼는 대상물, 지구 같은 경우에 인간을 만들어 놓는데 성공한 것이다. 처음에 온통 에너지뿐인 상태로 시작하여 원소를 만들고, 분자를 만들고 별을 만들고 은하계를 만드는 모든 과정, 바로 우주에 내재되어 있는 생명력이 금화교역의 과정을 거쳐 현실화된 것이다.

자연도 마찬가지다. 초목도 동물도 인간도 각자 존재의 목적을 달성하려고 하고, 심지어 바위도 훌륭한 석공을 만나 조각품이 되었다면 비록 남의 도움을 받기는 했지만 자신의 존재 목적을 달성해낸 것이다. 모든 사물에 내재된 생명력, 가능성을 끄집어내어 현실화시키는데 성공했다면 그것은 존재의 목적을 달성했다고 보는 것이다.

이러한 금화교역을 이루어 낼 수 있는 존재는 모두 생명이다. 그것이 동양학에서의 생명의 정의이다. 물론 아무것이나 마구 생명이라고 부르지는 않는다. 철학적이고 원론적인 차원에서 금화교역을 일으키는 것을 생명이라 부를 수 있다는 것이지 생명에도 수준이 있는 것이다. 나무가 의자로 변모한 것과 인간의 예술적 창작행위를 어떻게 같은 수준에 놓고 비교할 수 있겠는가(이러한 수준의 차이를 만드는 것이 바로 토土의 역할인데 이것을 여기서 설명하기에는 너무 어려우므로 2권에서 다룰 것이다).

낙서에 나타나 있는, 금과 화의 위치가 바뀌어 있는 현상은 바로 이 같은 과정을 설명하는 것이다. 원래 화가 있어야 할 자리에 금이 있다는 것은 일차적으로는 화가 폭발해서 생명력을 잃어버리는 것을 방지하기 위함이지만 동시에 화가 무사히 현실화해서 금으로 변화할 수 있도록 미리 준비하는 과정인 것이다. 우리가 행동을 하거나 물건을 만들 때, 내 생각이 현실적인지 비현실적인지 끊임없이 궁리하고, 만드는 물건이 현실성이 있는지 무수히 실험을 반복하지 않는가. 아무 생각 없이 허황된 소리를 내뱉고, 현실에 쓸모없는 물건을 만드는 것은 태과하거나 불급한 화를 제어하지 못한 까닭이다.

하도에서는 원론적으로 남방에 화, 서방에 금을 배치했지만, 우리의 현실을 돌아보면 실제 남방에서 중요한 역할을 하는 것은 바로 금인 것이다. 금기운으로 제어하지 않으면 한마디로 엉망이 되고 마는 것이다. 동남방에 배치된 사금四金은 행동보다는 생각위주로 견제를 한다는 뜻이고, 정남방에 배치된 구금九金은 행동으로 현실적으로 견제를 한다는 뜻이 될 것이다.

그러면 서남방에 배치된 이화二火와 정서방正西方에 배치된 칠화七火의 역할은 무엇인가. 아까의 그 기술자가 만든 좋은 물건이 그것으로 그친다면 모르겠으되 우리의 경험에 비추어보면 어떤 좋은 발명품이 나왔다고 해도 그것으로 그치는 경우보다는 또 다른 사람이 나와서 그것을 개선한 더 좋은 물건을 만드는 경우를 흔히 보게 되는 것이다.

우리가 금기운이라고 표현했을 때, 그것은 일차적으로 하나의 성과를 이루어 결실을 맺었다는 뜻이지만 생명은 금기운에서 그치는 것이 아니라 그 결실을 바탕으로 새로운 생명의 순환을 준비하는 것이다. 이것이 음기운이 양기운으로 변화하는 방식이다.

인간이라면 중년의 나이에 이르러 서서히 죽음을 향해가지만 자식을

낳아 생명의 연속성, 즉 대代를 이어가지 않는가. 낙서에서 서방에 배치된 화火라는 것은 바로 이런 의미이다. 금기운이라는, 일차적으로 순환을 완결한 존재에게 새로운 생명의 불을 지필 수 있도록 하는 것, 이것이 또한 동양학에서 정의하는 생명의 의미인 것이다.

다시 한 번 정리하자면, 생명이란 자신의 내부에 존재하는 생명력을 현실화시킬 수 있고, 또 현실화된 생명력을 바탕으로 새로운 생명력을 불러일으켜 생명의 순환을 지속시킬 수 있는 존재인 것이다.

낙서에서 서남방에 배치된 이화二火는 본격적인 수렴력을 발휘하기에 부족한 방위(환경과 조건임)를 감안하여 서서히 불을 지피고, 낙서에서 정서방正西方에 배치된 칠화七火는 금기운의 세력이 절정에 달한 현실을 감안하여 강력한 화기운을 행사하는 것이다.

마지막으로 중앙의 오토五土는 십토十土가 없다는 점만 제외하면 하도의 오토五土와 특별한 차이를 보이지 않는다. 당연한 것이 토는 중용의 기운이므로 하도건 낙서건 간에 그 역할이 변할 수는 없는 것이다.

이렇게 보았을 때, 낙서에서 보여주고 있는 것은 하도에서 원론적으로 표현된 상을 놓고 그 상이 현실적으로 어떻게 전개되는가를 보여주고 있음을 알 수 있다. 오행의 순환이 동서남북에서 이루어질 때 실제 벌어지는 일들, 현실의 모습과 상황논리를 보여주는 것이 낙서임을 이로써 충분히 이해할 수 있는 것이다.

{ 우임금과 낙서_3 }

　이번에는 낙서에서 우선右旋, 즉 오른쪽으로 순환하면서 벌어지는 모습을 살펴볼 순서이다. 이 경우는 앞서도 말했듯이 오행상극도와 같은 모습을 보여주고 있다. 즉, 수극화水克火, 화극금火克金, 금극목金克木, 목극토木克土, 토극수土克水 하는 오행상극의 과정이 낙서에 고스란히 담겨져 있는 것이다. 상극의 구체적인 과정은 이미 설명한 바 있으므로 생략하기로 하고, 다만 낙서가 '현장의 논리', '시장판의 원리'를 보여주고 있다는 것은 결국 그 모든 것이 상극을 기초로 한 원리임을 충분히 짐작해 볼 수 있는 것이다.

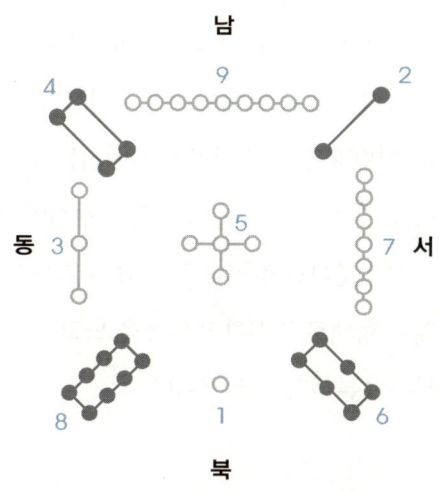

신구낙서

하도가 보여주는 원론적인 현실이 궁극적으로 실현되는 것은 사실이지만, 그 하나하나의 과정은 상극을 통해 견제와 시련을 거친 '고통의 과정'이며 이것이 우리가 실제 살아가는 현실에 그대로 투영되고 있는 것이다.

이상으로 낙서에 대한 설명을 마쳐야 하지만 낙서에 10이 없다는 것에 대해 약간의 부연설명이 필요하다고 생각하여 몇 자 더 적고자 한다. 낙서를 마방진이라 하여 가로 세로 어느 쪽으로 더해도 15가 된다는 것을 설명했는데 여기에는 더 생각해볼 점이 있다.

그것은 중앙의 5를 중심으로 봤을 때, 상대편에 배치되어 있는 수만을 더하면 10이 된다는 사실이다. 다시 말해 낙서의 주변의 수는 각기 1과 9, 2와 8, 3과 7, 4와 6으로 구성되어 있다. 낙서는 철학적으로도 수학적으로도 매우 흥미로운 면을 많이 간직하고 있음을 다시금 느끼게 하는 부분이다. 이것을 상수학에서는 이렇게 해석한다.

낙서에 담겨있는 현실의 논리, 상극의 원리는 부분적으로 보았을 때는 상극이지만 대립되는 것을 합쳐놓으면 완전함을 뜻하는 10으로 변모한다는 것이다. 어떤 완전한 질서가 현실에서는 부분적으로만 작용하기 때문에, 순간순간 모순되어 보이는 것이 사실이지만 궁극적으로는 완전한 질서를 보여준다는 것이다. 낙서에서 10은 눈에 보이지 않을 뿐이지 보이지 않는 형태로 존재하고 있음을 느낄 수 있다면 그것으로 낙서에 대한 이해는 충분하다고 할 것이다.

{ 태호 복희씨와 하도_3 }

이제 최종적으로 하도의 순환에 관한 이야기를 할 때가 되었다. 낙서에서 볼 수 있는 금화교역의 원리는 사실 하도에서 이미 예견된 것이기도 하다. 하도는 '우주창조의 설계도'라는 명칭에 걸맞게 금화교역의 상을 그 안에 간직하고 있다는 뜻이며 이제 그 모습을 구체적으로 살펴보도록 하자.

하도의 순환을 선명하게 보기위해서는 음수陰數와 양수陽數, 즉 검은 돌과 흰 돌을 따로 관찰해야 한다. 편의를 위해 하도에서 검은 돌과 흰 돌을 분리하여 그려보면 다음과 같은 모습이 된다.

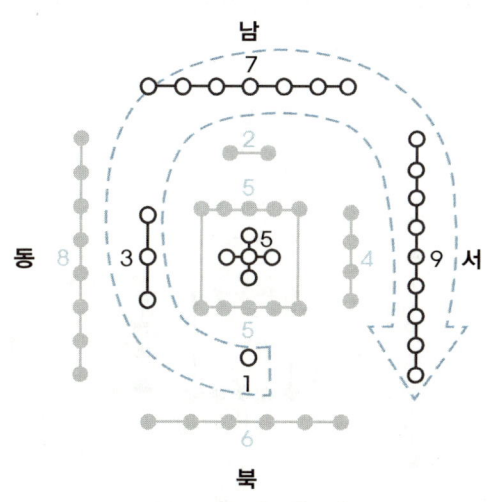

하도_ 양수의 순환

먼저 양수陽數, 즉 흰 돌만 그려진 그림을 보라. 일수一水가 삼목三木

3장_ 상과 수의 세계 203

을 거쳐 칠화七火, 구금九金으로 순환하는 과정에서 내부에 있던 일수一水와 삼목三木이 남방과 서방에 이르면 외부로 드러나는 모습을 하고 있다. 이 과정에서 작용하는 토는 발전을 매개하는데 능력을 발휘하는 오토五土, 즉 양토陽土이다. 이것은 내부에 있던 생명력이 외부로 표현되어 현실화되는 과정을 그대로 보여주고 있는 것이다.

상수학에서는 1, 3, 2, 4를 무형의 기운을 상징한다는 차원에서 생수生數라 부르고, 반면에 5의 매개로 태어난 6, 8, 7, 9를 유형의 기운을 상징한다는 차원에서 성수成數라 부른다. 앞의 이야기를 생수와 성수의 개념으로 다시 바라보면 1과 3이라는 생수가 5의 도움을 받아 7과 9라는 성수로 변화해가는 것임을 보여주고 있는 것이다(이것을 1에 5가 더해져서 6이 만들어지는 것과 혼동하면 안된다). 이것은 명백히 양기운이 음기운으로 변화하는 금화교역의 상을 담고 있는 것임을 알 수 있다.

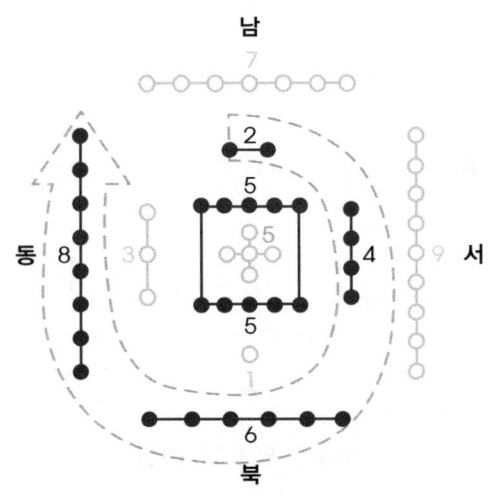

하도_ 음수의 순환

이번에는 음수陰數, 즉 검은 돌만 그려진 그림을 보자. 육수六水와 팔목八木이 십토十土의 도움을 받아 이화二火와 사금四金으로 변화하는 과정을 볼 수 있을 것이다. 이 때 육수六水와 팔목八木은 성수이며 이화二火와 사금四金은 생수이다. 다시 말해 외부에 있던 6과 8이라는 음기운이 수렴을 매개하는 10의 도움을 받아 2와 4라는 양기운으로 변화하여 내부에 수렴되어 있는 상인 것이다.

이때의 이화二火와 사금四金은 과거의 생명이 아니고 새로운 순환을 준비하는 생명을 의미한다. 이 또한 음기운이 새로운 양기운으로 변화하는 금화교역의 상을 명백히 보여주고 있다. 이렇게 하도에는 양기운이 음기운으로 변화하고, 음기운이 양기운으로 변화하는 '생명의 존재원리'가 이미 나타나 있었던 것이다.

그러나 금화교역에 대한 설명 없이 처음부터 하도만 가지고 '생명의 존재원리'를 이야기했다면 이해하기도 어렵거니와 설명에 많은 어려움이 있었을 것이 분명하다. 다행이도 이 우주는 하도와 더불어 낙서를 계시해 주었기에 상생과 상극은 균형을 잡을 수 있었고 더불어 '생명'이 존재하는 실상도 더욱 뚜렷하게 이해할 수 있게 된 것이다.

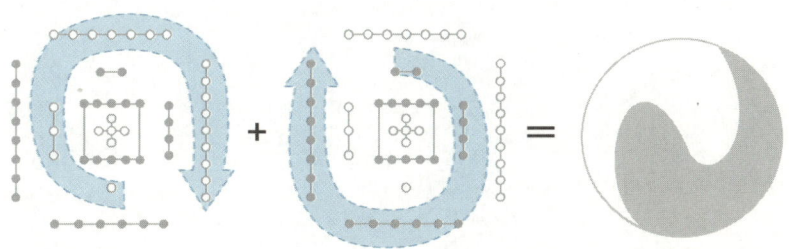

태극 문양의 형성

3장_ 상과 수의 세계

하도에서 음수와 양수가 변화하는 모습을 각기 표현하여 문양으로 그려보자. 상황을 일목요연하게 보기 위하여 1→3→7→9로 변하는 양수의 순환과 2→4→6→8로 변하는 음수의 순환을 따로 그리고, 이것을 합치면 205쪽의 그림과 같은 것이 될 것이니 이것은 바로 태극의 문양이 되는 것이다. 우리나라 태극기의 문양은 모습은 예쁘지만 음과 양이 서로 섞여 돌아가는 모습을 적극적으로 표현해주지 못하는 단점이 있기 때문에 음양론을 연구하는 사람들은 위와 같은 모습의 태극 문양을 더욱 선호하며, 중국의 태극문양이 주로 저런 모습을 띠고 있다는 것을 아시는 분도 많으리라 생각한다.

하도를 몰랐을 때는 그저 단순한 도형에 불과하지만 그 속에서 음양오행의 원리, 상생의 원리, 상수학의 원리, 금화교역의 원리, 심지어 태극문양까지 동양문화의 모든 것이 바로 이 도형에서 나왔다는 것을 알게 된 지금, 하도 그리고 낙서가 왜 동양문화의 시발점이 되었는지 충분히 짐작할 수 있을 것이다. 또한 하도와 낙서가 지금으로부터 각기 6천 년 전, 4천 년 전에 이 세상에 나온 것임을 다시 한 번 강조해두고 싶다.

{ 괘卦로 바라보는 상象의 세계 }

하도를 계시 받은 복희씨는 그 속에 무궁무진한 우주가 펼쳐져 있음을 깨닫고 이것을 후대에 전하기 위해 많은 고민을 했을 것이다. 지금의 기준으로야 음양, 오행, 상수학 등 하도를 설명하는 다양한 방법이 존재하지만 당시로서는 숫자의 개념조차 제대로 정립되지 못했을 때이니 오죽 고민이 깊었겠는가.

그러한 고민의 산물이 지금부터 설명하려는 괘상卦象, 즉 팔괘八卦이다. 복희씨가 하도를 계시 받고 '팔괘를 처음 그었다始劃八卦'는 말이 바로 그 같은 상황을 이야기하고 있는 것이다(괘는 원래 '그린다' 고 하지 않고 '긋다' 라고 표현한다).

괘는 매우 단순한 것이다. 선 하나를 길게 가로로 그은 것은 양陽을 상징한다하여 양효陽爻, 짧은 선 두개를 연이어 그은 것은 음陰을 상징

곤坤	간艮	감坎	손巽	진震	리離	태兌	건乾	팔괘八卦
태음		소양		소음		태양		사상四象
음				양				양의兩儀
태극								

팔괘 분화도

한다하여 음효陰爻라 부르는데 이것이 왜 양과 음을 상징하는지 굳이 설명할 필요는 없을 것이다. 이 양효와 음효를 일컬어 양의兩儀라 부르며 음양과 같은 개념이라는 것은 앞서 설명한 바가 있다.

다음은 이 양의를 기반으로 하여 사건의 전개 또는 시간의 흐름을 상징하기 위해 효를 그 위에다 덧그리면 모두 4가지의 괘상이 만들어 지는데 이것이 태양太陽, 소음少陰, 소양少陽, 태음太陰으로 구성된 사상四象이다. 사상에 다시 효를 하나 더 그으면 모두 8가지의 괘상이 만들어지니 이것이 바로 팔괘이다. 팔괘를 긋는 원리는 이렇게 간단하다. 그러나 그 해석은 결코 만만한 것이 아니다. 우선 팔괘에 대한 소개를 하도록 하자.

팔괘는 건괘乾卦, 곤괘坤卦, 리괘離卦, 감괘坎卦, 진괘震卦, 손괘巽卦, 간괘艮卦, 태괘兌卦라 부르는 여덟 개의 괘를 말하며 괘의 각 모습은 다음과 같다.

☰ 건괘의 경우, 양효가 세 개 연이어 있는 모습이다. 괘는 맨 아래부터 하나씩 효를 그려가기 때문에 건괘는 1단계도 양, 2단계도 양, 3단계도 양으로 전개되는 상象을 가지고 있다. 이렇게 온통 순수한 양기운만으로 구성된 사물이 과연 무엇일까. 건괘는 무엇을 상징하기 위해 그려진 것일까. 온통 생명기운을 던져주기만 할 뿐 아무것도 되받으려 하지 않는 존재, 그것은 바로 하늘天이다. 더 정확히 이야기하자면 이 우주천체宇宙天體를 상징하는 것이다.

다시 말해 건괘는 주로 이상理想적인 하늘기운을 말하는 것이고, 실제의 하늘은 우리가 천天이라 부르는 것이다. 이것은 오행에서 수기운과 물과의 관계와 같은 것이다. 결국 건은 무형의 하늘기운, 그리고 유형의 하늘天을 동시에 표현하고 있는 것이다.

☷ 곤괘의 모습은 반대로 음효가 세 개 연이어 있다. 1단계도 음, 2단계도 음, 3단계도 음이다. 아무것도 내보내지 않고 모든 것을 받아들여 수용하는 존재는 과연 무엇일까. 이런 순수한 음기운만으로 구성된 것을 땅, 즉 대지大地라고 본 것이다.

물론 곤괘 역시 순수한 땅기운과 현실의 땅地을 동시에 상징하고 있다. 단, 유념해야 할 것은 팔괘의 각 괘들이 이렇게 대응하는 자연물을 갖고 있지만 아무래도 형이상학적인 개념에 더욱 비중을 두는 것이 사실이다.

☲ 리괘는 위아래에 양효가 있고 가운데에 음효가 있는 상이다. 다시 말해 1단계는 양, 2단계는 음, 3단계는 양의 전개과정을 보여준다. 여기서 아무래도 눈에 띠는 것은 중간에 있는 음효이다. 즉 음효가 위아래의 양효에 둘러싸여 있는 모습인 것이다.

이렇게 겉은 양기운에 둘러싸여 있지만 가운데는 음기운으로 인해 비어있는 존재는 어떤 것이 있을까. 그것은 불火이다. 오행을 설명할 때, 화라는 것이 양기운으로 인해 빛을 내지만 속은 텅 비어있어 실체가 없다는 설명을 한 바 있는데 그것을 괘로 표현하면 이렇게 되는 것이다.

팔괘를 해석할 때, 세 효 중에서 단독으로 존재하는 효의 역할을 특히 중요시하여 이것을 주효主爻라고 하는데 더욱이 주효가 가운데에 배치되어 있으면 그 역할이 더욱 막중해지는 것이다. 그것은 주효가 다른 효들에 영향을 미칠 수 있는 가능성이 크기 때문이다.

리괘의 경우 중심에 있는 음효가 위아래의 효에 영향을 미쳐 결국은 모두 음효를 만들고 마는 것인데 이는 리괘가 결국 곤괘로 진행한다는 것을 말하는 것이다. 오행에서 화기운은 항상 생명력의 폭발을 경계하며 금기운으로 진행하는 것과 같은 이치라고 보면 된다.

☵ 감괘는 리괘와 정반대의 모습을 하고 있다. 1단계는 음, 2단계는 양, 3단계는 음, 이러한 모습으로 가운데는 양기운이 가득 차 있으면서 겉은 부드러운 음기운을 띠는 존재는 무엇일까. 그것은 바로 물 水이다. 물이란 겉은 무척 부드럽지만 안은 강력한 생명력을 띠는 존재임을 이미 설명한 바 있거니와 그것을 괘상으로 표현하면 바로 감괘가 되는 것이다.

감괘의 주효는 중앙의 양효이고 이 양효가 주변의 음효를 동화시켜 끝내 모두 양효를 만들고 마는 것이니 감괘가 궁극적으로 건괘로 진행한다는 것은 수의 생명력이 발동 發動하는 모습과 같은 것이다.

이렇게 주효를 중앙에 지닌 리괘와 감괘는 다른 괘에 비해 월등한 실력 實力을 갖고 있기 때문에 능히 건곤을 대행할 능력을 지니고 있다. 그래서 리괘는 해, 감괘는 달에 비유하기도 하는데 이는 현실에서 무형의 건을 대신하여 지구에 양기를 던져주고, 무형의 곤을 대신하여 지구에 음기를 던져주는 건곤의 대행자라는 의미인 것이다(해와 달이 어떻게 건곤을 대행하고 또 인간에게 어떤 영향을 미치는가에 대한 것은 2권에서 다룰 것이다).

☳ 다음은 진괘에 대해 살펴보기로 하자. 진괘는 1단계는 양, 2단계는 음, 3단계도 음인 모습을 갖고 있다. 진의 주효는 바로 맨 아래에 있는 양효이다. 이 양효는 양기운을 발휘하려고 하여도 위에 첩첩이 음효가 쌓여있어 제 실력을 발휘하지 못하고 있다.

그러나 이렇게 음기운의 견제를 받는 양효는 더욱 강하게 자신의 양기운을 축적하여 언젠가 자신의 실력을 드러내고야 마는 것이니 이것은 곧 오행의 '목'과 동일한 과정을 보여주고 있는 것이다. 이렇게 축적된 양기운이 폭발하듯 기운을 발發하는 것을 자연물의 '우레'에 비유하여 진괘를 '뢰雷'라고 부른다.

손괘는 진괘와 정반대의 상을 보여주고 있다. 따라서 1단계는 음, 2단계는 양, 3단계도 양이다. 손괘의 주효인 음효는 음기운을 띤 것이므로 위에 있는 양기운을 잡아당긴다. 그러나 음기운의 잡아당기는 힘에도 한계가 있을 수밖에 없기 때문에 바로 위의 양기운까지는 힘을 발휘하지만 맨 위의 양기운까지 영향을 미치기에는 부족함이 있는 것이다.

따라서 맨 위의 양효는 붙잡는 이 없이 떠돌아다니는 기운이 되고 만다. 이렇게 떠돌아다니는 양기운에는 어떤 것이 있을까. 그것은 바로 떠돌아다니는 '바람'이다. 손괘는 이렇게 바람을 상징하기 때문에 '풍風'이라 부른다. 이것은 결국 음기운이 수렴을 하려고 하지만 아직 기운이 성숙되지 못하여 수렴에 한계를 느끼는 단계를 상징하는 것이다.

다음은 간괘에 대해 알아보자. 간괘는 1단계가 음, 2단계도 음, 3단계는 양인 전개과정을 보여준다. 음이란 수축하여 가라앉는 기운이고 양이란 발산하여 떠오르는 기운인데 양기운이 이미 꼭대기에 이르렀으니 자신의 할 바를 다한 상을 보여주고 있는 것이다. 이것은 진에서 출발한 양기운이 상층부에 이르러 한 숨 돌리고 있는 상황인 것이다.

이렇게 솟구치던 기운이 변화의 종착역에 다다른 상황을 상징하는 것에는 어떤 것이 있을까. 그 대표적인 것이 바로 '산山'이다. 산이란 격렬한 지각운동의 결과로 땅이 솟아올라 생긴 것이다. 이미 정지된 지각운동을 상징하는 것이 간괘의 아래에 있는 두 음효이고, 격렬했던 땅의 움직임을 고스란히 간직하며 우뚝 솟아있는 산의 외형이 바로 맨 위에 있는 양효와 같은 것이다.

☱ 태괘는 마찬가지로 간괘와 정반대의 상이다. 1단계가 양, 2단계도 양, 3단계가 음인 모습을 보여주고 있으며 따라서 태괘의 주효는 맨 위에 있는 음효이다. 음효가 맨 위에 있으니 이것은 수렴을 하고 싶어 하지만 아래에 버티고 있는 양효의 기운이 워낙 거세어 제대로 실력을 발휘할 수가 없는 상인 것이다. 음기운이란 아래에서 잡아당길 때 그 힘을 제대로 발휘하는 것이지 위에 떠있는 상황에서의 음기운은 수렴력에 한계를 지닐 수밖에 없다.

이렇게 제대로 음기운을 발휘하지 못하고 양기운에 떠밀려 떠도는 음기운을 상징하는 것은 무엇일까. 이런 상을 대표하는 것이 바로 '연못'이다. 굳은 땅위에 있기 때문에 땅속으로 스며들지 못하고 표면에서 흐르기만 하는 물이 연못을 만드는 것이므로 태괘는 연못을 상징한다 하여 '못 택' 자를 써서 택澤이라 부르는 것이다.

이렇게 팔괘가 의미하는 상을 보면 오행의 개념과 비슷한 것도 있고 다른 부분도 보인다. 그러나 이것은 설명하는 방식의 차이일 뿐, 그 근

곤 모母			건 부父		
태 소녀	리 중녀	손 장녀	간 소남	감 중남	진 장남

육 자녀 괘

본적인 취지는 같은 것이다. 건과 곤이라는 순수한 양기운, 음기운이 진과 손, 리와 감, 그리고 간과 태의 단계를 거쳐 순환하는 모습을 보여준다는 점에서 팔괘나 오행은 아무런 차이가 없는 것이다.

  팔괘의 상호관계를 좀 더 이해하기위해 동원되는 것이 육자녀괘六子女卦라는 것이다. 이것은 건곤을 부모父母로 보았을 때, 양기운과 음기운의 첫 단계를 상징하는 진괘와 손괘를 각기 장남長男, 장녀長女로 보고, 그 다음 단계인 리괘와 감괘를 중남中男, 중녀中女로 보고, 마지막 단계인 간괘와 태괘를 소남少男, 소녀少女로 본다. 이것 역시 팔괘에서의 음양기운이 순환하는 단계를 설명하기 위한 것이다.

  팔괘는 각각의 괘가 뜻하는 개념도 중요하지만 더욱 중요한 것은 각각의 괘가 배치되어 있는 방식이다. 다시 말해 괘는 그 괘가 속해있는 방위方位에 따라 그 의미가 변하는 것이다. 복희씨가 처음 팔괘를 그었을 때, 여덟 개의 괘를 각기 방위에 맞추어 배열시켰는데 그것이 아래에 보는 복희팔괘이다.

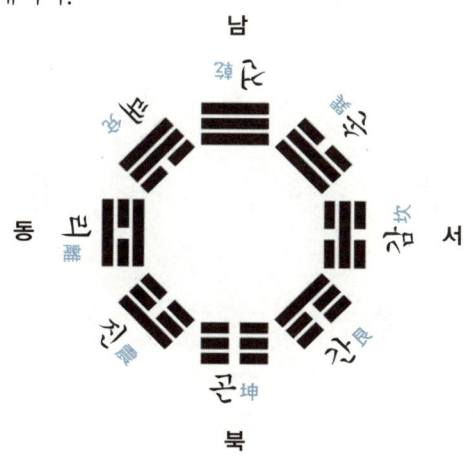

복희팔괘

팔괘는 복희팔괘 외에도 문왕이 지은 문왕팔괘와 서문에서 소개한 바 있는 정역팔괘가 있어 모두 세 가지의 팔괘가 있는 셈인데 각각의 팔괘가 다른 의미를 갖는 것은 바로 괘의 배열이 각기 달라 의미하는 바도 완전히 달라지기 때문이다.

우선 복희팔괘를 보자. 팔괘를 보기 위해서는 관례적으로 부르는 여러 명칭을 알고 있어야 하므로 먼저 소개하자면, 건괘를 중심으로 숫자를 붙여 일건천一乾天, 이태택二兌澤, 삼리화三離火, 사진뢰四震雷, 오손풍五巽風, 육감수六坎水, 칠간산七艮山, 팔곤지八坤地라고 부른다. 자주 쓰이는 것이니 외어두면 더욱 좋을 것이다. 처음의 숫자는 순서를 말하는 것이고, 둘째는 괘의 이름, 셋째는 괘가 상징하는 자연물을 붙여놓은 것이다.

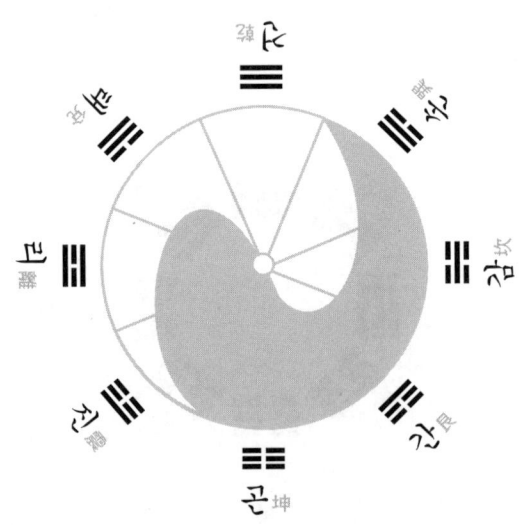

복희 팔괘와 태극도

복희팔괘는 태극도와 같이 붙여서 살펴보면 금방 이해할 수 있다. 먼저 진괘부터 시작하자. 진괘는 양기운이 처음 태동되는 모습이다. 진괘의 주효가 맨 아래에 있는 것이 목기운의 상과 같음을 설명했거니와 그 구체적인 단계는 태극도에서 양기운이 음기운의 견제를 뚫고 서서히 발發하는 상을 그대로 보여주고 있다. 양기운이 더욱 진행함에 따라 더욱 극성極盛해진 리괘로 변화하는 것은 태극도상의 양과 음의 영역을 통해 쉽게 이해할 수 있을 것이다.

양기운이 더욱 강해져 그 세력이 더욱 넓어지고 표면의 음기운은 조금밖에 남지 않은 상황은 바로 태괘에 해당한다. 그리고 양기운의 최종 단계에 이르면 온통 양기운만으로 가득 찬 태극도상의 영역과 같이 건괘가 그 자리를 차지하게 되는 것이다.

다음은 음기운의 차례이다. 음기운의 태동은 손괘에 잘 나타나 있다. 주효인 음효가 맨 아래에 배치되어 수렴을 시작하지만 아직 완전한 단계에 이르지 못한 상이 손괘나 태극도상의 영역을 통해 잘 나타나 있음을 볼 수 있다.

다음은 본격적인 음기운이 작용하는 감괘에 이르게 된다. 앞서 리괘가 주효인 음효의 영향을 받아 궁극적으로 곤괘로 변화하고, 감괘가 주효인 양효의 영향으로 건괘로 변화한다는 것은 당장의 현실을 말하는 것이 아니라, 궁극적으로 리괘에서 음기운이 태동하는 계기가 마련되고 감괘에서 양기운이 태동할 계기가 마련된다는 뜻이며 이것은 결국 금화교역의 상을 암시하는 것이다.

따라서 현실에서의 감괘는 왕성한 수렴작용을 보여주는 것이다. 이런 음기운의 수렴작용이 계속 진행되다 보면, 음기운이 완전히 주도권을 쥔 채, 표면에 양기운이 조금밖에 남지 않은 간괘에 이르게 되는 것이다 그리고 완전히 음기운으로 가득 찬 곤괘에 이르러 음양기운의 순환은 한 과정을 마무리하게 된다.

결국 복희팔괘는 태극, 더 정확히 말하면 하도의 상을 그대로 괘로 옮겨 표현한 것에 지나지 않는다. 복희씨는 하도의 난해한 모습을 보다 보기 편한 괘상으로 바꾸어 후대에 전하려 했다는 것을 이로써 충분히 짐작할 수 있는 것이다.

(문왕팔괘와 정역팔괘에 대해서는 아직 설명을 시도할 상황이 되지 못하므로 뒤로 미루려 한다. 다만 문왕팔괘에는 낙서의 상이 담겨있고, 정역팔괘는 금화교역의 극치를 보여주고 있다는 것만 일단 알고 있으면 될 것이다).

{ 64괘와 주역周易 }

64괘와 주역에 대한 것은 이 책에서 다루고 있는 음양오행을 이해하는 데 꼭 필요한 것은 아니다. 그러나 이 역시 동양학에 관심을 갖고 있는 사람에게 호기심의 대상이 아닐 수 없으므로 간략히 소개만 하고자 한다.

괘상을 통해 사물을 관찰하는 방법은 복희씨가 처음 제시한 것이다. 이후 낙서의 이치를 담은 문왕팔괘가 나오고, 괘를 통해 사물事物의 동정動靜과 길흉화복吉凶禍福을 점치는 방법이 제시되어 궁극적으로 주역이 성립되게 된 것이다.

어떻게 주역이 미래의 길흉화복을 점쳐볼 수 있는 경전으로 발전하게 되었을까. 이것은 역曆이라는 것부터 시작한다. 역曆이란 우리가 일상생활에서 보는 '달력月曆'에서 쓰는 바로 그 '역' 자이다. 고대의 사람들은 이 세상의 모든 환경과 기후가 주기적으로 돌아간다는 사실을 제대로 알지 못했다. 뒤집어 말하면 해마다 기후가 순환하여 날씨가 일정하게 되풀이 된다는 것만 알면, 바로 하늘의 뜻을 아는 사람, 즉 제왕帝王이 될 수 있었다.

이집트 문명이, 나일강이 일 년에 네 차례 주기적으로 범람한다는 사실을 토대로 달력을 만들 수 있었던 데에서 출발했다는 사실은 이미 잘 알려져 있거니와 동양에서도 주기적으로 변화하는 기후를 관측하고 책력册曆을 만드는 것은 아무나 할 수 없는 아주 중요한 일이었다.

태호복희씨가 하도를 계시 받고 팔괘를 처음 그었을 때, 복희씨가 깨달은 것은 과연 어떤 것이었을까. 복희씨가 우리네 평범한 사람들처럼 자신의 운명에 대한 속된 관심을 가졌을 리는 만무한 것이다. 우리가 지금까지 공부한 하도에 어떤 내용이 담겨있었는지 다시 한 번 생각해보라. 그 속에는 우주와 대자연이 주기적으로 순환하고, 동시에 그 안에 살고 있는 동물, 식물, 인간 또한 주기적인 순환의 틀 속에서 살고 있음이 담겨있지 않았는가.

태호복희씨가 처음 발견한 것은 바로 그 주기적으로 움직이는 우주와 대자연이었다. 따라서 복희씨 이후부터 주기적으로 움직이는 자연에 대한 기록과 예측이 가장 중요한 과제로 대두되었던 것이다. 그것이 역서曆書 이다(우리가 역사歷史 라고 할 때의 역歷자는 그칠 지止자가 들어있어 '과거의 것' 이라는 의미이며, 역서曆書 에서의 역曆자는 날 일日자가 들어있어 '미래의 것' 이라는 의미임을 알아두면 좋을 것이다).

역서는 주역만 있는 것이 아니라 기록을 살펴보면 '연산連山'이나 '귀장歸藏' 이라는 이름을 지닌 역서들이 존재했으나 주周 나라에 와서 주역周易 이 나오게 됨에 따라 자연스럽게 사라졌다고 되어 있는 것을 보아 다양한 역서들이 존재했을 것임을 추측해 볼 수 있는 것이다. 따라서 역서의 일차적 목적은 우리가 달력을 보고 농사를 짓는 것과 마찬가지로 어떤 행동을 해야 할 적절한 시기를 택하는 것이었다.

그리고 그 행동의 결과를 길흉화복吉凶禍福, 즉 좋고, 나쁘고, 화를 당하고, 복이 들어오는 네 가지 경우로 단순화시켜 표현했을 뿐이다. 주역을 보면 온갖 해석 끝에 '길하다', '흉하다' 는 판단이 나오는 것은 바로 이런 까닭이다. 팔괘란 한 주기를 여덟 단계로 나누어 해석한 것이며 64괘는 한 주기를 64단계로 나누어 해석한 역서인 것이다.

결국 팔괘라는 것은 상징적인 의미가 강한 것이, 한 주기를 여덟 단계만으로 나누어 해석하는 것은 너무 광범위하여 자세한 판단을 하기 어려웠기 때문이고, 하는 수 없이 팔괘에 다시 팔괘를 얹어 여섯 개의 효를 가진 64괘가 만들어지게 된 것이다. 이런 식이라면 일곱 개의 효를 가진 128괘도 만들 수 있다. 실제 송나라 때 그런 시도가 있었다는 기록도 있다. 그러나 결과는 오히려 너무 번잡스럽다는 것이다. 어떤 상황을 파악하는데 64가지의 경우라면 너무 많지도 적지도 않게 관찰할 수 있다는 뜻인 것이다.

이런 일들이 결코 우연이 아닌 것이 현대 문명의 총아라고 불리는 컴퓨터의 두뇌, CPU(중앙처리장치)를 보면 최초에 8비트부터 시작하여 16비트, 32비트를 거쳐 64비트 CPU가 나오게 된 후, 128비트짜리 CPU가 나온 것이 아니라 64비트 CPU를 2층으로 쌓은 듀얼 코어나, 4층으로 쌓은 쿼드라 코어 CPU가 나오는 것으로 보아, 동서양 모두 같은 결론에 도달한 것임을 짐작해볼 수 있는 것이다.

이렇게 64괘가 나온 이후, 64괘에 대한 해석과 64괘마다 여섯 개의 효가 있으니 총 384효에 대한 해석이 필요하게 되는데 이 일을 한 분이 바로 문왕과 그의 아들 주공周公이다. 이렇게 최초의 주역은 64괘와 그에 대한 해석(이것을 괘사卦辭라 부른다), 384효와 그에 대한 해석(이것을 효사爻辭라 부른다)으로 구성되어 있었다. 이후 공자孔子가 주역의 해석을 돕기 위해 단전彖傳 상,하, 상전象傳 상,하, 계사전繫辭傳 상, 하, 문언전文言傳, 설괘전說卦傳, 서괘전序卦傳, 잡괘전雜卦傳 등 총 열 가지 주석을 달게 되니 이것을 주역에 날개를 달아주었다는 의미로 십익十翼이라 부르는 것이다.

주역은 원래 이렇게 만들어지게 된 것이다. 그러면 독자들이 궁금해

하듯이 과연 주역을 통해 미래를 점쳐볼 수 있는 것일까. 필자의 대답은 원칙적으로 '가능하다' 는 것이다. 이것은 괘의 성립과정을 생각해보면 너무나 자명한 것이다. 64괘를 확률과 통계에서 다루는 '경우의 수' 와 같다고 생각하면 된다. 1단계가 양일 때, 선택할 수 있는 두가지 경우가 발생하고 다시 그 다음 단계에서 4가지… 하는 식으로 총 64가지의 상황을 파악하고 주역의 해석을 참고하면 여러 가지 판단의 근거가 나오게 되어있는 것이다.

결과적으로 어떤 일을 시작하려면 지금 내가 처해있는 상황에서 모두 64가지의 경우의 수가 나오게 되고, 일이 진행 중이라면 그에 따라 경우의 수가 줄어들기는 하겠지만 지난 과정을 해석하는 일이 따라붙게 된다. 64가지 경우의 수라면 웬만한 일들이 다 그 범위에 들어갈 수밖에 없지 않겠는가. 결과적으로 문제는 주역에서 발생하는 것이 아니라 내가 지금 처해있는 상황이 어떤 단계, 어떤 과정에 처해있는지를 파악하는 일이 관건이 되는 것이다. 즉, 내가 처해 있는 상황이 어떤 괘의 몇 번째 효에 해당하는지 파악할 방법이 없는 것이 바로 문제라는 것이다.

여러 가지 주역의 해설서를 보다보면 주역점周易占에 대해 설명하는 것을 볼 수 있다. 지금 여러 가지 곤란에 처해있을 때, 길吉한 상황을 열어갈 수 있도록 간절히 기원(?)하면서 효를 하나씩 뽑아내라는 것이다. 동전을 이용하는 경우라면 앞면을 양, 뒷면을 음이라 정해놓고, 하나씩 동전을 뽑아 음양을 기록하면서 여섯 번을 행하면 하나의 괘가 나온다.

오죽 답답했으면 이런 방법을 소개했겠는가. 결국 승부는 마음을 비운 순수한 상태에서 지금 이 상황을 정확히 파악하는데서 나온다. 그러나 그런 마음가짐을 가질 수 있는 사람은 아마도 점을 볼 필요가 없는 경우가 대부분일 것이다. 따라서 머릿속이 복잡한 현대인이 주역을 통해 미래를 예견해 본다는 것은 그림의 떡일 뿐이다.

주역이 사서삼경의 가장 높은 자리를 차지하게 된 것은 이러한 철학서를 개인의 길흉화복을 위해 쓰기보다는 나라의 일과 같은 중요한 상황에서 다양한 경우를 미리 점쳐보라는 뜻일 것이다. 필자가 노파심에 한마디 더 보탠다면, 주역의 이러한 구조에 마음을 뺏기면 자신의 상황을 파악해 해석하기는커녕, 주역의 해석에 자신의 상황을 갖다 맞추는 상황이 발생한다는 것이다.

자신이 주관적으로 판단한 괘상에 현실을 갖다 맞추는 그야말로 주객이 전도된 상황이 발생하기 십상이라는 것이다. 주역은 자신의 가치관이 충분히 성숙되고 또 스스로의 욕심을 완전히 배제할 수 있는 상황 하에서만 사용해야지 함부로 덤비면 주역에 홀려서 자신의 가치도 잃어버리는 불상사가 발생할 수 있음을 꼭 유념해주기 바란다.

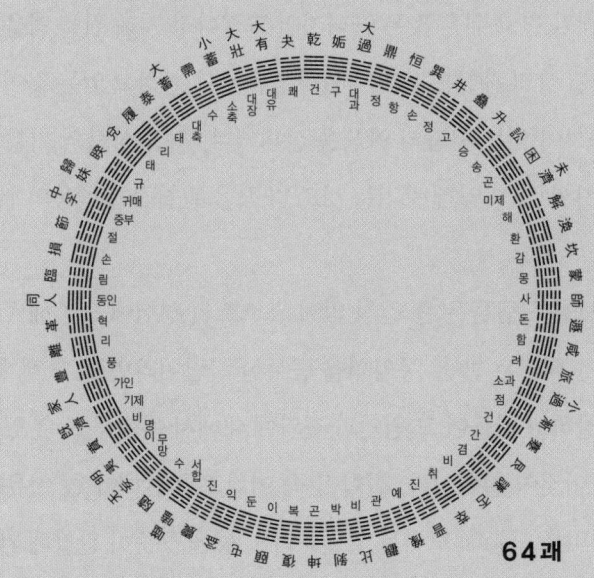

64괘

{ 현실에서 발견하는 상象_ 물상物象 }

　상象이라는 것은 무형의 기운과 유형의 현실사이에 걸쳐있는 기미幾微나 징조徵兆라는 것을 이미 설명한 바 있으며 동양학에서 이 상象을 관찰한다는 것이 얼마나 중요한 과제인가는 지금까지의 설명을 통해 충분히 짐작했으리라 생각한다.

　동양의 성현들은 이 상을 관찰하기 위해 수數를 동원하는 상수학象數學, 괘를 동원하는 괘상卦象 등을 발전시켜 왔던 것이다. 그러나 이 모든 노력은 결국 현실의 상을 어떻게 그리고 얼마만큼 제대로 관찰해 낼 수 있느냐 하는 문제로 귀결된다. 비단 주역뿐만 아니라 동양학의 모든 수단과 방법들이 결국 내가 처해있는 현실의 파악에서 출발할 수밖에 없기 때문이다.

　이 문제가 결코 쉬운 것은 아니지만 그렇다고 지레 겁을 먹을 필요는 없다. 사실 상의 관찰은 우리가 일상생활에서 늘 하고 있는 것이기 때문이다. 가까이 있는 사람의 안색을 살피거나, 직장 상사의 기분이 어떤지를 눈치껏 (?) 파악해 보려는 것도 다 상을 관찰하는 행동의 한가지인 것이다.

　다만 보통 사람들은 큰 원칙 없이 스스로의 경험에 의존해 주관적으로 판단을 내리는 반면, 동양학을 공부한 사람이라면 보다 체계적으로 상을 관찰하고 더불어 그 원인과 결과에 대해서 예측해 볼 수 있게 되는 것이다. 이것이 철학이다. 철학이 꼭 어렵고 복잡해야 할 이유는 없지 않은가. 비록 단순해 보이는 일일지라도 상을 꾸준히 관찰해 가다보면 그 속에서 사람이 왜 저런 행동을 반복하는지, 왜 이 시대가 어떤 유행과 흐름을 좇게 되는지 '볼 수 있게' 되는 것이다.

이런 관찰을 반복하다 보면 자연스럽게 '나는 어떤 행동을 해야 하는가' 하는 물음이 마음속에 자리 잡게 된다. 나의 가치관은 무엇인가. 내가 소중히 여겨야 할 것은 무엇인가. 이런 물음 속에서 사람은 자신의 마음을 '쓰는 법'을 배우게 된다. 사람은 '마음의 씀씀이'에 따라 인생에서 전혀 다른 결과를 얻게 되는 것이다. 서론이 길었다. 이제 물상에 대한 몇 가지 예에 대해 알아보기로 하자.

사람은 즐거운 일을 당하면 얼굴이 발그스레 상기되는 법이다. 이것은 기본적으로 사람의 희喜, 즉 기쁘고 즐거운 마음이 화火의 성질을 갖고 있기 때문이다. 화를 상징하는 색이 붉은 색이므로 피부도 붉은 빛을 띠게 되는 것이다. 웃음은 사람의 신진대사를 촉진시켜 정신 건강에도 매우 유익하다고 하지 않는가. 그러나 너무 웃음이 지나쳐 태과한 지경에 이르면 눈물이 난다. '눈물이 날만큼 웃었다'고 하지 않는가. 이것은 왜 그런 것일까. 이것은 태과한 화기운을 제어하기 위해 금기운이 작용한 결과인 것이다.

금기운의 대표적인 감정은 슬픔悲이며, 슬픔은 눈물을 동반한다. 슬픈 감정은 금기운이기 때문에 항상 아래로 가라앉게 된다. 또한 금기운의 상징색이 백색이므로 슬픈 사람은 안색도 창백하게 되는 것이다. 그리고 눈물이라도 흘리고 나면 조금 마음이 진정되는 것이다. 왜 그럴까. 그것은 감정이 금의 단계를 지나 새로이 기운이 태동하는 단계에 접어들었기 때문이다.

반면에 금기운이 태과하면 어떤 현상이 벌어질까. 사람은 슬픔이 극에 달하면 되레 웃음을 흘리는 것이니 이것을 실소失笑라고 한다. 이처럼 사람의 감정 하나하나도 오행의 순환과정에 비추어 판단하면 그 관찰이 훨씬 용이해지는 것이다.

성난 사람의 상은 어떨까. 성냄, 즉 노怒는 '목'의 상을 갖고 있다. 성난 사람을 표현할 때 얼굴이 '붉으락푸르락' 하다고 하지 않는가. 목을 상징하는 색이 푸른색임을 감안하면 이 기묘한 일치를 어떻게 설명해야 할 것인가. 성난 사람은 하나같이 눈을 부릅뜨고 안광을 쏟아낸다. 이 또한 목기가 갖고 있는 분출력이 눈을 통해 작용하고 있는 것이다.

마지막으로 수水가 상징하는 인간의 감정은 두려움, 즉 공恐이다. 사람이 두려움과 공포에 질리면 온 몸이 수축되면서 반대로 온 몸의 털이 솟는 느낌을 받게 되는데 이는 수의 수축력과 발산력이 동시에 작용한 결과인 것이다. 수기운을 상징하는 색은 검은 색인데 실제로 사람이 겁에 질리면 얼굴이 새까맣게 타는 것이다.

사람의 감정에 따라 나타나는 상의 종류는 대략 이런 것이다. 그러나 각자 사람의 체질과 성품에 따라 이러한 상이 뚜렷하게 나타나는 사람이 있고 잘 나타나지 않는 사람도 있다. 다만 이것은 다른 사람에게 불편함을 주지 않으면서도 충분히 관찰할 수 있는 사례이므로 한번 시험해 보는 것도 좋을 것이다.

이번에는 보다 구체적인 예를 들어보기로 하자. 사람들을 만나다 보면 눈이 크면서 동시에 매우 튀어나와 있는 사람도 있고 똑같이 눈은 크지만 그렇게 튀어나와 있지는 않은 사람도 있다. 이 경우, 일단 눈이 크다는 것은 목화木火 기운, 다시 말해 간과 심장의 기운이 세다는 것을 의미한다. 이런 사람을 보면 대다수 행동이 대범하고 활동적인 사람이다.

그런데 여기에 더하여 눈이 매우 튀어나와 있다면 이것은 목화의 기운이 태과한 지경에 이른 상인 것이다. 이런 사람은 행동이 산만하고, 차림새도 단정하지 못한 것을 볼 수 있을 것이니 발산만 하고 수렴이 제대로 되지 못하는 상을 그대로 보여주고 있는 것이다. 그러나 눈이 크더라도 적당히 안으로 들어가 있다면 이것은 금수기운이 뒷받침되고 있는 상이니 훨씬 안정적인 모습을 띠게 될 것이다.

반대로 눈이 작고 안으로 움푹 들어가 있다면, 이것은 금수기운, 즉 폐와 신장의 기운이 매우 세다는 것을 의미하는 것이니 사람이 깔끔하고 단정하기는 하지만 고집이 세고 융통성이 적은 모습을 보이게 되는 것이다. 반면에 비록 눈이 작더라도 어느 정도 나와 있다면 금수기운 못지않게 목화기운이 잘 작용하고 있다는 뜻이니 전자에 비해 비교적 너그러운 성격을 지니게 되는 것이다.

상을 관찰하는 눈길을 사회로 돌려보면 어떨까. 사회란 여러 사람들이 모여 생활하는 터전이다. 사람이 많이 모여 있을수록 이것은 목화기운이 강하다는 의미이니 거기에 사는 사람들도 활동적이고 개방적인 성격을 띠게 되는 것이다. 반대로 덜 문명화된 지역이나 한적한 지방으로 가면 금수기운이 강해 사람들이 수줍음을 타고 순박한 모습을 보게 되는 것이다.

목화기운이 더욱 진전되면 사람들의 관계는 점점 분열된 화기운과 같이 개인화되고 몰인정한 모습을 띠고, 반면에 금수기운이 강한 조그마한 동네에서는 니것 내것이 따로 없는 공동체적 경향을 띠게 되는데 이런 모습은 지역과 인종을 가리지 않고 전 세계 어디에서나 볼 수 있는 양상인 것이다.

이렇게 현실에서 음양과 오행을 통해 상을 관찰하는 것은 결코 어려운 일은 아니다. 게다가 만약 수상數象이나 괘상卦象을 동원하여 관찰할 수 있다면 그 사람은 몇 가지 중요한 관찰만으로도 전체의 상을 파악할 수 있게 되는 것이다. 그러나 이런 경지는 지식만 가지고 되는 것이 아니고 심신의 수련과 풍부한 경험을 토대로 나오는 것이니 아직 미숙한 필자로서 함부로 이야기할 내용이 아님을 양해하기 바란다.

사주팔자四柱八字와 인간의 운명運命

이 세상이 아무리 넓다지만 같은 운명을 타고 태어난 인간은 하나도 없다. 생김새나 성격이 비슷한 사람은 있을지라도, 쌍둥이라도 다를 것은 다른 것이 바로 인간이다. 이렇게 다양한 인간 각각의 상을 매번 관찰을 통해 파악한다는 것은 힘든 일이기 때문에 동양에서는 일찌감치 사주팔자四柱八字로 대변되는 운명학運命學이 발전하였다.

이것은 사람이 태어난 연월일시年月日時를 기반으로 인간이 가질 수 있는 기질氣質을 분류하고 체계화하여 정리한 것이다. 과연 사주팔자는 믿을만한 것일까. 이 문제에 대한 답을 하려면 먼저 이와 관련된 몇 가지 단어에 대해 정확한 뜻을 알아야 한다.

우선 운명運命이란 단어에 대해 알아보자. 우리는 흔히 운명이란 인간이 거부할 수 없는 어떤 힘에 의해 벌어지는 온갖 상황이나 사건을 뜻하는 말로 알고 있다. 그러나 이것은 일반적인 해석일 뿐 철학적인 의미를 갖고 있다고 볼 수는 없을 것이며 특히 동양학에서는 '초월적인 힘' 같은 것은 전혀 관심 밖의 일인 것이다.

그러면 동양학에서는 운명을 어떤 뜻으로 해석하는가. 이것은 글자 그대로 명命 받은 운運이라는 뜻이다. 명命은 '명령을 내리다'라는 뜻과 '목숨'이라는 뜻을 같이 갖고 있다. 동양에서는 '목숨'을 '명받은 것'으로 생각한다는 말이다. 누가 명을 내리는가. 어떤 초월적인 절대자가 있어서가 아니라 우주와 대자연의 운행 속에서 인간이 탄생하는 것이기 때문에 인간에게 명을 내리는 것은 바로 우주와 대자연이다.

인간은 우주와 대자연 속에서 '너는 이렇게 한 번 살아봐라' 하고 목숨을 부여받았다고 생각한다는 것이다. 그리고서는 목숨(생명)과 함께 그 사람의 고유한 기질, 즉 운運을 부여받게 되는 것이다. 운運이란 바로 다음에서 설명할 오운론五運論에서의 운을 의미한다. 우주와 대자연의 주기적인 운행을 통해 시시각각 변하는 기운을 타고 사람이 탄생했을 때, 그 시간대에 속하는 기운이 바로 그 사람의 운이다. 따라서 운명이란 우연도 필연도 아닌 자연自然스러운 작용인 것이다. 우리들이 일상생활에서 쓰는 '운이 좋다', '운이 나쁘다' 또는 '운수가 사납다'는 이런 의미로 써야 정확한 뜻이 되는 것이다.

사주팔자라는 것은 비유하자면 사람의 제조연월일과 같은 것이다. 다만 인간은 공장에서 찍어내는 물건이 아니고 영靈을 지닌 존재이기 때문에 자율성을 갖는다. 그러나 그 자율성은 아무렇게나 마음대로 할 수 있는 자율성이 아니고 '명을 받은 운'의 틀 안에서 이루어지는 자율성인 것이다. 흔히 운명을 개척할 수 있느냐 없느냐 하는 식의 논쟁이 벌어지곤 하는데 운이란 개척하거나 바꿀 수 있는 대상은 아니며 그보다는 '어떻게 운을 활용할 것인가'가 동양의 운명론에서 이야기하는 핵심 주제인 것이다.

독자들도 '육십갑자六十甲子'라는 말을 한번쯤은 들어보았을 것이다. 운을 상징하는 열개의 기운, 즉 십간(十干, 갑을병정무기경신임계)과 기氣를 상징하는 열두 개의 기운, 즉 십이지(十二支, 자축인묘진사오미신유술해)를 짝지우면 총 60개의 간지干支가 나오게 되는데 이를 육십갑자라고 하는 것이며 갑자甲子는 육십갑자의 첫머리에 나오는 간지인 것이다. 육십갑자는 주기적으로 순행하는 자연의 기운을 순서대로 이름 붙여 놓은 것이다. 물론 이것도 64괘와 마찬가지로 더 세분화할 수 있지만 너무 번거로워지기 때문에 60가지로 한정한 것일 뿐이다.

연年은 지구가 태양을 한 바퀴 도는 주기이며 여기에도 차례로 육십갑자를 붙여 2007년도의 경우 정해년丁亥年이 된다. 월月은 달이 지구를 한 바퀴 도는 주기이며 여기에도 따로 육십갑자를 붙여 기운의 순서를 매겨놓는 것이다. 일日은 지구가 자전하는 주기이며, 시時는 일日을 12로 나눈 주기(동양은 12시간제가 기본이다)인데 여기에도 각기 육십갑자가 붙게 되어 있는 것이다.

이렇게 주기적으로 운행하는 연월일시를 네 개의 큰 기둥이라 하여 사주四柱라 하고 여기에 각기 두자로 된 간지가 붙으니 여덟 자가 되어 이것을 팔자八字라 하는 것인데 이것을 인간의 운명을 가름하는 것으로 여기다보니 '사주팔자'란 말 자체가 인간의 운명을 뜻하는 말로 굳어져 버린 것이다.

결국 사주팔자란 인간이 태어난 그 순간의 '연'과 '월'과 '일'과 '시'가 우주의 운행에서 어떤 흐름에 있었는가를 파악해보려는 것이다. 포도주도 생산된 연도에 따라 맛이 다 다르다고 하는 판인데 하물며 만물의 영장인 인간이 태어난 순간의 연월일시에 따라 부여받는 운運이 다르다고 한들 이상할 것은 없다. 일단 그전에, 태어난 사람의 운을 헤아려보기 위해 연年보다 더 큰 주기의 간지를 사용하거나 분, 초 단위의 간지를 이용하여 오주십자五柱十字, 육주십이자六柱十二字를 구성하는 것도 당연히 가능하다. 그러나 이 역시 너무 번잡스럽기만 할 뿐 실효성이 적어서 사주팔자로 굳어지게 되었음을 먼저 알아두자.

우선 이런 사주팔자가 정말 인간의 운, 다시 말해 인간이 고유한 기질을 갖는데 영향을 미치는 것일까. 일단 경험적으로 봤을 때, 운명학이 이 세상에 나온 지 수천 년이 흘렀건만 아직도 명맥을 유지하는 것으로 보아, 그 속에 '무언가 있기는 있다'는 것은 짐작해 볼 수 있을 것이다. 필자의 견해를 말하라면 사주팔자에 담긴 우주와 대자연의 기운은 100퍼센트 그 사람의 기질에 '들어가 박힌다'는 것이다.

흔히 사주팔자에 거부감을 갖는 것은 '너는 장차 이렇게 되고, 저렇게 될 것이다'는 식의 숙명론적인 해석 때문인데, 필자는 이것은 옳지 않다고 본다. 사람이 어떤 특정한 기질이나 성격을 지녔다는 것과 그 기질을 어떻게 활용할 것인가는 전혀 별개의 문제이기 때문이다. 사주팔자는 일단 '그 사람이 이러이러한 기질을 가질 수밖에 없다'는 해석일 뿐이며 거기에 덧붙여 '그런 기질을 지녔으니 인생이 앞으로 이렇게 밖에 풀릴 수 없을 것이다'라고 함부로 예단하는 것은 인간의 자율성에 위배되는 것이기 때문이다. 또한 인간의 운명을 결정짓는 요소가 사주팔자만 있는 것도 아니다.

사주팔자는 주로 자연의 운행, 즉 하늘天에 속하는 것인데 인간은 하늘기운만 받고 사는 것이 아니라 땅地 기운도 받고 사람人 기운도 받는다. 인간은 이렇게 천지인의 요소가 모두 모여 운명을 형성하게 되는 것이며 다만 하늘기운이 가장 중심적이고 근본적인 역할을 할 뿐인 것이다. 결국 사주팔자는 동양에서 발달한 '심리테스트'라고 보면 된다. 내가 어떤 기질(성격)을 타고 태어났는지, 그리고 그 기질은 다른 사람과 어떻게 다른 것인지, 알아두면 유용한 점이 한두 가지가 아닌 것이다.

또한 필자가 '어떤 기질을 지닌 것'과 '그 기질을 활용하는 것'은 별개라고 했을 때, 그 의미는 이런 것이다. 기질이란 오행으로 치면 현실에 나타나는 '목화금수'와 같은 것인데 여기에 생명을 불어넣는 것은 바로 '토'이다. '토'가 목화금수의 상호관계를 어떻게 중재하느냐에 따라 전혀 다른 오행의 순환이 펼쳐지듯이 인간이 지닌 가치관, 인격 또는 배움의 정도(이것은 학벌을 말하는 것이 아니라 인격수양을 위한 배움을 말한다)에 따라 자신의 기질을 제대로 활용하기도 하고, 또 잘못 활용하기도 하는 것이다.

예를 들어, 남을 설득하는데 일가견이 있는, 청산유수와도 같은 말솜씨를 지닌 사람이 있다고 하자. 이런 사람이 자신의 기질을 악용하면 결국 사기꾼밖에 될 수 없을 것이나, 제대로 활용하면 훌륭한 지도자가 될 수도 있을 것이다. 그러나 요즘같이 정치인이 지탄받는 세태를 감안한다면 도대체 어떻게 살아야 자신의 기질을 제대로 활용하는 것인지 난감할 뿐이다.

여기서 한 가지 짚고 넘어가야 할 문제가 있다. 운이라는 것이 주기적으로 순환하는 우주와 대자연에서 나온 것이고, 우주와 대자연은 아주 규칙적인 순환을 하고 있음에도 왜 그 '운을 명받고' 태어났다는 인간은 이렇게도 다양하고 또 아주 극단적인 기질을 지닌 인물마저 태어나는 것일까. 바로 이러한 문제 때문에 우리는 다시 오운五運과 육기六氣라는 것을 공부하지 않으면 안 되는 것이다.

우주의 운행이 규칙적이고 이 같은 우주의 기운을 물려받은 인간도 큰 사건이나 변화 없이 살아갈 수 있었다면 아마 동양학도 오행의 개념을 배우는 것으로 충분했을 것이다. 그러나 현실은 그렇지가 않다. 현실에서는, 평기平氣 같은 것이 없는 것은 아니지만, 많은 경우에 태과太過하거나 불급不及한 극단적인 일들이 벌어지곤 하는 것이다.

왜 순수한 생명체인 우주와 대자연은 아무런 사심私心 없이 자기의 일만 묵묵히 할 뿐인데, 인간은 온갖 욕심을 부리고 또 그 욕심에 빠져 헤어나지 못하는가. 제대로 된 철학이라면 바로 이러한 문제에 대해 원인을 밝히고 또 그 결과를 제시해야만 하는 것이며 동양학이야말로 이 문제에 대해 '대답할 준비가 된' 학문임을 밝혀두고자 한다.

{ 360도의 원리_ 정도수正度數와 윤도수閏度數 }

　본격적으로 오운과 육기에 대해 공부하기에 앞서 마지막 한 가지 고비가 남아있으니 그것은 바로 완전한 원운동을 뜻하는 360도의 생성에 관한 것이다.
　상수학象數學은 수數라는 것이 인위적인 것이 아니라 자연물自然物에 속하는 것이라는 생각을 바탕으로 하고 있는 것이다. 물론 그 연원淵源은 하도와 낙서로부터 비롯된다. 우주와 대자연이 수를 기반으로 한 운행원리를 계시啓示함으로써 수는 변화의 원리를 파악하는 중요한 수단으로 떠오르게 되었고, 결국 변화라는 것은 수의 변화를 동반하기 때문에 수의 변화를 파악하면 동시에 변화의 원리를 파악할 수 있다는 생각으로 발전하게 된 것이다.
　앞서 필자는 오행의 순서에 맞추어 1, 3, 2, 4, 5, 6, 8, 7, 9, 10이라는 수의 배열을 소개한 바 있으나, 사실 이것은 이해를 돕기 위한 방편으로 설명한 것일 뿐 실제 수는 자연그대로 1, 2, 3, 4, 5, 6, 7, 8, 9, 10의 순서를 갖고 있는 것이 사실이다. 이것은 무슨 뜻인가 하니 1과 2는 각기 수水와 화火를 상징하는 것으로 우주의 변화는 결국 수화의 운동으로 귀결된다는 점에서 가장 근본적인 두 수는 1과 2가 된다는 것이다. 결국 자연의 변화는 이진법二進法을 기초로 하고 있는 셈이다.
　그러나 1과 2만 가지고는 모든 변화를 설명할 수 없기 때문에 3과 4를 동원하여 목木과 금金의 과정을 설명하게 될 것이다. 따라서 수는 1과 2를 체體로 하고 3과 4가 용用을 하는 구조를 갖게 된다. 이것이 가장 기본적이고 근본적인 수數로 이것을 생수生數 또는 명수命數라고 부른다.

그 다음에 오는 5는 1, 2, 3, 4와는 근본적으로 다른 성격을 지닌 것이다. 1, 2, 3, 4는 그 자체만으로 순환이 가능하지만 이것은 어디까지나 관념의 세계를 표현하는 것이기 때문에 이것을 현실화하기 위해서는 반드시 중재자가 필요하다는 현실적인 요청에 의해 생성된 수가 바로 토土를 상징하는 5인 것이다.

1, 2, 3, 4를 모두 더하면 10이 된다. 즉 1, 2, 3, 4는 10의 정신을 나누어 표현하고 있는 것이다. 그러나 이 수들이 10까지 가기 위해서는 일단 현실화하는 과정을 겪지 않으면 안 되기 때문에 5가 등장하는 것이다. 이 과정은 앞서 한 기술자의 비유를 들어 설명한 바 있으니 여기서는 생략하도록 하겠다.

다만 5는 10보다는 부족하지만 그래도 발전을 매개한다는 나름대로의 역할에 충실하고 있는 것이다. 양운동을 하는 2와 3을 합쳐도 5가 되고 음운동을 하는 1과 4를 합쳐도 5가 된다는 것이 5가 갖는 부분적이지만 현실적인 역할을 설명하고 있는 셈이다.

1, 2, 3, 4는 5의 중재로 현실화하는 길을 걷게 된다. 6(=1+5), 7(=2+5), 8(=3+5), 9(=4+5)는 바로 그러한 과정의 산물이며 이를 생수, 명수에 대하여 성수成數 또는 형수形數라 부르는 것은 이런 까닭이다. 그리고 제일 중요한 10은 5가 스스로 변하여 생성된 것이며 이를 '오五의 자화自化'라고 부른다는 것을 소개한 바 있다.

그러면 상수학은 1에서 10까지 만으로 모든 것을 설명할 수 있는가. 이에 대한 대답을 하기위해서는 먼저 수의 순행順行과 역행逆行에 대해 알아야 한다. 모든 사물은 태어나서 발전만 하는 것이 아니라 수렴되고 소멸하기도 한다. 동양에서는 본체를 기준으로 태어나서 발전하는 것을 '역행'이라 부르고 반대로 수렴하여 통일(또는 소멸)되는 것을 '순행'이라 부른다는 것을 한번 설명한 바가 있거니와 수數도 이러한 역행과 순행의 과정이 필요한 것이다. 즉 1에서 10으로 발전만 하는 것이 아니라 10에서 1로 수렴하는 과정이 반드시 필요하다는 것이니 이제부터 이것을 설명하려 하는 것이다.

일단 다음의 도표를 보도록 하자.

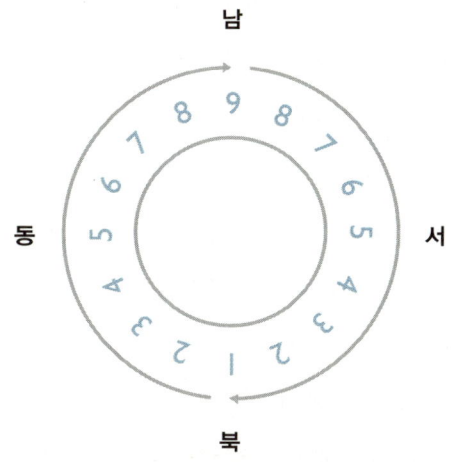

팔십도생성도 假想圖

한동석 선생은 『우주변화의 원리』에서 이 도표를 제시하면서 이것은 현실에서는 있을 수 없는 가상의 도표라고 하였다. 수가 1에서 10으로 발전했다가 수렴하는 모습을 그리려는데 막상 1에서 10까지의 숫자만 쓰려다보니 최대로 분열한 9에서 변화를 멈출 수밖에 없어 10을 표현할 길이 없는 기형적인 도표가 탄생하고 만다는 것이다. 이 도표에서 표현된 모든 수를 더하면 총 80이 되므로 이것을 팔십도八十度 생성도生成圖라고 부른다.

이것은 무슨 의미일까. 우리는 무형의 1, 2, 3, 4와 유형의 6, 7, 8, 9를 통해 변화의 기본적인 틀을 설명했지만 이것만 가지고는 현실의 모든 변화를 수용하기 어렵고 특히 10이 작용하는 현실을 살펴볼 수가 없다는 뜻인 것이다. 이해가 잘 안될 테니 다시 비유를 통해 설명해보자.

아까의 기술자가 자신의 아이디어를 경험(5토)을 통해 하나하나 현실화시키는 과정에서 5는 10이라는 지적재산(10토)으로 발전한다. 그런데 세상의 변화는 거기에서 그치는 것이 아니다. 그 뒤의 현실이 더 있는 것이다. 그 10토를 기반으로 하는 세상이 더 펼쳐지게 되는 것이다. 예를 하나 더 들어보자.

전 세계 나라의 대부분은 법法을 통치의 기반으로 삼는 법치국가이다. 그러나 처음부터 법이 이처럼 강력한 힘을 갖고 있었던 것은 아니다. 처음에는 도덕적 규범이나, 개인 또는 집단 간의 약속으로 출발했던 것이 점점 시간이 흐름에 따라 권위를 부여받게 되고, 합리적인 절차가 만들어져 오늘에 이르게 된 것이다.

여기서 도덕적 규범이나 약속 등은 불완전하지만 법이 만들어질 수 있는 토대가 되었다는 점에서 마치 5토와 같은 것이다. 그리고 5토가 자화自化하여 모든 국민이 따를만한 권위를 지닌 10토, 즉 법이 만들어지게 되는 것이다. 인간 사회의 질서가 만들어지게 되는 과정도 바로 이 5, 10토의 생성원리와 하나도 다를 것이 없는 것이다. 그리고 중요한 것은 우리 모두 법을 기초로 한 생활, 즉 10토를 기반으로 한 생활을 하고 있다는 점이다.

결과적으로 모든 변화를 표현하기 위해서는 1에서 10 뿐만 아니라 11(=1+10)에서 19(=9+10)까지의 숫자가 필요하게 되는 것이다. 이런 결과를 바탕으로 다시 한 번 수의 순환도를 그려보자.

삼백육십도생성도

이번에는 수가 1에서 10을 거쳐 19까지 역행했다가 다시 순행을 시작하여 1로 돌아오는 전 과정을 다 표현할 수 있게 되었다. 이 수들을 모두 더하면 총 360이 되므로 이것을 삼백육십도 생성도라고 부른다. 이래서 상수학에서 완전한 순환을 뜻하는 수가 360이 된 것이다. 이것을 변화의 정도수 正度數 라고 부른다. 도度 라는 자는 각도를 재는 단위로도 쓰이지만 동시에 법도, 한도라는 뜻도 가지고 있으며 동양학에서는 도수 度數 를

3장_ 상과 수의 세계 237

'원리에 입각해 꼭 그렇게 되어야 하는 일' 이라는 의미로 해석한다.

그런데 왜 360도의 생성과정을 이렇게 힘들여 설명해야 하고 또 이것을 '정도수', 즉 바른 도수라 부르는가. 일반적인 수학에서 원의 내각을 360도로 표현하는 것은 초등학교에서 배운 것이다. 또한 상수학에서도 원의 순환을 360도로 이야기한다. 이것은 우연일까. 결코 그럴 리는 없다. 이것은 공통적이고 일상적인 하나의 사실로 귀결되는데 그것은 다름 아니라 우리가 살고 있는 1년이 360일과 5¼일로 구성되어 있다는 사실이다.

1년이 360일이 아닌 것은 우리가 다 알고 있다시피 지구의 공전궤도가 정원正圓이 아닌 타원橢圓이기 때문이다. 만약 지구가 정원궤도를 그리면서 운행한다면 당연히 1년은 360일이 될 수밖에 없는 것이고 모든 변화도 정도수正度數 대로 일어나게 될 것임을 예측해 볼 수 있는 것이다.

이렇게 지구의 공전궤도가 타원이고 따라서 1년이 365¼일이 된 것을 일컬어 윤도수閏度數 라고 부르며 윤閏자는 우리가 윤력 또는 윤달이라고 표현하는 바로 그 글자이다.

독자 여러분도 이제 어느 정도 눈치를 챘겠지만 우리가 살고 있는 세상은 정도수의 변화가 일어나는 세상이 아니라 윤도수의 변화가 일어나는 세상인 것이다. 여기에 우리가 문제를 풀어갈 수 있는 실마리가 있는 것이다. 우리가 그저 당연한 것으로 여겼던 지구와 태양계의 운행, 나아가 전 우주가 정원이 아닌 타원궤도를 그리면서 순환하는 것에 큰 비밀이 숨겨져 있었던 것이다. 이런 윤도수의 운행은 인간 특히 우리의 삶에 어떤 영향을 미치는 것일까. 그 문제에 대한 해답을 찾기 위해서 이제부터 오운五運과 육기六氣에 대해 알아보아야 하는 것이다.

4장
오운이란 무엇인가

4장_ 오운이란 무엇인가

오운과 육기에 대한 개괄
십간과 십이지
상극과 대화, 자화
오운의 계시
오운의 기본적인 개념
오운과 방위
오운의 운행_1 _갑토운
오운의 운행_2 _을금과 병수
오운의 운행_3 _정목과 무화
오운의 운행_4 _기토운
오운의 운행_5 _경금, 신수, 임목, 계화
오운은 실제로 존재하는가

{ 오운과 육기에 대한 개괄 }

　오운五運과 육기六氣에 대한 학문 즉, 운기학運氣學은 황제 내경에서 비롯된 것이다. 황제내경黃帝內經은 줄여서 내경內經이라고도 하며, 태호 복희씨와 마찬가지로 전설상의 인물인 황제黃帝와 그의 신하인 기백岐伯과의 토론 형식으로 이루어진 의서醫書이다. 현재의 동양의학은 바로 이 내경을 기초로 형성된 것이라 보면 될 것이다. 물론 내경은 단순한 의학서적은 아니다. 그 속에는 우주와 자연, 그리고 인체에 대해 음양오행론적인 해석이 담겨있으며 따라서 동양의학의 철학적 배경을 담고 있다고 보면 된다.
　만약 한의학을 전공하는 한의학도라면 한번쯤은 내경을 접하게 될 것이고, 반면에 일반 독자라면 쉽게 읽을 만한 책자는 아니나 동양 정신세계의 근본을 접하고 싶은 사람이라면 반드시 거쳐야할 산山과도 같은 존재이다. 필자는 앞서 오운과 육기를 동양학에서 고등학교 과정에 비유한 바 있는데, 그것은 운기학이 쉽다는 뜻이 결코 아니며, 다만 이후의 이야기들이 동양학을 현실에 접목시키는 문제들을 주로 다루기 때문에 이론적으로는 마지막 단계에 해당한다는 의미로 이해하면 된다.
　그러면 내경에서 이야기하는 운기학이란 어떤 학문인가. 오운과 육기에 대한 이야기를 풀어나가려면 먼저 왜 오운과 육기라고 하는 학문이 필요한가를 알아야할 것이다.
　우리는 이상理想과 현실現實이라는 말의 의미를 잘 알고 있다. 비슷한 말로는 이성理性과 감성感性이라고도 하고 합리적合理的인 것과 경

험적 經驗的인 것으로 나누어 보기도 한다. 어떤 표현이든 우리가 머릿속에서 생각한 것, 이치를 따졌을 때 마땅히 그래야 할 것이 존재하는 반면에, 우리가 현실을 살아가면서 부딪치는 사건, 실제로 일어나는 일은 그것과 상당히 차이가 있다는 것을 잘 알고 있다.

이런 문제는 누구나 살면서 한번쯤은 반드시 생각하게 되는 문제이다. 분명히, 서로 약속만 잘 지킨다면 사회의 질서를 유지하는 것이 그리 어렵지 않으리라 생각하면서도 끝내 우리의 눈앞에 펼쳐지는 사건은 항상 이 같은 소망을 배신한다. 세상은 불신에 차 있으며, 서로를 믿지 못해, 계약서를 쓰고 도장을 찍고 다시 보험을 들고 온갖 장치를 만들어 놓아도 세상에는 온통 서로 속고 속이는 사람들의 이야기가 끊이질 않는다.

서양의 합리적인 과학문명도 바로 이 문제에 부딪쳐 큰 좌절을 겪어야만 했다. 20세기 전반에 있었던 두 차례의 세계대전은 서양의 지성계를 쑥밭으로 만들어 놓았던 것이다. 그전까지 서양의 지식인들은 합리적 이성만 있으면 세상에 해결 못할 일이 아무것도 없다고 생각하고 있었다. 합리성을 바탕으로 산업을 발전시키고 문명을 성장시킨 그들의 눈에 아시아, 아프리카 대륙의 사람들은 그들보다 한수아래인 '미개한' 사람들에 불과했고, 발달된 그들의 무기 앞에 대항할 자는 아무도 없었다. 전 지구가 서양의 발아래 무릎을 꿇는 상황이 실제로 벌어지고 있었다.

그러나 그들의 희망을 짓밟은 사건은 그 어느 곳도 아닌 바로 유럽대륙에서 벌어지고야 만다. 스스로 가장 진화하고 발전된 인종이라 여겼던 자신의 앞마당에서 인류역사상 가장 비참하고 비인간적인 전쟁이

터지고야 만 것이다. 군인뿐만 아니라 무고한 민간인 희생자가 수천만 에 달했던 전쟁을 통해 서양의 지성인들은 과연 신은 무엇이고, 이성은 무엇이냐며 절규했고 인간의 광기狂氣에 대해 처절한 회의懷疑에 빠 져들었던 것이다.

운기론은 바로 이러한 이상과 현실, 이성과 감성, 합리와 경험에 관한 이야기이다. 오운은 바로 이상, 이성, 합리적인 것이 존재하는 원리를 설명하는 것이고, 육기는 현실, 감성, 경험적인 것이 현실에 드러나는 원리를 설명하는 것이다. 왜 이러한 이중적인 구조가 존재하는 것일까. 그 대답은 너무나 쉽고도 간단하다. 이 세상은 음과 양이라는 상대적인 구조로 이루어져 있다고 수도 없이 이야기하지 않았는가.

진정한 철학이라면 바로 이러한 문제에 대해 대답할 수 있어야 한다. 운기론이 어찌 이상과 현실에 대한 문제만 다루는 학문이겠는가. 그 속 에는 우주와 자연 그리고 인간의 정신을 구성하는 원리가 담겨져 있고, 인간을 비롯한 온갖 생명의 육체가 작용하는 원리 또한 담겨져 있다. 그 리고 정신과 육체가 어떻게 상호 작용하는가 하는 심신관계론心身關係 論이 나와 있는 것이다. 그리고 무엇보다도 오운과 육기는 '정신과 육 체가 이러이러한 과정을 통해 움직인다고 보는' 인간적인 해석을 담은 이론理論이 아니다.

오운이란 우주에 가득 차 있는 오행의 기운이 주기적으로 지구에 기 운을 뿌리면서 형성되는 다섯 가지의 운運이 자연 속에 '실제로' 존재 한다는 바탕 하에 그 운의 움직임을 해석한 것이며, 육기 또한 오운이 지구에 투사投射되었을 때, 불가피한 과정을 통해 육기로 변화하는 모 습을 그대로 보여주고 있는 것이다. 따라서 인간을 비롯한 모든 생명은 이러한 오운과 육기의 영향권 내에서 '그렇게 밖에 될 수 없는 길'을 가고 있는 것이다.

불행히도 이 시대에 오운과 육기의 실제 움직임을 눈으로 관찰할 만한 철인哲人은 없어 보인다. 다만 과거에 동양의 성현들이 관찰하고 기록한 것을 겸손한 마음으로 따라 배우는 수밖에 없는 것이다. 따라서 이것을 믿고 말고는 오로지 독자여러분의 선택여부에 달려있다. 우리는 아직 우주와 대자연의 상象을 보는 눈을 갖고 있지 못하기 때문에 성현들의 가르침을 통해 상象의 '그림자'라도 부여잡아 보려고 노력하는 수밖에 없는 것이다. 이후의 이야기들은 바로 이러한 바탕 하에 전개되어 나갈 것이라는 점을 미리 말해두는 것이니 그런 점을 감안하면서 읽어 가면 될 것이다.

{ 십간十干과 십이지十二支 }

    오운과 육기에 대해 설명하기 전에 또다시 약간의 사전지식이 필요하다. 우리는 앞서 오행이 음양을 세분화한 개념이라는 것을 배웠다. 그러나 오행 또한 다시 음양으로 나누어 해석해야 하는 부분이 있음도 알고 있다. 예를 들어 목木의 경우, 양목陽木과 음목陰木으로 나누는 것이 그렇다. 이것을 매번 양목, 음목, 양화, 음화하는 식으로 부르는 것은 번거로운 점이 많으므로 이것을 하나의 글자로 바꾸어 준 것이 바로 십간十干과 십이지十二支이다.

    십간十干은 갑을병정무기경신임계甲乙丙丁戊己庚辛壬癸를 말하는 것으로, 갑甲은 양목, 즉 삼목三木을 의미하며, 을乙은 음목, 즉 팔목八木을 의미한다. 병丙은 양화, 즉 칠화七火이고 정丁은 음화, 즉 이화二火이다. 무戊는 양토, 즉 오토五土이며, 기己는 음토, 즉 십토十土이다. 경庚은 양금, 즉 구금九金이며, 신辛은 음금, 즉 사금四金이다. 임壬은 양수, 즉 일수一水이며, 계癸는 음수, 즉 육수六水이다.

십간	갑	을	병	정	무	기	경	신	임	계
오행	3木 양목	8木 음목	7火 양화	2火 음화	5土 양토	10土 음토	9金 양금	4金 음금	1水 양수	6水 음수

십간의 오행 배치

이를 다시 갑을甲乙 삼팔목三八木, 병정丙丁 칠이화七二火, 무기戊己 오십토五十土, 경신庚辛 구사금九四金, 임계壬癸 일육수一六水로 부르기도 하는데 어느 경우에도 앞으로 자유자재로 써먹기 위해서는 반드시 외어두어야 한다.

십간은 오운을 설명하는데 쓰이는 개념이다. 오행기운이 우주에서 주기적으로 운행하는 것을 오운이라고 했거니와 다섯 개의 기운에 각기 음양이 붙어 십十이라는 숫자가 나온 것이고, 간干이라는 자는 '방패'라는 뜻과 '막다, 방어하다'라는 뜻이 있지만 보다 근본적으로는 '하늘을 받치는 기둥幹'이라는 뜻에서 유래된 것이다. 즉 하늘을 떠받치고 있는 열개의 기둥이 바로 십간十干인 것이다.

십이지十二支는 오운이 지구에 투사投射되었을 때, 불가피한 과정 (이것은 육기에서 구체적으로 설명함)을 통해 두개의 기운이 더 붙어 모두 열두 개가 되는 것을 의미하는 것이다. 지支 자는 '가지枝'라는 뜻을 가지고 있으며, 초목이 가지를 뻗듯이 근본이 되는 오운이 가지를 뻗쳐 형성된 열두 개의 기운이 바로 십이지이다.

십이지는 자축인묘진사오미신유술해子丑寅卯辰巳午未申酉戌亥를 말하는 것으로, 자子는 일수一水, 축丑은 오토五土, 인寅은 삼목三木, 묘卯는 팔목八木, 진辰은 오토五土, 사巳는 이화二火, 오午는 칠화七火, 미未는 십토十土, 신申은 구금九金, 유酉는 사금四金, 술戌은 오토五土, 해亥는 육수六水를 의미한다. 이를 다시 해자亥子 수水, 인묘寅卯 목木, 사오巳午 화火, 신유申酉 금金, 진술축미辰戌丑未 토土로 구분하여 부르기도 한다.

십이지가 또한 우리가 흔히 쓰고 있는 띠를 상징한다는 것은 잘 알고 있으리라 생각하며 자는 쥐, 축은 소, 인은 범(호랑이), 묘는 토끼, 진은 용, 사는 뱀, 오는 말, 미는 양, 신은 원숭이, 유는 닭, 술은 개, 해는 돼지를 상징한다. 십간과 십이지는 각기 하늘과 땅의 기운을 상징한다하여 천간天干과 지지地支라고도 부르며, 줄여서 간지干支라고도 한다.

십이지	자	축	인	묘	진	사	오	미	신	유	술	해
오행	1水 양수	5土 양토	3木 양목	8木 음목	5土 양토	2火 음화	7火 양화	10土 음토	9金 양금	4金 음금	5土 양토	6水 음수

십이지의 오행 배치

위에서 설명한 십간과 십이지의 오행 개념은 가장 기본적인 속성을 의미하는 것일 뿐이며, 이후 오운과 육기의 변화작용을 설명하면서 개념 또한 변하게 되므로 혼란을 피하기 위해서도 기본적인 것은 반드시 외워야 한다.

{ 상극相克과 대화對化, 자화自化 }

오운과 육기를 공부하기 위해 꼭 필요한 또 하나의 사전지식은 대화 對化와 자화 自化에 관한 것이다. 대화對化란 '마주 대하고 있는 존재가 나에게 영향을 미치는 것'을 의미하며 자화自化란 대화 작용이 일어났을 때, 그 영향으로 인해 '스스로 어떤 변화를 일으키는 것'을 의미한다. 이것은 일단 상극相克의 과정과 유사한 점이 많다. 상극 역시 나에게 극克하는 존재에 의해 어떤 변화가 일어난다는 뜻이므로 일단 기본적인 성격은 같다고 보아야 할 것이다. 그러면 차이점은 무엇인가.

상극은 보다 원리적인 것이라 생각하면 된다. 상극의 과정에서는 목은 토를 극하고, 토는 수를 극하는 식으로 자신을 극하는 존재가 한정이 되어있지만 대화는 자신과 마주 대對하고 있는 존재에 의해 영향을 받는다는 점에서 누가 상대방이 되는 가에 따라 상황이 바뀔 여지가 있는 것이다. 예를 들어보자.

극克이란 이론 속에서만 벌어지는 현상이 아니다. 우리는 일상생활 속에서 수도 없이 외부로부터 자극을 받고 있는 것이다. 고등학교의 한 반에 들어가 학생들에게 각자 자기반 급우들 중에서 가장 부러워 닮고 싶은 사람과 마음에 안 들어 미운 사람을 써보라고 한다면 어떤 일이 벌어질까. 한 학급 정도야 작은 규모의 사회이기 때문에 닮고 싶은 사람이나 미운 사람이 몇몇 학생에게 집중될 수도 있겠지만 모두가 똑같은 답을 내놓지는 않을 것이다.

범위를 더 넓혀보면 더욱 다양한 응답이 나오게 될 것이 분명하다. 이런 결과는 너무도 당연한 것이 사람마다 좋아하는 사람, 싫어하는 사람의 유형이 다르다는 것은 하나도 이상할 것이 없는 일이기 때문인 것이다. 이것은 뒤집어 말하면 사람마다 자극을 받는 원인이 각기 다르다는 뜻이 된다.

부지런한 성격을 가진 사람이 게으른 성격을 가진 사람을 싫어하리라는 것은 원론적인 이야기일 뿐이고 실제로는 자신의 여유롭지 못한 성격이 싫어서 되레 게으른 사람을 부러워하는 사람도 있을 수 있고, 여러 가지 이유로 다른 제3의 성격을 가진 사람을 싫어할 수도 있는 것이 보다 현실에 가까운 것이다.

이처럼 상극은 보다 원론적인 이야기일 뿐, '토'를 극할 수 있는 존재가 꼭 '목'이 되어야 할 필요는 없는 것이다. 따라서 현실에서 펼쳐지는 다양한 '극'의 작용을 설명하기 위해 대화와 자화라는 개념이 등장하게 된 것이다.

어떤 사람의 행동이 아주 바람직하게 보여서 '나도 저런 것을 따라해야겠다'고 생각하는 것도, 나에게는 없는, 다시 말해 나의 반대편쯤에 있어 보이는 존재가 영향을 미치는 하나의 대화작용이요, 어떤 잘난 사람을 부러워하는 것이 지나쳐 '네가 잘났으면 얼마나 잘났냐'고 질투하는 마음이 드는 것도, 나의 상대편에 있는 존재가 영향을 미치는 대화작용이다.

사람은 어차피 자기를 중심으로 모든 것을 바라보게 마련이며, 이 때 자기의 반대편 어딘가에 있는 존재에게 가장 많은 영향을 받게 되는 것이다. 그 외의 주변적인 상황은 상대적으로 관심이 떨어질 수밖에 없다. 이것이 대화작용이며, 현실에서 극剋이 일어나는 과정이다.

이렇게 대화 작용이 자신을 자극하는 존재에 대한 일차적인 반응이라면, 그 자극을 통해 구체적인 변화, 즉 모범적이라 생각되는 사람을 본받으려고 어떤 행동을 한다든지 또는 미운사람을 질투하다 못해 해코지하려고 하는 것과 같이 스스로가 어떤 변화를 일으키는 것을 자화自化 작용이라 하는 것이다.

　따라서 하등의 생명체들은 자극에 대한 반응, 즉 대화 작용만을 할 수 있는데 비해, 고등 생명체일수록 대화 작용에 이은 자화작용을 할 수 있음도 알 수 있게 된다. 일단 대화와 자화에 대해 이 정도로 개념을 잡아 놓고 구체적인 것은 본문을 통해 생각해 보기로 하자.

{ 오운의 계시啓示 }

　오운五運이란 글자그대로 다섯 가지의 운을 말하며, 구체적으로 표현하면 토운土運, 금운金運, 수운水運, 목운木運, 화운火運이 된다. 명칭에서 알 수 있듯 기본적인 성격은 오행의 그것과 다를 것이 없다. 오운에서 가장 중요하게 생각해야 할 것은 이것이 '실제로 존재하는 기운' 이라는 점이다. 그러니 먼저 이 부분을 알아보도록 하자.

　한동석 선생은 『우주변화의 원리』에서 오운이 실제로 존재한다는 것을 내경內經의 원문을 통해 예를 들고 있다. 원래 어려운 한자 원문을 가급적 싣지 않기로 한 바 있으나 이 경우에는 꼭 필요한 것이라 생각되어 소개하는 것이니 양해를 바란다.

　먼저 원문을 보자.

岐伯曰 臣覽太始天元冊文 丹天之氣 經於牛女戊分
기 백 왈　신 람 태 시 천 원 책 문　단 천 지 기　경 어 우 녀 무 분

黅天之氣 經於心尾己分 蒼天之氣 經於危室柳鬼
금 천 지 기　경 어 심 미 기 분　창 천 지 기　경 어 위 실 류 귀

素天之氣 經於亢氐昴畢 玄天之氣 經於張翼婁胃
소 천 지 기　경 어 항 저 묘 필　현 천 지 기　경 어 장 익 루 위

所謂戊己分者 奎壁角軫 卽天地之門戶也
소 위 무 기 분 자　규 벽 각 진　즉 천 지 지 문 호 야

　이 문장을 자세히 설명하려고 한다면 끝이 없는 것이기 때문에 적절

4장_ 오운이란 무엇인가　251

히 의역 意譯하면 다음과 같다.

기백이 말하기를, 신(臣, 기백을 말함)이 우주가 창조되던 태시太始의 하늘에 펼쳐진 기운의 운행을 살펴볼 수 있었던 바, 단천지기(붉은 하늘 기운, 즉 화운)는 우녀와 무분 사이를 지나고, 금천지기(누런 하늘기운, 즉 토운)는 심미와 기분 사이를 지나고 창천지기(푸른 하늘기운, 즉 목운)는 위실과 류귀 사이를 지나고, 소천지기(흰 하늘기운, 즉 금운)는 항저와 묘필 사이를 지나고, 현천지기(검은 하늘기운, 즉 수운)는 장익과 루위 사이를 지나고 있습니다. 이른바 무기분이라는 것은 규벽과 각진 인데 곧 천지의 문호입니다.

여기서 우牛, 녀女, 심心, 미尾하는 것은 동양의 별자리인 28수二十八宿의 명칭들이다. 이것은 말만 가지고는 이해하기 어려우니 253쪽의 천문도를 참조하면서 다시 한 번 살펴보자.

먼저 단천지기, 즉 화운이 우, 녀 자리와 무분(戊分, 무의 방위)사이를 움직이고 있는 것을 표시해 놓았다. 이것은 천문도이므로 평면이 아닌 입체도이다. 따라서 화운이 우녀와 무분 사이를 거대한 원을 그리면서 순환하고 있다고 상상하면 될 것이다.

마찬가지로 금천지기 즉, 토운은 심미와 기분(己分, 기의 방위) 사이를 지나고 있으며, 창천지기 즉 목운은 위실과 류귀 사이를 운행하고 있고, 소천지기 즉 금운은 항저와 묘필 사이를, 현천지기 즉, 수운은 장익과 루위 사이를 운행하고 있는 것이 표시되어 있다.

이것을 도대체 어떻게 받아들여야 하는 것일까. 동양의 성현들은 이

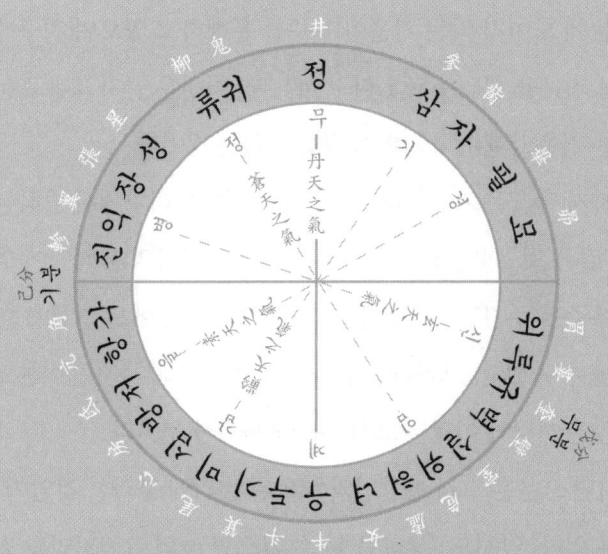

오운계시도

각항저방심미기_ 角亢氐房心尾箕   두우녀허위실벽_ 斗牛女虛危室壁
규루위묘필자삼_ 奎婁胃昴畢觜參   정귀류성장익진_ 井鬼柳星張翼軫

28수의 명칭

창천지기 蒼天之氣 _ 목운(木運 푸른 하늘기운) : 위실과 류귀 사이를 운행
단천지기 丹天之氣 _ 화운(火運 붉은 하늘기운) : 우녀와 무분戊分 사이를 운행
금천지기 黅天之氣 _ 토운(土運 누런 하늘기운) : 심미와 기분己分 사이를 운행
소천지기 素天之氣 _ 금운(金運 흰 하늘기운)   : 항저와 묘필 사이를 운행
현천지기 玄天之氣 _ 수운(水運 검은 하늘기운) : 장익과 루위 사이를 운행

하늘을 운행하는 다섯 가지의 운

러한 눈에 보이지 않는 기운이 우주를 운행하고 있으며 지구에도 주기적으로 기운을 뿌려주고 있다고 하는데, 이것은 글자그대로 눈에 보이지 않는 기운일 뿐이니 확인할 방법이 없는 것이다.

몇 가지 추측은 가능하다. 예를 들어 현대물리학에서 말하는 소립자素粒子 같은 것, 어떤 특정한 성질을 지닌 소립자의 움직임이 있어서 이것이 우주를 주기적으로 운행하고, 동시에 지구에도 영향을 미치고 있다고 볼 수도 있다. 그러나 소립자 자체가 아직 체계적인 이론조차 성립되지 않은 까닭에 이것은 그저 추측에 불과한 것이다.

그러면 오운은 그저 동양인의 허황된 논리에 불과한 것일까. 한 가지 방법은 있다. 앞서도 '상象을 볼 수 없으면 상의 그림자라도 잡아야 한다' 는 이야기를 한 적이 있는 바, 그 그림자를 한번 잡아보자는 것이다. 먼저 오운이 실제로 있어야 하는 이치를 생각해보자.

우리가 일상생활에서 흔히 쓰고 있는 육십갑자는 바로 이 오운을 지구의 육기와 결합시켜 만든 주기이다. 따라서 육십갑자를 기반으로 하는 주기가 현실과 일치한다면 어느 정도 오운의 존재를 믿어볼 수 있을 것 아니겠는가. 이것은 사주팔자를 기반으로 한 인간 기질의 해석이 실제와 부합하는 경우가 이에 해당한다.

또한 인간의 기질이란 꼭 형이상학적인 것만을 뜻하지는 않는다. 만일 용감한 기질을 타고 태어난 사람이라면 그의 성격에 걸맞게 간이나 심장의 기능이 활성화되었을 것이고, 이것은 이제마 선생이 제창한 사상의학과 연결되어 그의 건강과 질병 그리고 음식에 까지 영향을 미치게 되는 것이다. 이것을 규명하는 일은 필자만의 노력으로 될 일은 아니니, 더 뛰어난 후학後學의 분발을 기대해 본다.

여하튼 황제와 기백의 이 대화가 바로 운기학이 성립된 계기가 되었다는 것을 알아두기로 하자. 그런데 이 문장의 말미에 특이한 내용이 나온다. 바로 '이른바 무기분이라는 것은 규벽과 각진인데 곧 천지의 문호입니다' 하는 내용이다. 이때의 무기분戊己分은 무와 기의 방위를 말하는 것이 아니라, '오토五土인 무戊가 작용하는 단계'와 '십토十土인 기己가 작용하는 단계'의 구분이라는 뜻이며 그것이 천문도의 좌측과 우측에 표시되어 있다.

따라서 다시 한 번 문장을 정리하면, 무戊가 작용하는 단계와 기己가 작용하는 단계가 구분되는 방위가 바로 규벽과 각진인데 이것이 바로 천지의 문호, 즉 천지의 기가 드나드는 문門이 된다는 것이다. 무토가 주도하는 양기운은 규벽에서 시작하여 좌선左旋하여 각진으로 나오고, 기토가 주도하는 음기운은 각진에서 시작하여 규벽으로 나오게 되니 규벽과 각진은 천지의 음양기운이 출입하는 문호門戶 역할을 한다는 뜻이다.

그런데 이 문장을 천문도를 통해 살펴보면 규벽과 각진이 서로 마주 보고 있는 것이 아니라 규벽이 북쪽으로 약간 치우쳐 있음을 알 수 있다. 즉 양기운쪽으로 별들이 치우쳐 있다는 것이다. 이것을 소위 삼천양지三天兩地 운동이라고 하며, 우주의 운행이 양기운 쪽으로 치우쳐 있다고 하여 삼양이음三陽二陰이라고도 한다. 즉 이 우주는 음양이 동등한 것이 아니라 양기운 쪽으로 치우쳐 운행하고 있다는 이야기가 되는 것이다.

오운의 존재도 받아들이기 어려운데 우주의 운행이 정상적이지 않고 편파적으로 운행되고 있다는 이야기는 더욱 독자들에게 혼란스러울 것

이다. 그러나 이것은 중요한 암시를 하고 있는 것이다. 앞서 360도 생성도를 설명하면서 언급한 우주의 운행이 타원을 그리고 있는 것, 그리고 지금 설명한 양기운 쪽으로 치우친 우주의 운행, 이 모든 것은 2권에서 배울 우주 본체론을 통해 하나로 합쳐지면서, 동양학의 핵심이 되는 것이니 일단 이런 현상이 있다는 것만이라도 머릿속에 넣어두길 바란다.

기백의 이러한 설명이 혼란스럽기는 황제도 마찬가지였던 모양이라 황제는 재차 기백에게 묻는다. 기백의 설명을 더 들어보기로 하자(이하 원문은 생략하고 한동석 선생의 번역문을 간추려 싣는다).

"변화의 작용이라는 것은 천지 天地 의 작용인데, 천기 天氣 의 작용은 상 象 을 나타내고 지기 地氣 의 작용은 형 (形, 실체)을 만드는 것을 말하는 것이지, 비단 하늘이 위에 있고 땅이 아래에 있다는 뜻이 아닙니다.

하늘이라는 것은 허공일 따름입니다. 그러므로 칠요 (七曜, 일월 日月 과 수성, 금성, 화성, 목성, 토성의 오행성을 말함)를 하늘에 있다고 생각하는 것은 사실 허공에 있는 것을 말하는 것이고, 금목수화토 오행 五行 이 땅에 있다고 생각하는 것은 오행에 속하는 사물들을 전부 땅에서 볼 수 있기 때문입니다. 그러니 허공이라는 것은 다만 하늘에 속하는 칠요를 달아놓은 것뿐이요, 땅이라는 것은 형질을 만들고 있을 뿐인 것입니다."

그러자 황제가 다시 묻는다. "그렇다면 땅이 아래에 놓여있는 것이 아닙니까?"

기백이 대답하기를 "인간이 볼 때, 땅이 아래에 있는 것 같지만 사실은 허공에 떠 있는 것입니다."

땅이 어디에 붙어있는 것이 아니라 허공에 떠 있다고 대답하는 기백의 말에 놀란 황제가 다시 묻는다. "그렇다면 땅은 어디에 의지하고 있습니까?"

다시 기백이 대답하기를 "대기(大氣, 우주의 기운)가 들고 있습니다. 그렇기 때문에 한서풍조습(寒暑風燥濕, 춥고 덥고 바람불고 건조하고 습한 기운)이 서로 번갈아 들어오면서 변화를 일으키는 것입니다."

내경을 실제 황제와 기백의 대화가 아닌 후대 사람이 꾸며낸 위서僞書라고 보는 견해도 있다. 그렇다 치더라도 내경이 집필된 것은 최소한 2천년이 넘는다. 그럼에도 그 속에는 이와 같이 엄청난 내용이 들어있는 것이다. 지구라는 땅덩어리가 어디에 붙어있는 것이 아니라 허공에 떠 있는 것이고, 그 증거로서 기후의 변화가 모든 방위에서 균등하게 일어나고 있는 것을 지적하고 있는 이 사실을 보라.

기백은 우주에서 지구를 바라본 사람이 아니다. 그럼에도 배를 타고 지구를 한 바퀴 돈 사람보다 정확히 그리고 논리적으로 지구가 둥글고 허공에 떠 있지 않다면 기후의 변화가 이렇게 일어날 수는 없다고 하지 않는가. 상象을 관찰하여 현실을 파악한다는 것은 바로 이와 같은 것이다. 누가 감히 동양인을 천원지방설(天圓地方說, 하늘은 둥글고 땅은 평평하다는 설)을 신봉한 미개인이라 폄하하는가. 필자가 굳이 내경의 원문을 소개하는 까닭도 바로 여기에 있는 것이다.

{ 오운의 기본적인 개념 }

이제 본격적으로 오운의 개념에 대하여 이야기해보기로 하자. 오운이라는 것이 기본적으로 오행과 같은 틀을 가지고 있다는 것은 앞서 이야기한 바와 같다. 그럼에도 왜 오운이라는 개념이 필요한 것일까. 오운과 오행은 어떤 점에서 다른 것일까.

독자 여러분도 한번쯤 이 이 우주가 스스로의 힘에 의해 돌아가는 것인지, 아니면 어떤 외부의 힘을 통해 돌아가는 것인지 의문을 가져본 적이 있을 것이다. 이런 질문은 일반 사람으로서는 대답할 엄두조차 내기 힘든 어려운 질문이다. 우주가 어떤 외부의 힘에 의해 돌아간다는 것도 상상하기 힘들지만, 만일 스스로의 힘에 의해 돌아간다면 과연 그 구조는 어떻게 되어있는지, 알 수만 있다면 꼭 알고 싶은 의문이 아닐 수 없다.

결론부터 말하자면 오운이란 바로 이 우주와 대자연이, 또한 생명체가 어떤 과정을 통해 움직이고 있는가를 설명하려는 것이다. 오행이란 우리가 알다시피 우주와 대자연이 움직이는 기본 법칙이다. 만물은 오행의 법칙을 따라 탄생하고 성장하고 성숙한 후에 소멸되는 것이다.

그러나 만물이 오행법칙을 따라 운행한다고 해서 모두 오행법칙이 시키는 대로 움직이는 것은 아니다. 무언가 내부의 동력원이 있는 것이다. 따라서 오운이란 오행법칙을 따르는 생명체(순수 생명인 우주와 자연, 그리고 일반적인 생명체 모두를 말한다)의 내면에서 일어나는 자율적 自律的 인 변화와 그 상象 을 설명하는 것이다.

운運이라는 자는 책받침변辶에 군軍을 더한 자이다. '군軍' 이라는 것은 전세戰勢에 따라 자유자재로 움직일 수 있어야 한다. 필요할 때 전진하고, 불가피할 경우에 후퇴할 줄 알아야 진정 전략을 아는 군이라 할 수 있을 것이요 무모하게 전진만한다고 훌륭한 군이라 할 수는 없을 것이다. '운' 자는 바로 이러한 의미에서 자유자재로 운행하는 기운이라는 의미를 갖고 있는 것이다.

이러한 운運이 다섯 가지가 있어 오운이라고 하는 것이니, 먼저 그 내용을 소개하자면 갑기토운甲己土運, 을경금운乙庚金運, 병신수운丙辛水運, 정임목운丁壬木運, 무계화운戊癸火運으로 구성되어 있다.

일단 기본적인 오운도를 보자.

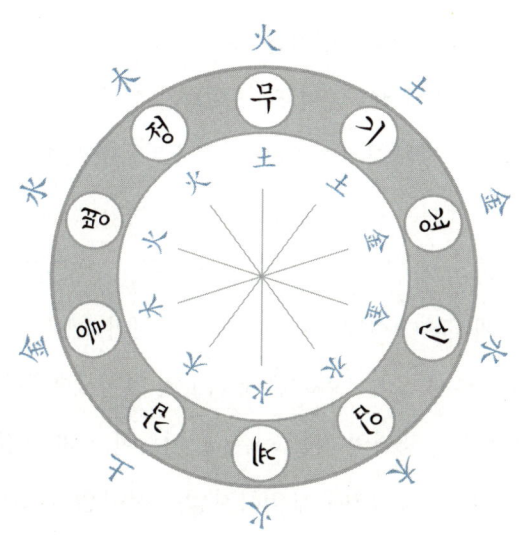

오운도

오운도 내부의 원에는 십간十干과 그에 따른 오행 개념을 그려놓았으니 바로 갑을목甲乙木, 병정화丙丁火, 무기토戊己土, 경신금庚辛金, 임계수壬癸水가 그것이다. 이것은 우리가 일상적으로 관찰할 수 있는 오행의 세계를 의미한다고 생각하면 된다. 만물이 목→화→토→금→수로 상생하면서 순환하고 있는 것이다.

그리고 외부의 원에는 갑토甲土, 을금乙金, 병수丙水, 정목丁木, 무화戊火, 기토己土, 경금庚金, 신수辛水, 임목壬木, 계화癸火라고 그려져 있다. 이것이 오운이다. 갑도 토고, 기도 토이기 때문에 합쳐서 갑기토운甲己土運이라고 부르고 이것을 오운이라 하는 것이지만 실제로는 각 운마다 음양이 있어 모두 10개의 운이 운행하고 있는 것은 오행과 다를 바가 없는 것이다.

정작 중요한 문제는 오행과 오운의 성격과 순서가 다르다는 점이다. 갑의 경우, 오행에서는 목이었지만 오운에서는 토이다. 을도 오행에서는 목이었지만 오운에서는 금이 된다. 이렇게 십간의 성격이 바뀌어 있는 것과 더불어, 오행에서는 두 천간이 하나로 묶여 목화토금수의 운행을 하지만, 오운에서는 갑을 기준으로 토금수목화, 토금수목화의 순서로 운행하고 있다. 왜 같은 갑甲인데 오행은 목, 오운은 토라고 하는 것일까. 바로 여기서부터 설명이 시작돼야하는 것이다.

음과 양의 승부에 있어서 음기운에 억눌려 있던 양기운은 때가 되면 음기운을 밀어내고 생명의 싹을 틔운다. 이것이 목의 과정이다. 모든 생명의 시작은 바로 이 목기운에 의하지 않는 것이 없다. 그런데 자연계를 가만히 관찰해보면, 만물이 목기운에 의해 시작되는 것은 같지만 생명체의 종류에 따라 시작하는 방식이 다르다는 것을 알 수 있다.

예를 들어 초목 같은 것은 어떤 일정한 환경과 조건이 주어져야만 생명의 탄생이 시작되는 데 반해, 인간을 비롯한 고등 생명체는 환경과 조건이 부족해도 생명을 탄생시키곤 하는 것이다. 초목은 아무리 봄이 와도 기후조건이 맞지 않으면 제대로 싹을 틔우지 못하는 것이다. 그러니까 초목은 봄 여름 가을 겨울이라는 조건이 맞지 않으면 생장을 할 수 없다. 반대로 인위적으로라도 사계절의 조건을 만들어주면 초목은 군말없이 성장과 결실을 하는 존재인 것이다.

그러나 인간은 다르다. 인간은 추워도 애를 낳고, 더워도 애를 낳는다. 온통 눈으로 뒤덮여 초목조차 보기 힘든 환경에서도 인간은 살아간다. 물론 약간의 동물도 그렇다. 이것은 다시 말해 인간을 비롯한 고등 생명체의 경우, 환경의 지배를 완전히 안 받는 것은 아니지만, 어느 정도 열악한 환경에 처해 있어도 그것을 극복해내는 힘이 있다는 것이다.

이것을 일컬어 생명력이 강한 존재라고 한다. 더 정확히 말하면 외부의 조건에 대해 때로는 강하게, 때로는 약하게 그것과 적절히 반응하면서 스스로의 '존재의 목적'을 실현해가는 힘이 있는 것이다. 아직 정확한 실체를 알 수는 없지만 분명 인간에게는 적응력(適應力, 적절히 대처하면서 반응하는 힘)이 있다. 또한 이것을 자율성(自律性, 스스로 조절해가는 능력)이 있다고도 한다.

이렇게 각 생명체마다 적응력과 자율성이 다른 것을 어떻게 설명해야 하는가. 인간이 진화의 정점頂點에 있는 생물이라서 그런가, 아니면 뇌의 크기가 가장 커서 그런가. 이것은 간접적인 증거는 될지언정 구체적인 설명이 되지는 못한다. 인간의 내면에 있는, 외부의 환경과 감응하면서 스스로의 변화를 이루어내는 힘, 그것을 바로 운運이라 부르는

것이다.

우리가 운이 좋다, 운이 강하다는 말을 쓸 때, 그것은 재수가 좋다든지, 우연히 좋은 일이 생겼다고 쓰는 경우가 많지만 원래 그 의미는 어떤 어려운 환경에 처하더라도 그 환경에 잘 적응하거나 또는 주어진 환경을 극복하여 스스로 뜻하는 바를 성취하는 것을 말하는 철학적인 용어인 것이다.

따라서 오운이란 어떻게 생명체가 주어진 환경과 조건 속에서도 내면의 변화를 일으켜 자율적인 존재로 거듭날 수 있는가하는 구조(構造, 메카니즘)를 설명하고 있는 것이다.

동양에서 전통적으로 생명을 구분하는 방식에 신기지물神機之物과 기립지물氣立之物이라는 것이 있다. 신기지물(줄여서 '신기' 라고도 한다)이란 운運이 강하여 외부의 조건과 환경에도 불구하고 스스로의 변화를 일으킬 수 있는 존재란 뜻이다. 단독으로 변화를 일으킬 수 있으므로 이것을 우주의 축소판이라는 의미에서 소우주小宇宙라 부르기도 한다. 대표적인 신기지물이 바로 인간과 우주 그리고 대자연이 될 것이다.

반면에 기립지물(줄여서 '기립' 이라고도 한다)이란 외부의 환경과 조건에 의해서만 변화를 일으킬 수 있는 존재란 뜻이다. 초목이 대표적인 기립지물이며 그밖에 환경의 지배를 많이 받는 동물도 이에 속한다고 할 수 있다.

물론 신기지물이나 기립지물 모두 현실에서 오행의 과정을 따라 생장을 하는 것은 같다. 이것이 앞서 오운도 내부의 원에서 목→화→토→금→수의 상생과정으로 표현되어 있는 것이다. 그러나 각기 타고 태어난 운의 강약에 따라 신기지물과 기립지물로 갈리는 것을 설명하는 것이 오운도 외부의 원에 토→금→수→목→화로 표현된 오운의 운행인 것이다.

　갑목(오행)과 갑토(오운)의 차이를 비교해 보면 훨씬 이해가 빠를 것이다. 생명이 처음 탄생할 때, 즉 목의 과정에서 기립지물이라면 스스로 외부의 껍질을 뚫고 나오는 힘도 필요하지만 껍질을 부드럽게 만들어 안에 있는 생명력이 밖으로 나올 수 있도록 도와주는 힘이 꼭 필요하다는 뜻이 된다. 그러나 신기지물이라면 외부의 도움이 없더라도 스스로의 힘으로 껍질을 뚫고 나올 수 있어야 할 것이다. 이 경우, 어떤 기운이 가장 도움이 될까. 목기운이 가장 도움이 될 것인가. 아니면 금기운이 가장 도움이 될 것인가.

　여러분들도 충분히 짐작할 수 있듯이 가장 필요한 기운은 바로 토기운이다. 생명의 탄생이 완력을 써서 될 일도 아니고, 내려치는 서릿발 같은 금기운으로 해결될 일도 아니다. 오직 중용의 기운, 때로는 부드럽고 때로는 강하면서, 나아갈 줄도 알고 물러설 줄도 아는 토의 절대중화絶對中和 기운만이 자율성을 갖춘 생명의 탄생을 가능하게 하는 것이다. 다시 말해 토기운이 강하면 강할수록 운이 강하다는 뜻이고, 모난 성격보다 원만한 성격이 이 세상을 살아가는데 훨씬 강력한 힘을 발휘한다는 뜻이다.

　현실에서 목의 단계에 처해 있을 때, 그 내면을 강력한 토기운으로 무장하고 일을 시작하면 연이어 금, 수, 목, 화의 운이 이어지면서 보다 성공적인 순환을 이룰 수 있는 것이며 이것이 바로 갑목(오행)과 갑토(오운)의 관계이다.

{ 오운과 방위方位 }

　오운의 구체적인 운행과정을 살펴보기 전에 오운의 방위方位에 대한 이야기를 잠깐 하고자 한다. 방위란 동서남북과 같은 방향을 뜻하는 말이지만 동양학을 공부하는데 있어서는 환경과 조건이라는 의미가 더 적절하다는 것을 앞서 설명한 바가 있다.

　오행의 경우, 각 오행기운은 방위와 밀접하게 연관되어 있다. 갑을동방목甲乙東方木, 병정남방화丙丁南方火, 무기중앙토戊己中央土, 경신서방금庚辛西方金, 임계북방수壬癸北方水와 같이 오행의 기운은 각기 방위를 갖고 있는 것이다. 더 정확히 말하자면 기운의 순환에 따라 순차적으로 벌어지는 상황이 바로 오행기운이 만들어지는 환경과 조건을 제공하고 있다고 보아야 할 것이다.

　그러면 오운의 경우는 어떨까. 운運이라는 것은 자율성을 의미하는 것이므로 주어진 환경과 조건의 영향을 덜 받는다고 설명했듯이 오운이 방위의 영향을 받는다는 것은 모순된 표현이 된다. 즉 오운은 방위와 무관한 것이다.

　예를 들어보자. 보통의 동물은 배고프면 먹고, 졸리면 잔다. 인간도 기본적으로 이와 크게 다르지는 않지만 그러나 인간은 배고파도 참거나, 배가 부르더라도 차려준 사람의 성의를 생각해 수저를 들기도 하는 것이다. 졸린 눈을 비비면서 일할 때도 있고, 잠이 안 오면 수면제를 먹어서라도 자신의 의지대로 자고자 하는 것이 인간인 것이다. 이것을 철학적으로 표현한 것이 바로 오운은 방위의 영향을 받지 않는다는 것이며, 그 원동력은 바로 토기운인 것이다.

　이로써 오행과 오운을 뚜렷이 구분할 수 있을 것이다. 오행이란 가장 기본적이고 현실적인 변화를 설명하는 개념인 반면, 오운이란 오행법칙이 펼쳐지는 세상의 내면에서 일어나는 변화를 설명하는 개념인 것이다. 즉 오운은 현실보다는 상象에 가까운 것이다.

{ 오운의 운행運行_1
갑토운甲土運 }

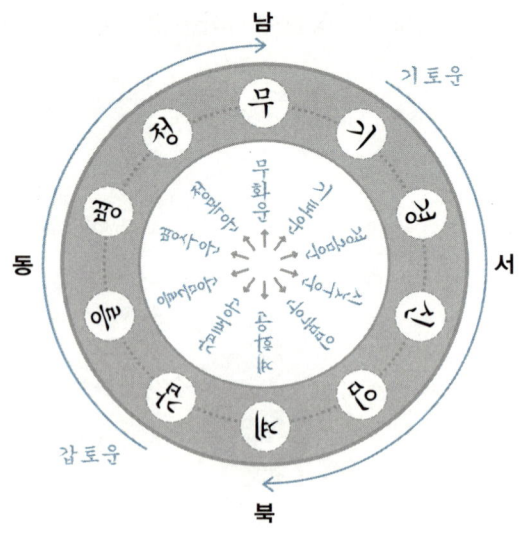

오운의 운행

그러면 이제 본격적으로 오운이 운행하는 과정을 살펴보기로 하자.

오운은 갑甲부터 시작한다. 이것은 모든 음양운동의 시작이 목에서 비롯되기 때문이다. 현실에서 목기운이 발發하는 순간에 과연 내면에서는 어떤 일이 벌어지는 것일까. 앞서도 잠깐 언급했듯이 운을 가진 신기神機는 목기운이 태동할 때, 내면에서 토기운을 발휘하여 음속에 갇힌 양기운의 탈출을 돕는다. 이것이 갑목甲木이 갑토甲土로 바뀌는 원인이다.

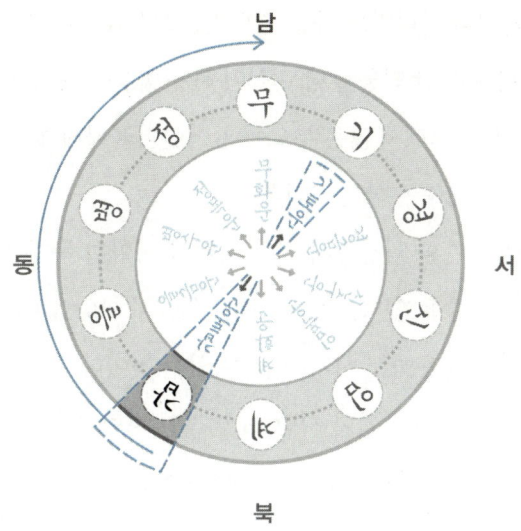

기토의 대화작용을 받은 갑

그러면 갑목이 갑토로 바뀔 수 있는 이유는 무엇인가. 오운론은 갑목이 갑토로 바뀔 수 있는 것이 바로 상대편에 있는 '기토己土의 대화작용對化作用을 받아서 그렇다' 라고 설명한다. 기토는 십토十土이다. 토 중에서도 가장 강력한 중재력을 지닌 십토의 영향을 받아 갑목이 갑토로 바뀌게 된다는 설명인 것이다. 그러나 역시 이렇게만 설명해서는 이해가 안 될 것이니 다시 비유를 한번 들어보자.

한 어린이에게 '너는 커서 무엇이 되고 싶으냐' 하고 질문을 던진다면, 지금이야 훨씬 다양한 대답이 나오겠지만 예전의 어린이들은 열이면 열, '대통령이 되겠다', '장군이 되겠다' 는 대답을 하곤 했다. 이유야 간단하다. 그들의 생각에는 세상에서 가장 훌륭한 사람이 바로 대통령이나 장군이었던 것이다. 지금의 어린이들이 예전보다 훨씬 다양한 인물을 거론한다 하더라도 사실 그 의미는 모두 같은 것이다. 그들이 보았을 때 가장 훌륭한 인물을 닮고 싶어 하는 마음은 예나 지금이나 변함이 없는 것이다. 그래서 많은 부모들은 어린이들에게 좋은 영향을 주기 위해 위인전을 사주곤 하는 것이다.

물론 인생의 순환 과정에서 어린 시기가 정확히 목기운이 태동하는 과정이라고 할 수는 없다. 그러나 큰 범위에서 보았을 때, 어린 시절은 분명 목기운이 작용하는 시기라 할 수 있는 것이다. 왜 이런 시기의 어린이들은 하나 같이 훌륭한 사람, 모범적인 사람, 즉 위인을 동경하는 것일까. 또 부모를 비롯한 모든 사람들은 어린이들에게 위인을 동경하도록 권하는 것일까.

거창하게 질문을 꺼냈지만 이것은 누가 생각해도 상식적인 이야기이다. 어린이들이 위인의 이야기를 통해 감동받고 그런 삶을 닮기 위해 노력하는 모습이야말로 가장 바람직한 교육이 되는 것이기 때문이다. 물론 그 어린이들이 커서 훌륭한 사람이 될 수도 있고, 나쁜 사람이 될 수도 있다. 그러나 사람의 미래는 아무도 모르는 것이기 때문에 어린이들에게 기대와 희망을 심어주려 하는 것이다. 만약 '훌륭한 인물이 되겠다'는 어릴 때의 그 다짐을 잊지 않고 노력을 게을리 하지 않아 마침내 그 약속을 지켜낸다면 얼마나 보람 있는 일이 되겠는가.

토土의 작용이란 이런 것이다. 토가 중용의 기운이라고 해서 아무것도 하지 않고 중립만 지키는 존재라면 그것은 아무짝에도 쓸모없는 것이다. 1, 2, 3, 4를 더하면 10이 된다고 했듯이 토는 인생 전체를 통틀어야 하나의 모습을 갖출 수 있는 존재이고, 인생 전체의 중심을 잡아주는 기운이다. 꼭 필요한 때에는 아주 강력하게 개입하기도 하고 또 평상시에는 있는 듯, 없는 듯 보이지 않는 존재가 바로 토인 것이다.

이제 막 인생을 시작하는 어린이에게 거창한 인생의 목표나 가치관이 있을 리 없다. 그러나 토는 어떤 때는 위인의 모습을 띠고, 어떤 때는 존경하는 부모의 모습을 띠고, 또 어떤 때는 대통령 할아버지의 모습을 띠고 나타나 그 어린이에게 '인생의 빛'을 비춰주는 것이다. 마치 '아직은 어두우니 이 빛을 보고 따라와' 하는 식으로 친절하게 길을 안내해주는 안내자의 역할을 한다. 그러면 어둠에 쌓여있던 어린이는 그 빛을 보고 어떤 결심을 하거나, 한눈파는 일을 멈추고 한 방향을 바라보게 되는 것이다.

십토 十土 인 기토 己土 의 대화작용을 통해 갑목 甲木 이 갑토 甲土 로 바뀐다는 것은 바로 이런 것이다. 현실에서 어린이는 계속 어린이일 뿐이다. 그러나 그 어린이의 마음속에서는, 이런 토기운을 통해 자신의 현실을 조절하고 운영해보려 하는 의지가 싹트기 시작한다. 어린이는 벌써 운運을 지닌 '신기神機'로 변해있는 것이다.

갑목이 갑토로 바뀌어 오운의 운행을 시작하는 일이 어찌 어린이에게만 일어나는 일이겠는가. 여러분이 어떤 사업을 시작한다 해도 똑같은 일이 벌어진다. 요즘의 표현을 빌리자면 벤치마킹bench-marking이니 역할 모델, 수익 모델 같은 말들이 표현만 다를 뿐이지 모두 갑목을 갑토로 바꾸려는 인간의 의지를 반영한 행동인 것이다. 바람직한 본보기가 있다는 것은 현실을 타개해 가는데 더없이 도움이 되는 것이다.

역사적으로 살펴본다면, 인류사의 초기에 인간을 이끌어 온 힘은 무엇일까. 그것을 우리는 '신神'이라 부르는 것이다. 당시의 인류에게 동경의 존재, 닮고 싶은 존재, 그럼으로써 인류의 진보를 촉발시킨 존재는 바로 '신'이었다. 신이 정말로 존재하는 것인가의 여부는 여기서 문제되는 것이 아니다. 중요한 것은 '신'이라는 존재가 십토十土의 역할을 함으로써 이제 걸음마를 뗀 인류(갑목)에게 '가야할 길'을 제시하고 '고난이 닥치더라도 참아낼 수 있는 희망'을 심어주었다는 점이다.

대화작용對化作用이란 이렇게 긍정적인 영향을 끼치기도 하고 때로는 부정적인 영향을 끼치기도 한다. 그러나 부정적인 영향을 끼친다 하더라도 상극의 원리가 그러하듯이 극을 통해 궁극적으로 상생을 실천하려는 '상대적인 악영향'일 뿐이라는 것을 다시금 기억해 두기 바란다.

또 한 가지 기토의 대화를 받는다고 해서 모든 갑목이 갑토로 변하는 것은 아니다. 일단 기립지물氣立之物은 운을 갖고 있지 못하기 때문에 당연히 이런 과정이 없을 것이고, 신기라 하더라도 받아들이는 대화작용의 정도에 따라 반응이 갈린다. 똑같이 위인전을 읽어도 그것을 자기 자신의 생명력으로 삼는 정도가 각기 다르듯이, 신기라 하더라도 대화對化의 정도에 따라 갑토운甲土運을 형성하는 수준이 달라진다는 것이다.

토기운이 강하면 강할수록 생명력이 강해지고 따라서 '운'도 강해진다. 동양학이 특별히 사람을 차별하는 학문은 아니지만, 이런 오운의 원리를 통해 생명력, 즉 운이 강한 사람과 운이 약해 의지가 박약하고 생명력이 약한 사람을 군자君子나 소인배小人輩 등으로 구별해 왔던 것이 사실이니 이것을 언짢게만 생각할 것이 아니라 깊이 따져볼 필요가 있는 문제인 것이다.

{ 오운의 운행_2
  을금乙金과 병수丙水 }

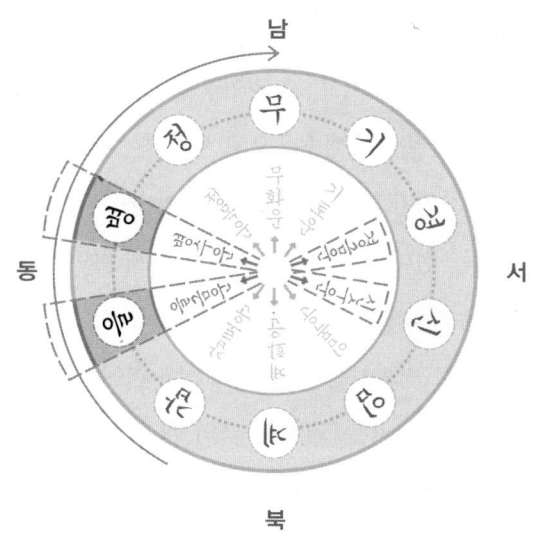

경금과 신금의 대화작용을 받은 을, 병

 다음은 을목乙木이 을금乙金으로 변하는 과정을 연구해 볼 차례이다. 그런데 여기서 짚고 넘어가야 할 점은 갑토운이 시작되면 이후의 을금乙金, 병수丙水, 정목丁木, 무화戊火 과정은 순차적으로 따라오게 된다는 것이다. 즉 갑토운이라는 것은 을, 병, 정, 무를 거쳐 기토에 이르기까지 한 묶음으로 펼쳐진다. 그리고 기토운이 시작되면 다시 경, 신, 임, 계를 거쳐 갑토에 이르게 되는 것이다.
 즉 오운의 운행은 그 시발점에서 모든 승부가 가려진다. 다시 말해 만

4장_ 오운이란 무엇인가 271

약을금운乙金運으로 시작하는 존재가 있다면 이것은 병, 정, 무, 기의 과정이 한 묶음으로 펼쳐지는 존재라는 뜻이 되며, 당연히 자율성이라는 측면에서 갑토운과는 현격한 차이를 보이며 운행을 하게 되는 것이다.

따라서 앞에서는 그저 '운을 띠고 있는 존재' 라고 표현했지만 정확히 말하자면 우주와 자연 그리고 인간 정도가 갑토운을 띤 가장 수준 높은 '신기' 라고 할 수 있을 것이고, 그 외의 고등 생명체도 '신기' 의 범위에 넣기는 하지만 을금운이나 병수운으로 시작하는 까닭에 자율성의 정도가 인간과 크게 차이가 나게 되는 것이다. 동양에서는 종種의 발생 계통을 근거로 하는 현대의 생물분류와는 다르게 이런 방식으로 생명을 분류하려 했다는 것을 알고 있으면 될 것이다.

을목이 을금으로 변화하는 과정 역시 상대편에 있는 경금庚金의 대화작용을 통해 이루어지는 것이다. 금의 대화라는 것은 어떤 것인가. 금기운은 차갑고 냉정한 기운이다. 그래야만 심평(審平, 금의 평기, 공정한 심판을 내린다는 뜻)의 역할을 다할 수 있기 때문이다. 따라서 차갑고 냉정한 현실이 닥친다면 누구라도 자신을 보호하기 위해 두툼한 옷을 껴입으려 할 것이다. 옷이란 현실의 옷뿐만 아니라 내면을 보호하는 껍질이라는 뜻으로 받아들이면 된다.

어떤 존재가 기토의 대화를 통해 갑토를 형성했다 하더라도 이것을 현실에서 바라보면 아직 '장래 희망' 정도의 수준일 뿐이다. 즉 냉정한 현실과 마주치면 너무도 쉽게 깨어질 수 있는 '꿈' 과도 같은 것이다. 실제로 어릴 적의 꿈은 이런 과정을 통해 대부분 깨어지곤 한다.

그러나 진정한 생명력이라면 경금의 대화작용을 이겨내야 하는 것이다. 그래서 선택한 것이 자신의 꿈과 희망에 옷을 입히는 과정이다. 대통령이 되고 싶다면 학문을 많이 연마해야 한다든지, 장군이 되고 싶으면 심신의 수련에 노력을 기울여야 한다든지, 어떤 형태로든 자신의 내면(꿈과 희망)을 보호하는 옷을 입어야 하는 것이다.

결국 금기운의 대화는 을목을 을금이라는 금기운(내면을 보호하는 껍질)으로 변화하게 하는 것이다. 어린이는 점점 커갈수록 자신의 꿈을 현실에서 이루기가 쉽지 않다는 것을 배우게 된다. 그러나 그렇다고 어릴 때 모두 것을 포기하는 사람이 어디 있는가. 사람은 꿈을 보다 '현실적인 것'으로 수정하거나, 꿈을 반드시 이루기 위해 '강력한 준비'를 하게 되는 것이며 이 모든 것은 바로 금기운의 대화를 받아 내면이 금기운으로 변화하는 과정을 반영하고 있는 것이다.

다음은 병화丙火가 병수丙水로 변화하는 과정이다. 병화는 이미 현실에서의 변화가 목에서 화의 단계로 접어들었음을 뜻하는 것이다. 그런즉 내면의 운도 작용하는 방식이 달라져야 한다. 그래서 병화에 대화작용을 하는 존재도 신금辛金으로 바뀌는 것이다. 앞서의 경금庚金은 양금이라 외형적으로는 세력이 강해보이지만 실제 금기운으로 따지면 음금인 신금이 더욱 강력한 수렴작용을 하는 것이다. 이런 강력한 금기운이 대화작용을 시작하면 현실의 병화는 어떤 변화를 겪는 것일까.

병화는 이제 갓 청년기에 접어든 사람과 같다. 아마 모르긴 몰라도 그런 나이의 청년에게 현실은 더욱 냉정하고 각박하게 다가올 것이다. 커가는 육체에 비례해 마음은 자꾸 떠돌게 된다. 그러나 이때야말로 어렸을 때의 막연한 꿈이나 동경같은 것은 접고 현실의 내가 '나아가야할 바'를 구체적으로 결정해야 하는 시기인 것이다. 이것저것 되는대로 펼쳐놓았던 자신의 꿈을 정리하고 가능성이 높은 것, 현실성이 있는 것 위주로 마음을 정리해야 한다. 마음을 다지고 하나로 집중해야 한다. 물론 이것은 마음으로만 그렇다는 것이다. 자연스럽게 그런 마음이 들게 된다는 것이다. 인간은 내면적으로는 이런 과정을 밟아나가야 현실의 화기운을 제어할 수 있게 되는 것이다.

{ 오운의 운행_ 3
  정목丁木과 무화戊火 }

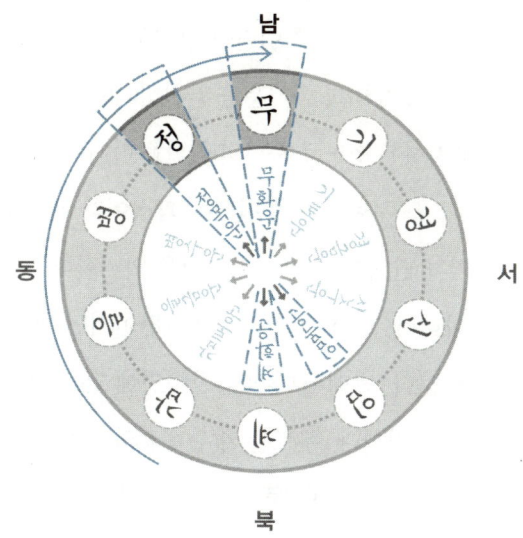

임수와 계수의 대화작용을 받은 정, 무

　정화丁火는 화의 기운이 더욱 강력해진 상태를 말한다. 정확히 말하자면 분산(分散, 흩어짐)이 극에 달하여 외형은 화려함의 극치를 달리지만 서서히 내면의 공허함이 자리 잡는 시기이기도 하다. 몇 번 언급했던 바와 같이 화의 단계에서는 화기운이 끝도 없이 분열해서 폭발하지 않도록 항상 주의해야 한다. 이런 강력한 화기운을 제어할 수 있는 것은 오직 수기운 밖에는 없다. 그래서 오운은 임수壬水로 하여금 대화작용을 시켜 정화를 기운이 한 단계 후퇴한 정목丁木으로 만들어 놓는 것이다.

　만약, 더욱 강력한 음기운이 대화작용을 하여 정화丁火를 정수丁水

4장_ 오운이란 무엇인가　275

나 정금丁金으로 만들어 놓는다면 보다 이상적이라고 생각할 수도 있을 것이다. 그렇다면 우리의 청년들은 젊을 때 벌써 정신을 번쩍 차리게 될지도 모른다. 그러나 이어서 과도한 음기운 때문에 자신에게 유리하고 이로운 것만 찾아다니는 약삭빠른 젊은이를 보게 된다면 여러분의 기분은 어떨까. 우주와 대자연의 법칙이란 이렇게 정밀한 것이다. 결국 정화는 정목으로 변함으로써 비록 화기운을 완전히 제어하지는 못하지만 화기운의 폭발을 방지하는 정도로 자신의 최선을 다하게 되는 것이다.

다음은 무토戊土가 무화戊火로 변하는 과정이다. 무토라는 것은 이제 오행의 순환이 반환점에 도달했다는 것을 의미한다. 그러나 아직 반환점을 돈 것은 아니다. 토가 개입해야 할 상황이지만 아직 남아있는 화의 기운도 만만치 않다. 그래서 아직도 반대편에 있는 수기운의 대화작용이 필요한 상태인 것이다. 무토는 계수癸水의 대화를 받아 무화戊火로 변한다. 그러나 이것은 이미 '물'로 한번 제압된 '불'인 것이다. 따라서 남아있던 화기운을 제어하고 온전히 토기운이 작용할 수 있는 환경을 만들어 가는 것이다.

사실 앞서 여러 비유를 들긴 했지만 개별적인 오운의 대화작용 하나하나를 현실의 상황에 대응시키는 것은 쉬운 일이 아니다. 그냥 철학적으로만 표현하자면 근본을 상징하는 수기운이 대화작용을 한다는 것은 사람에게 '인생이란 무엇인가' 하는 생각이, 그 사람이 인생을 방탕하게 보내지 않고 '사람구실을 하게 만드는 것' 정도로 표현할 수는 있을 것이다.

그러나 우리가 알고 있는 현실은 보다 다양하기 때문에 이런 단순한 방식으로 토의 작용을 정의내리는 것은 바람직하지 못하다. 오히려 독자분들 스스로가 '내가 어떤 계기로 철이 들었던가' 생각해보는 것이 더 빠를지도 모른다. 그 과정에서 무언가 '나의 정신을 번쩍 들게 했던 물벼락 같은 사건'이 있었다면 그것을 계수의 대화작용이라 이해하면 될 것이고, 그런 과정이 잘 기억나지 않는다 해도 지금 이런 철학서를 읽고 있다는 자체가 자신이 수의 대화작용을 받고 있다고 생각하면 될 것이다.

이로써 갑목이 기토의 대화를 받아 형성된 갑토운甲土運의 과정을 살펴보았다. 갑토운은 갑토에서 시작하여 무화에 이르는 과정을 의미하는 것이다. 이것은 하나의 큰 흐름을 설명하는 것이기 때문에 개별적인 과정 모두가 세세하게 이해되지 않더라도 크게 염려할 것은 없다. 중요한 것은 현실에서 목→화→토의 과정을 겪고 있는 동안, 그 내면에서는 토금수목화의 순환이 한차례 일어난다는 것이다.

더 정확히 말하자면 목→화→토의 생장과정에서는 을금, 병수의 작용을 통해 내면을 추스르고, 정목, 무화의 작용을 통해 양기운의 폭발을 방지하는 차원으로 진행된 것이다. 즉 현실에서 양의 과정이 진행되면 내면에서는 음의 과정을 위주로 한 운이 작용하고 있는 것이다. 따라서 음의 과정이 진행되는 기토운己土運에서는 내면에서 새로운 양기운을 기르는 양의 과정이 진행될 것임을 짐작해 볼 수 있는 것이다.

이렇게 자연은 치밀한 배려와 준비를 통해 겉과 속이 전혀 다르게 움직이고 있는 것이다. 겨울에 여름을 준비하고, 여름에 겨울을 준비하는 것이 바로 자연이다. 우리는 그것을 '원래 그런 것이려니' 하고 무심히 지나치지만, 동양의 성현들은 이러한 자연의 상象을 관찰함으로써 이것이 생명활동의 근본이며 따라서 자연을 '순수한 생명체'로 보아야 된다는 것을 가르쳐왔던 것이다.

{ 오운의 운행_ 4
기토운己土運 }

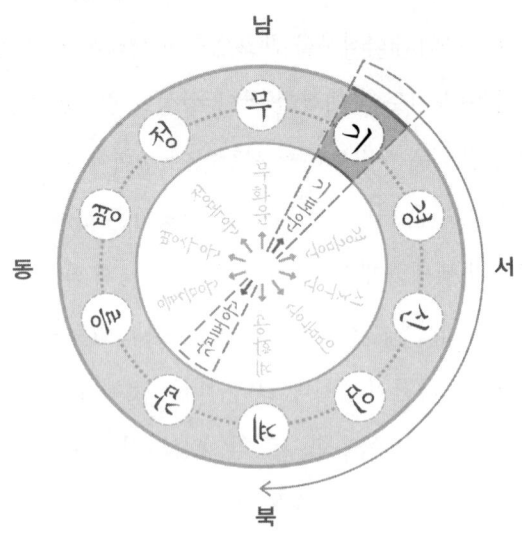

갑목의 대화작용을 받은 기

앞서 갑토운이 오행이 양운동을 하는 과정에서 양운동이 제대로 이루어질 수 있도록 내면에서 작용했던 것에 반해 기토운己土運은 오행이 음운동을 하는 과정에서 일어나는 운의 변화를 설명하고 있다. 기토운 역시 일단 기토己土가 작용하면 이어서 경금庚金, 신수辛水, 임목壬木, 계화癸火의 순으로 한 묶음이 되어 작용이 일어나는 것이다.

기토는 오행으로 십토十土고, 오운으로도 십토이다. 이것은 그만큼 십토의 작용이 중요하다는 것을 다시 한 번 입증하고 있는 것이다. 현실에서 기토는 오행의 운행이 생장 단계에서 수렴단계로 접어드는 것을 의미한다. 이렇게 중요한 기토에게 이번에는 거꾸로 갑목이 대화작용을 펼치고 있는 것이니, 이것은 아무리 좋게 보려하여도 일종의 훼방이라고 밖에 볼 수가 없는 것이다. 그러나 기토는 십토이므로 비록 갑목의 방해가 있다 하더라도 결국 본래의 의지대로 토로 변하여 수렴의 길로 가고야마는 것이다.

나이가 어느 정도 들면 이제 그만 젊음의 화려함은 잊고, 가족을 구성하고 직업을 구하는 자신의 임무를 다해야 할 것인데 아직도 왕년의 추억이 눈앞에 어른거린다고나 할까. 실제 젊음에 취해 인생의 중요한 시기를 허송하다가 뒤늦게 철이 드는 사람이 있기도 하다. 그러나 대다수의 사람은 이제 자신이 더 이상 무책임한 젊은이가 아니라는 것을 깨닫고 새로운 삶의 단계로 뛰어들게 되는 것이다.

인간은 왜 이런 기토의 작용을 통해 수렴의 길로 가야만 하는 것일까. 비록 음양오행의 법칙을 통해 보았을 때, 인간이 필연적으로 이런 길을 가야만 하는 것이 사실이라 쳐도, 한 사람 한 사람에게 인생이 이렇게 수렴단계로 접어든다는 것은 어떤 의미를 주는 것인지 궁금할 수밖에 없다.

앞서 오운의 운행과정을 보았을 때, 인생의 단계 단계마다 떠오르는 개개인의 생각들은 형태와 강약이 다를 뿐, 사실 오운의 과정을 그대로 표현하고 있는 것에 불과한 것인데 그렇다면 과연 인간의 주체성 主體性은 어디가고 마치 우주가 던져주는 기운을 따라 꼭두각시처럼 움직여 가는 존재가 되고 있다는 생각마저 들고는 하는 것이다.

이러한 의문에 대한 본격적인 대답은 2권에서 주로 다룰 것이므로 여기서는 간단히 실마리만 제공하고자 한다. 동양의 성현들은 같은 질문을 받았을 때, 지금까지 한 이야기 속에 답이 다 들어있다고 할 것이다. 그분들은 우주나 대자연을 무생물, 즉 죽어있는 존재가 아니라 생명, 즉 살아있는 존재라고 이야기했다. 그것도 개인적인 욕심, 즉 사심私心이 손톱만큼도 없는 '순수한 생명' 이라고 가르쳤던 것이다. 우주나 대자연은 사심이 없이 오직 공욕公慾, 즉 공公적인 욕심만 가지고 있다고 한 것이다.

그러면 우주와 대자연이 지닌 공욕은 무엇일까. 이것을 성현들은 '만물을 낳아 기르는 것' 이라 표현했다. 즉 우주와 대자연이 만물을 낳아주고 오운이라는 정신도 부여해주고 해서 기른다는 것이다. 그러므로 우주와 대자연에서 부여받은 스스로의 생명을 잘 가꾸고 기르는 것이 '천지에 보답하는 길' 이라고 가르쳤다. 이런 고전적인 표현을 수긍하기 힘든 사람들을 위해 이것을 보다 현대적인 표현으로 바꿔보면 이렇다.

우주와 대자연이 '순수한 생명' 이라는 것은 사람으로 치면 생각만 있고 육체가 없는 것과도 같다. 즉 우주와 대자연에는 스스로의 손발이 없는 것이다. 반대로 사람을 비롯한 온갖 생명들은 비록 제 욕심에 빠져 헤어나지를 못하지만 그래도 제 맘대로 할 수 있는 육체 즉 손발을 갖고 있다. 이것은 하나의 체용體用 관계이다.

다시 말해 우주와 대자연의 손발이 바로 인간을 비롯한 온갖 생명들이다. 특히 갑토운을 지닌 인간이야말로 우주와 대자연의 가장 소중한 손발이 되는 셈이다. 세상에 똑같이 생긴 사람이 하나도 없듯이 사람의 성격이나 바라는 바도 다 제각각 다양하다. 이것을 '그저 원래 그런 것이려니' 생각하지 말고 그 속에 담긴 깊은 의미를 살펴보아야 한다.

우주와 대자연은 지구라는 공간을 만들어 주고, 주기적으로 운행하는 시간도 만들어 주고, 마지막으로 그 속의 수많은 존재들에게 '다양한 생生'을 '명命' 하여 주었던 것이다. 그것은 '어디 한번 원怨없이 마음대로 살아보아라'는 뜻일 수도 있고, 다양하지만 부분적인 삶이 모여서 '하나의 완전한 의미'를 찾아가라는 뜻도 된다.

　재미있게 비유하자면 인간은 우주의 공무원公務員이다. 사람은 다 제멋대로 살아가고 있지만 실은 모두 우주가 부여한 공무를 처리하는 중인 것이다. 그런 공무원이 사심을 갖고 제 욕심이나 채우려 한다면 그 모습이 좋게 보일리가 없다. 굳이 이런 비유가 아니더라도 우리들은 사심을 버리고 전체의 이익을 위해 노력하는 사람을 존경하지 않는가. 왜 그럴까. 그것은 상생相生을 실천하고 있기 때문이다. 즉 개개인은 그저 자신의 삶을 올바르게 하려고 노력할 따름이지만 그것은 궁극적으로 우주와 인간이 마음을 하나로 하여 길道을 걸어가는 모습이 되기 때문인 것이다.

　기토의 작용은 인생의 갈림길에 서있는 인간에게 올바른 길로 갈 수 있도록 도와주는 것이다. 무엇이 올바른지 모르는 사람은 거의 없다. 비록 행동은 다르게 할지라도 도덕시험을 볼 때 정답에 동그라미를 칠 정도의 상식은 누구나 가지고 있다. 이것은 사람마다 가지고 있는 운이 거의 항상 올바르게 작용하고 있다는 증거이다. 그러나 막상 현실은 그렇지 않은 것이 또한 인간인 것이다(더욱 상세한 이야기는 2권에서 다룬다).

{ 오운의 운행_ 5
경금庚金, 신수辛水, 임목壬木 계화癸火 }

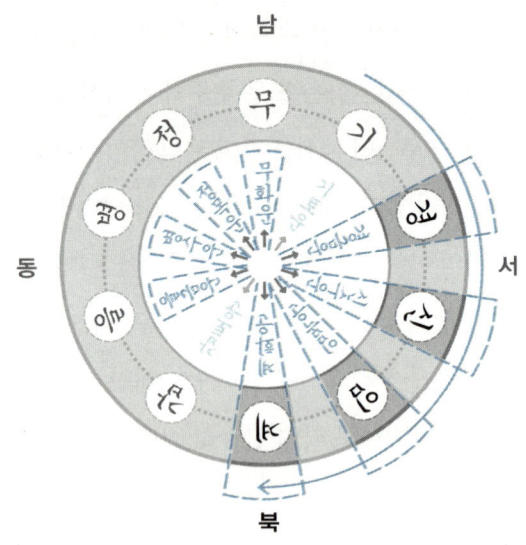

을목,병화,정화,무토의 대화작용을 받은 경,신,임,계

다음은 경금庚金이 을목乙木의 대화를 받아 도로 경금庚金으로 변하는 과정이다. 경금 또한 기토에서와 마찬가지로 대화작용에도 불구하고 금기운의 속성을 그대로 간직하고 있으니 이는 금기운의 수렴작용이 얼마나 중요한 것인가를 보여주고 있는 것이다. 을목의 대화작용은 사실상 경금의 수렴을 방해하는 것이다. 을목의 대화는 마치 '우리의 원래 목적은 이렇지 않았느냐'고 따지는 것과 같다. 그러나 이런 방해가 있기 때문에 경금은 더욱 정신을 차리고 심평審平의 기능을 수행할 수 있는 것이다. 또한 을목의 대화작용은 장차 벌어질 금화교역을 대비하는 것이기도 하다.

 신금辛金은 병화丙火의 대화를 받아 신수辛水로 변한다. 이것은 이미 금화교역이 본격적으로 전개되고 있는 상象을 보여주는 것이다. 병화의 대화는 '새로운 생명'의 필요성을 강조하고 있는 것이다. 이런 상황에서 신금은 신수의 운을 띰으로써 새로운 생명을 탄생시킬 의지를 다지게 된다.

 다음은 임수壬水가 정화丁火의 대화를 받아 임목壬木으로 변하는 과정이니 이것은 수기운의 수렴과정 속에 벌써 임목이라는 새 생명을 잉태한 상인 것이다. 이런 과정을 통해 우주와 대자연은 봄에 태어날 생명을 가을부터 치밀하게 준비하고 있다는 것을 알 수 있다.

 마지막으로 계수癸水는 무토戊土의 대화를 받아 계화癸火로 변하는 것이니, 계수가 갖고 있는 강력한 수렴기운이 역설적으로 내부에서 때만 기다리고 있는 양기운에게 강력한 생명력을 부여하고 있는 상이다. 이것은 생명이 현실에 드러나기 바로 전 단계이므로 이런 중요한 단계에서 대화작용을 할 수 있는 자격을 갖춘 존재가 무토말고 또 누가 있겠는가. 무토가 양토인 오토五土로서 생장과정을 주재하는 토라는 것을 누차 이야기 했거니와 자연의 치밀한 배려에는 정말 감탄을 금할 수 없는 것이다.

{ 오운은 실제로 존재하는가 }

오운이란 무엇인가. 오운은 오행으로 상징되는 현실에서 과연 그 이면에 어떤 작용이 존재하는가를 파악해 보려는 것이다. 오행에서 생장과정이 진행되면 오운은 그 이면에서 수렴과정을 진행시키고 오행이 수렴과정에 접어들면 오운은 다시 새로운 생장과정을 준비하고 있는 것이다. 이것은 사물의 변화를 크게 음과 양의 변화로만 보았을 때, 양이 주동主動하는 과정에서 과연 음은 어떤 활동을 하고 있고, 또 음이 주정主靜하는 과정에서 양은 도대체 어떤 역할을 하고 있는지 보다 자세히 살펴보는 것과 같다.

이것을 다시 육체와 정신으로 나누어 생각해보면, 육체가 양의 과정으로 성장해갈 때, 정신은 음의 과정을 통해 생각을 하나로 집중시키고, 반대로 육체가 음의 과정에 도달해 성장을 멈추고 살진 모습으로 변해갈 때, 정신은 양의 과정으로 자신의 생각을 표출해가는 동시에 새로운 탄생의 과정을 준비하고 있는 형국인 것이다.

독자여러분들도 스스로의 모습을 생각해보았을 때 판단할 수 있듯이 인간에게 이런 과정이 존재하는 것은 사실이다. 이런 방식으로 생각해 본 적이 없을 따름이지 오행과 오운의 관점에서 관찰해보면 사람의 일생뿐만 아니라 우리가 어떤 일을 진행시키거나 할 때, 반드시 내면의 변화가 현실과는 다르게 일어나곤 하는 것이다. 즉, 어떤 일을 시작한다는 것은 벌써 수도 없이 그 일이 현실성이 있는가를 검토한 후에 일을 벌이는 것이고, 또 그 일이 어느 정도 궤도에 오르면 그것을 바탕으로 새로운 일을 검토하는 것은 아주 흔한 것이기 때문이다.

따라서 오운의 변화는 분명 타당성이 있어 보인다. 그러나 문제는 오운이 '상대적인 변화'일 뿐만 아니라 '실제로 존재하는 기운'이라는 데 있다. 앞서 오운의 계시를 통해 이야기했듯이 이 우주나 대자연에서 오운이 주기적으로 운행하고 있다는 것이다. 이것은 오운이라고 이름붙이긴 했지만 사실 토금수목화의 기운이 주기적으로 운행하는 것이다. 다만 우주의 오운은 오행과 같은 현실의 대상물이 존재하지 않는다. 다만 오운만 있는 것이다. 이런 우주의 오운이 의미하는 것은 과연 무엇인가. 동양의 성현들은 왜 오운이 실제로 존재한다고 했고 그것을 인간의 생각과 같은 내면의 변화에 대응시킨 것일까.

동양의 성현들은 매번 인간이 마음속으로 품는 이상과 실제로 겪는 현실이 어긋나는 것을 보고 그 원인을 찾는 데 골몰했던 것이다. 우주와 대자연이 존재하는 방식과 인간이 존재하는 방식이 다를 리는 없는데 왜 인간은 항상 현실의 좌절을 겪어야 하는지 원인을 알려고 노력했던 것이다.

그래서 나온 결론이 바로 우주와 대자연은 '순수 생명', '순수 정신'이라는 것이다. 이 우주와 대자연은 그 모습이 곧 정신이자 육체이다. 정신과 육체가 하나가 되어 돌아가고 있는 것이다. 비록 타원 궤도나 윤력閏曆, 삼양이음三陽二陰 같은 약간의 불균형이 있기는 하지만 우주는 완벽하게 순환을 유지하고 있다. 이것은 육체와 정신이 하나가 되어 아무 모순 없이 돌아가고 있는 모습인 것이다. 그것이 너무도 이상적인 순환의 모습을 갖기 때문에 보통사람은 그것이 생명활동이라는 것을 전혀 깨닫지 못하고 있을 뿐이다.

이런 우주의 바탕은 인간이나 모든 생물에게도 영향을 미치고 있다. 앞서 도덕시험에 답을 쓰는 이야기를 잠깐 했는데 대부분의 인간은 기본적인 도덕에 대해 머릿속으로는 무엇이 옳고 그른지 다 알고 있다. 이것은 분명 오운의 변화를 그대로 반영한 것이다. 그러나 머릿속에서 생각한대로, 다시 말해 이상적인 생각만 가지고 행동했다간 바로 현실의 '바보'가 된다는 것도 또한 잘 알고 있다(왜 이런 모순적인 현실이 펼쳐지는가에 대해 설명하는 것이 바로 육기론六氣論이며 이것은 바로 다음 장에서 배우게 된다).

이제 오운에 대해 어느 정도 알게 된 지금, 우리는 지금까지 갖고 있던 인간의 사고思考 작용에 대한 생각을 많이 바꿔야 한다. 인간은 갑토운을 갖고 있기 때문에 기본적으로 우주나 대자연과 동일한 '생각의 바탕'을 갖고 있는 것이다. 다시 말해 인간은 기본적으로 우주나 대자연과 소통할 수 있는 자질이 있는 것이다. 왜 명상이나 참선 같은 수행修行들이 우주와의 합일合一을 이야기하는지 이해할 수 있는 이유가 여기에 있다.

인간은 비록 현실에서 많은 제약이 있더라도 가급적 정신의 순수성을 유지하려고 노력해야 한다. 이것은 필자가 감히 여러분에게 이래라 저래라 하고 싶어서 하는 이야기가 아니다. 정신을 가급적 오운의 바탕대로 유지하지 않으면 그나마도 모순에 차 있는 이상과 현실이 더욱 벌어져서 인생을 피폐하게 만들기 십상이기 때문이다(인간의 종교생활이나 수행에 대한 것은 2권에서 다룬다).

마지막으로 한 가지, 혹시 왜 인간이 갑토운을 타고 태어나게 되었는지 궁금해 하는 분들이 있을까하여 잠깐 언급하고자 한다. 왜 인간은 다른 생물에는 없는 갑토운을 타고나게 되었을까. 여기에 대한 대답은 몹시 싱거운 것이다. 이 우주와 대자연이 원래부터 갑기토운(갑토운은 정확히 말하면 갑기토운이라 불러야 옳은 것이다), 을경금운, 병신수운, 정임목운, 무계화운의 오운을 골고루 이 세상에 뿌려주고 있다는 것은 수없이 이야기한 바가 있다.

따라서 이 오운을 각기 받아 태어난 것이 온갖 생물들인 것이다. 그중에서 갑기토운을 타고 태어난 존재, 그 존재를 우리 스스로가 '인간'이라고 부른 것이다. 따라서 그 어떤 명칭을 가진 존재이든 우주에는 갑기토운을 갖는 존재가 반드시 있을 수밖에 없는 것이다. 이 존재는 토를 기반으로 한 사고작용을 하기 때문에 자율성을 띠고, 스스로 독립적인 변화를 하므로 '소우주'라 부른다는 것을 앞서 이야기했거니와 그것을 바로 인간이라 부를 따름인 것이다.

5장
육기로 바라보는 세상

5장_ 육기로 바라보는 세상

매트릭스의 세계
육기의 방위와 변화_1
육기의 방위와 변화_2
사해 궐음 풍목
자오 소음 군화
축미 태음 습토
인신 소양 상화
묘유 양명 조금
진술 태양 한수
사정위, 사상위, 사유위
육기의 대화작용
구궁팔풍 운동
육기의 자화작용
해자축의 자화작용
인묘진의 자화작용
사오미의 자화작용
| SP | 무, 허, 공
 신유술의 자화작용
이상과 현실에 대하여_ 오운육기론을 마치면서

{ 매트릭스의 세계 }

　여러분들은 혹시 '매트릭스Matrix'라는 영화를 본 적이 있는가. 수년 전에 처음 선보인 이 영화는 우리가 살고 있는 현실이 '실제 세상'이 아니라 컴퓨터 프로그램속의 '가상현실'이며, 인간들은 매트릭스라는 컴퓨터가 운영하는 거대한 공장에 사육되면서 한낱 전기를 공급하는 존재로 전락되어 있더라는 설정으로 당시 전 세계의 영화팬들에게 충격을 안겼던 작품이다. 비록 현실이 영화 같지는 않겠지만 누구나 한번쯤 상상해 볼 수 있는 설정이기에 그 충격의 정도가 더욱 심했던 것 같다.

　그런데 정말 이런 일이 벌어진다면 어떨까. 지금부터 하는 이야기는 비록 매트릭스처럼 극적으로 다가오지는 않겠지만 그와 비슷한 내용을 담고 있다고 본다.

　우리가 사물을 판단할 수 있는 가장 기본적인 전제는 바로 우리가 살고 있는 '현실'이다. 우리가 발을 디디고 서 있는 '공간', 우리가 삶을 살아가면서 사용하고 있는 '시간', 이 모든 것은 우리가 어떤 생각을 하고 판단을 하는데 가장 바탕이 되는 것이다. 이런 것들을 신뢰하지 못한다면 아무 것도 할 수 있는 일이 없다. 누구나 공간은 분명히 존재하고, 시간은 정확히 흘러가고 있다고 생각한다.

　그러나 만약 우리가 살고 있는 공간에, 우리가 사용하는 시간에 어떤 문제가 있다면 어떨까. 알고 보니 공간은 사실 휘어있었고, 시간의 흐름은 순수純粹하지 못하다면 여러분들은 어떤 생각이 드는가. 만일 그런 일이 있다 하더라도 그것을 어떻게 알 수 있단 말인가.

필자는 앞서의 여러 이야기들을 통해 이미 약간의 실마리를 던져두었던 바가 있다. 먼저 360도 생성도를 설명하면서 정원궤도를 그리는 순환은 360도의 주기를 갖는 것이 정상이건만 지금의 우주, 특히 지구를 보았을 때, 365¼이라는 주기를 갖고 있기 때문에 정력正曆이 아닌 윤력閏曆을 쓰게 되고 이것은 또한 지구의 공전궤도가 정원正圓이 아닌 타원궤도를 그리고 있는 것과 밀접하게 연관되어 있음을 설명했던 것이다.

그렇다면 그 원인은 무엇일까. 그것은 오운의 계시에서 설명한 바와 같이 우주 자체가 음양의 기운이 균등하지 않고 삼양이음三陽二陰, 즉 양이 음보다 더 강한 힘을 갖고 운행하고 있기 때문이다.

다시 정리를 한다면, 우주가 삼양이음으로 음과 양의 기운이 불균형하기 때문에 그것이 우주 공간에 영향을 미쳐 거의 모든 천체가 정원이 아닌 타원궤도의 운행을 하게 되고, 그것은 다시 시간에 영향을 미쳐 정도수正度數가 아닌 꼬리가 붙은 시간 즉 윤력을 사용하게 되었다는 것이다. 그런데 이야기는 여기에서 그치는 것이 아니고, 결정적인 변화가 하나 더 있다는 것이니 그것은 거의 모든 천체의 자전축自轉軸이 기울어 있다는 사실이다.

지구본을 보면 쉽게 알 수 있듯이 지구는 공전궤도를 기준으로 23.5도 기울어져서 자전하고 있다. 왜 지구는 기울어져서 돌아가는 것일까. 지구뿐만 아니다. 가까운 태양계의 모든 행성들도 크건 작건 기울어져 자전하고 있다.

왜 이런 일이 있는 것일까. 그저 우연히 돌다보니 그렇게 된 것일까. 아니면 동양학에서 이야기하는 대로 우주가 삼양이음의 운행을 하고 있는 것이 원인인가. 그렇다면 왜 우주는 삼양이음의 불균형한 구조를 갖게 된 것인가. 기껏 우주가 음양으로 존재한다고 해놓고, 또 음과 양이라는 것이 서로 상대적으로 존재한다고 해 놓고서는 다시 음양이 불균형하다고 하니 말의 앞뒤가 너무 안 맞는 것이라 생각할 수도 있다. 하지만 그 원인을 탐구하는 것은 조금 뒤로 미루기로 하고 일단 지구의 자전축이 기울어 있는 문제를 더 깊이 생각해보도록 하자.

중고등학교의 과학 수업을 들은 사람이라면 누구나 지구의 기후변화가 지구의 공전궤도 및 자전축 때문에 일어난다는 것을 배우게 된다. 정확히 말하자면 지구가 정원正圓의 공전궤도를 갖고, 특히 자전축이 기울어지지 않았다면 기후변화가 이렇게 복잡한 모습을 띠게 되지는 않는다고 현대의 과학은 가르치고 있는 것이다.

지구가 기울어져 있기 때문에 태양열을 많이 받고 적게 받는 지역이 나뉘고, 이것은 바람의 흐름에 영향을 미치게 되어 우리가 경험하는 사계절이나, 여름의 폭서, 겨울의 혹한 같은 극단적인 기후변화가 발생하게

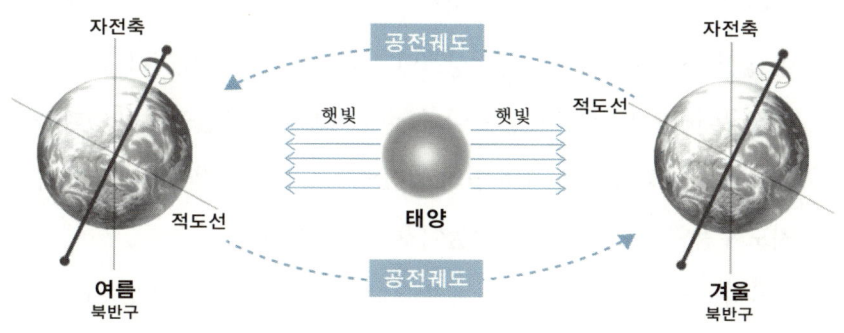

기울어진 지축과 기후의 변화

된다. 지축의 경사(傾斜, 기울음)는 이렇게 지구에 거대한 영향을 미치고 있다. 그런데 이것으로 끝일까. 일단 과학적으로 관찰되는 것, 즉 눈에 보이는 것은 이런 것이다. 그러면 눈에 보이지 않는 영향은 없는 것인가.

오운은 우주를 주기적으로 운행하면서 지구에도 역시 그 기운을 뿌려주고 있다. 비록 삼양이음의 영향이 있다 하더라도 오운은 어느 정도 제 몫은 다해주고 있는 셈이다. 그러나 문제는 오운이 아니라 오운을 받아들이는 지구에 있다. 예를 들어 기울어진 지구에 태양빛이 비추는 것처럼 북극에서 받아야 할 오운의 기운을 23.5도 빗나간 지역에서 받고 적도에서 받아야 할 기운도 같은 과정을 겪어 계속 기운이 빗나가는 것이다. 다시 말해 기운을 적게 받아도 될 지역이 많이 받고, 많이 받아야 할 지역이 적게 받는 모순이 계속돼왔다는 것이다.

이런 과정이 계속되다 보니 지구는 오운의 기운을 통해 오행의 과정을 펼쳐내는 것이 정상임에도 불구하고 태과太過나 불급不及이 오히려 정상이 되는 기현상이 벌어지고, 끝내 그 모순이 쌓이고 쌓여 기운 하나를 더 만들어내는 지경에 이르게 된다. 그래서 지구에서 펼쳐지는 오행의 운행은 다섯이 아니고 여섯, 즉 육기六氣가 된 것이다. 즉 육기란 정상적인 것이 아니라 비정상적인 변화를 의미하는 것이다. 그러나 비정상이라 해도 아주 엉망은 아닌 것이 비록 기운의 불균형이 있다하더라도 다행히 우주는 그 본연의 생명력으로 인해 비정상적인 변화마저도 수용할 수 있는 기틀을 만들어 놓았던 것이다.

육기를 공부한다는 것은 바로 비정상적으로 하나 더 불어난 기운이 지구에 어떤 영향을 미치고 있는가를 공부하는 것이고 또한 지구가 이 비상사태를 어떻게 극복하고 있는가를 공부하는 것이다. 또한 이상적으로 운행하고 있는 오운이 지구에만 오면 현실이라는 벽에 부딪혀 매번 좌절하는 까닭도 바로 여기에서 밝혀지게 되는 것이다.

다시 한 번 이야기하지만 이것이 동양에서 길게는 5천 년, 최소한 2천 년 전에 관찰해낸 이 지구의 실상이다. 이것은 단순히 지구라는 땅덩어리에만 해당되는 사항이 아니라, 지구의 환경 속에서 서식하는 모든 생명, 특히 인간에게 엄청난 영향을 미쳐왔다는 것이다. 극단적으로 이야기해서 만약 이것이 거짓이라면 여러분은 당장 내일부터 사주팔자는 말할 것도 없고 한의원에 갈 필요조차 없다. 운명학이나 동양의학은 모두 이 운기론運氣論, 즉 오운육기에 근거하여 성립된 학문이기 때문이다.

물론 육기론이 단지 동양에서만 통용되는 학문일리는 없다. 지혜로운 독자라면 어느 정도 눈치를 챘겠지만 이것은 철학의 근본과제를 정면으로 건드리는 것이다. 오운론의 서두에서 이야기한 이상과 현실의 괴리乖離뿐만 아니라, 인간이 왜 자신의 욕심을 자제하지 못하고 타락의 길로 접어드는 것인지, 왜 종교나 도덕의 가르침에도 불구하고 현실은 점점 암울해져 가는 것인지, 많은 사람들에게 잠 못 이루는 밤을 갖게 한 온갖 의문에 대한 대답도 육기론을 통해 살펴볼 수 있다는 '일말의 가능성'을 느껴볼 수 있는 것이다.

뒤집어 말하면, 지금까지는 몰랐기 때문에 어쩔 수 없다 치더라도 이제부터는 육기론六氣論으로 바라보는 세상을 경험해 봐야 한다. 꼭 '매트릭스' 같은 영화적 충격은 아닐지라도 실은 그보다 더 놀라운 세상이 이 육기론 속에 펼쳐져 있기 때문이다.

지축의 경사로 인해 없어도 될 기운이 하나 더 생겨 육기六氣로 운행하는 지구, 과연 그 속에는 특히 인간에게는 어떤 일이 벌어지고 있는 것일까.

{ 육기의 방위와 변화_ 1 }

변화를 배우기 위해서는 먼저 기본부터 충실해야 한다. 우리는 육기가 펼치는 변화를 공부하기에 앞서 육기가 어떤 기본 틀을 지니고 있는가를 알아야 하는 것이다. 아래의 육기방위도를 보도록 하자.

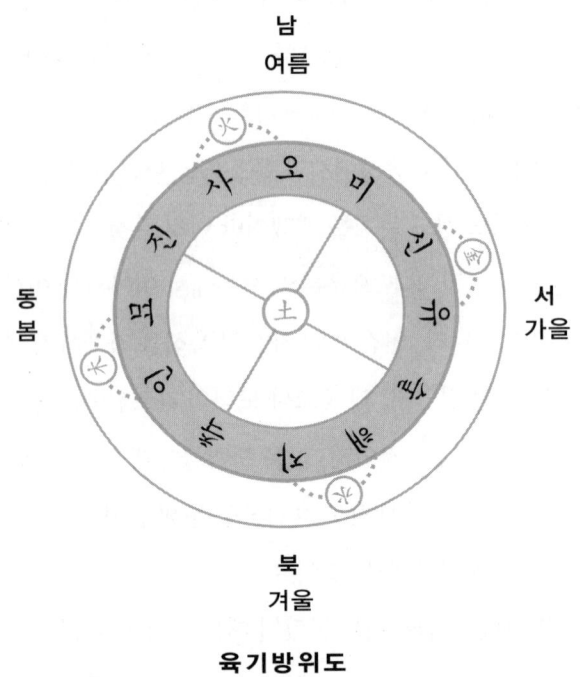

육기방위도

육기가 십이지 十二支를 기본으로 하고 있다는 것은 앞에서 배운 바가 있다. 즉 자축인묘진사오미신유술해 子丑寅卯辰巳午未申酉戌亥는 바로 육기의 개별 명칭인 것이다. 여섯 개의 기운이 각기 음양으로 갈리다 보니 모두 열두 개의 기운이 된 것이다. 그러나 이상한 것은 기운이 목화토금수로 변함이 없는데 어떻게 열두 개의 기운이 될 수 있는가 하는 점이다.

육기방위도를 보면 북쪽의 해자亥子가 수水, 동쪽의 인묘寅卯가 목木, 남쪽의 사오巳午가 화火, 서쪽의 신유申酉가 금金으로 표시되어 있고, 토土가 중앙에 있으면서 진술축미辰戌丑未에 가지를 뻗고 있는 모습이 표시되어 있다. 즉 육기의 방위도에서는 토가 넷이 되어있는 것이다. 우리는 기본적으로 두개의 토를 배웠다. 하나는 오토五土로서 생장을 주도하고, 또 하나는 십토十土로서 수렴, 통일을 주재한다고 했던 바, 이것은 토의 가장 기본적인 역할만을 설명한 것이다.

토는 중용中庸의 기운이고 언제나, 어디에나 있으면서 다만 결정적인 순간에 마치 우리에게 어떤 '작용'을 하는 것처럼 보일 뿐이라는 것을 이미 설명했거니와 따라서 토의 역할, 즉 토가 결정적으로 작용하는 순간이 꼭 두 번만 있으라는 법은 없는 것이다. 육기방위도에는 토의 역할을 보다 정확히 표시하기 위해 그 방위를 중앙에 놓고 현실의 진술축미에 가지를 뻗음으로써 결정적인 작용을 하는 순간을 표시해 놓은 것이다.

그러면 진술축미는 각기 어떤 작용을 하는가. 먼저 축토丑土와 미토未土는 우리가 이미 배운 오토와 십토의 역할 그대로이다. 다시 말해 축토는 수의 단계에서 목의 단계로 넘어가는 탄생의 순간에 작용하면서 생장을 돕는 모습을 갖고 있는 것이다. 이것은 오운에서의 갑토甲土가 지니고 있던 '삶의 의지意志'를 현실화시키는 역할을 하는 것이다.

오운은 다만 관념이고 생각일 뿐, 현실과는 다소 거리가 있었던 반면에, 오운을 현실화시키는 육기의 입장에서는 '눈에 보이는 어떤 것'으

5장_ 육기로 바라보는 세상 297

로 만들어나가야 하는 책임이 따르는 것이다. 어린이에게는 위인전을 사주는 부모가 될 수도 있고, 사업을 하려는 사람에게는 꼭 필요한 조언을 해주는 선배나 동료가 될 수도 있다. 오운과 육기의 차이점을 유념하면서 특히 육기는 반드시 '현실'이라는 조건이 붙는다는 것을 잊으면 안 될 것이다.

미토未土는 마찬가지로 우리가 배운 십토의 모습 그대로이다. 십토란 생장의 과정에서 수렴, 통일의 과정으로 순환의 흐름을 바꾸어주는 결정적인 역할을 하는 토이다. 십토가 없다면 모든 생명은 일회성에 불과한 존재가 되고 말 것이다. 십토가 있음으로써 금화교역도 가능한 것이고, 전체로서 하나의 순환을 가능하게 하는 것이다. 동양문화에서 서양문명의 '유일신'과 맞먹는 위상을 지닌 것이 바로 이 미토未土라 해도 과언이 아니다.

현실로 치면 '이상적인 지도자', '현명한 군주君主'를 상징하는 것이 바로 이 '미토'인 것이다. 그러나 역사를 되돌아 볼 때, 우리네 일반 백성이 현명한 지도자를 만나 태평성대를 누리면서 산 기간이 과연 얼마나 될까. 원래 세상이란 다 그런 것 아니냐고 할 수도 있을 것이다. 그러나 만약 기울어진 지축으로 인해 미토가 받아야할 오운에서의 기토운己土運이 제대로 작용하지 않아 이런 일이 벌어졌다고 한다면 여러분은 어떤 생각이 드는가. 이것은 아직 시작에 불과하다. 일단 육기의 기본개념을 더 익히도록 하자.

축토와 미토가 어느 정도 익숙한 토의 개념을 갖고 있었던 반면에 진토辰土와 술토戌土는 다소 생소한 토가 될 것이다. 먼저 진토의 경우, 방위도를 보면 동방목東方木의 단계에서 남방화南方火의 단계로 넘어가는 사이에 배치되어 있다. 따라서 진토는 바로 목에서 화로 넘어가는 순간에 발생하는 두 기운의 대립과 모순을 해결하는데 그 역할이 있음을 짐작해볼 수 있는 것이다.

그러면 목에서 화로 넘어가는데 어떤 문제가 있는 것일까. 목의 단계는 일단 생명을 탄생시키는데 일차적인 사명이 있는 것이나 그것으로 목의 맡은 바 임무를 다한 것은 아니다. 목은 다음 단계인 화의 작용이 원활하게 이루어질 수 있도록 몇 가지 준비를 해주지 않으면 안 되는 것이니, 화기운이 아무런 장애 없이 위로 솟구칠 수 있도록 통로를 만들어주는 것이 바로 그것이다.

아궁이에 불을 땔 때, 불이 잘 피려면 굴뚝이 좋아야 하듯이 화기운이 솟구칠 통로가 부실하다면 목의 역할이 제대로 되었다고 할 수 없다. 그래서 목은 상대편에 있는 금의 대화를 받아 튼튼한 외형 또는 껍질을 갖추기도 하고 반면에 속은 부드럽거나 충분히 비어서 기운의 소통을 도와야 하는 것이다. 원론적인 설명만으로는 이해가 힘들 것이니 비유를 들어보자.

우리는 청소년기에 학교를 다닌다. 초, 중, 고등학교에서 우리는 국어, 영어, 수학 등 다양한 공부를 하는 것인데 왜 이런 교육과정이 필요한 것일까. 물론 그 이유를 모르는 사람은 없다. 그러나 이런 청소년기 교육의 철학적인 의미를 아는 사람은 많지 않을 것이다. 우리가 국어, 영어, 수학을 배울 때, 그 자체가 목적이 되는 것은 아니다. 이런 교육은 장차 그 사람이 커서 어떤 일을 할 때, 바탕을 삼으라는 의미인 것이다. 어른이 되었을 때, 학교에서 배운 지식을 꼭 다 써먹는 것은 아니다. 그러나 '배운 사람'은 어떤 경우에서도 '못 배운 사람'보다 유리하다.

동양의 국가들처럼 교육열이 높은 곳에서는 다 일정수준의 교육을 받기 때문에 표가 잘 나지 않을 뿐이지, 의무교육조차 제대로 받지 못하는 다른 지역과 비교해서 생각한다면 교육의 의미는 충분히 짐작할 수 있을 것이다. 교육은 외형 또는 껍질과 같다고 생각하면 된다. 잘 짜인 틀(금기운의 대화를 받은 목) 속에서 그 사람의 생각(생명력, 화기운)이 원활하게 움직일 수가 있는 것이다. 이런 작용을 통틀어서 진토辰土의 작용이라고 보면 틀림이 없는 것이다.

그러면 술토戌土는 어떤 역할을 하는가. 술토는 육기방위도에서 서방금西方金의 단계와 북방수北方水의 단계 사이에 위치하고 있다. 즉, 술토는 금에서 수로 넘어갈 때 작용하는 토인 것이다. 금이나 수는 다같이 수렴의 과정이지만 의미나 역할은 분명 다르다. 다르지 않다면 굳이 구분할 필요가 있겠는가. 금이 사방팔방으로 펼쳐있는 잔가지들을 쳐내면서 근본이 되고 핵심이 되는 것만 추리는 과정을 담당한다면, 수는 금의 과정을 바탕으로 생명의 핵核을 안으로 품어 새로운 탄생을 준비하는 과정이다.

따라서 술토는 바로 생명의 핵을 창조하는 과정을 돕는 토이다. 핵核 자가 목+해 木+亥인 것만 봐도, 초목의 생명이 술토의 도움을 받아 해의 단계에 도달한 것을 씨앗(核, 씨앗 핵)이라 부르는 이유를 알 수 있을 것이다. 사람의 인생도 술토의 도움을 받아 해亥의 방위에 도달해야 비로소 완성되는 것이다. 사람이 나이를 먹으면 한번쯤 자신의 인생을 되돌아보면서 그 의미를 헤아려보는 것이 바로 술토의 작용이다. 안 그런 것 같아도 이런 과정이 없는 사람은 없다는 것이 진실이다. 다만 자신의 인생을 통해 보람을 느끼는 사람보다는 후회의 눈물을 흘리는 사람이 많을 것이라는 점이 안타까울 뿐이다.

　육기방위도를 보았을 때, 네 개로 불어난 토±를 제외하고 목화금수의 방위나 역할은 오행의 그것과 차이가 없으므로 다시 설명할 필요는 없을 것이다.

{ 육기의 방위와 변화_ 2 }

    육기방위도는 기본적인 육기의 개념을 설명하는 것이다. 그러나 이것은 글자그대로 '기본적'인 것일 뿐, 육기의 변화는 훨씬 복잡하다. 변화하는 육기의 개념을 이해하고 이후의 자화작용 自化作用 까지 나아가려면 육기변화도에서 설명하는 각종 명칭 등을 반드시 외워야 한다는 것을 미리 말해두고자 한다.
    다음은 육기변화도를 보도록 하자.

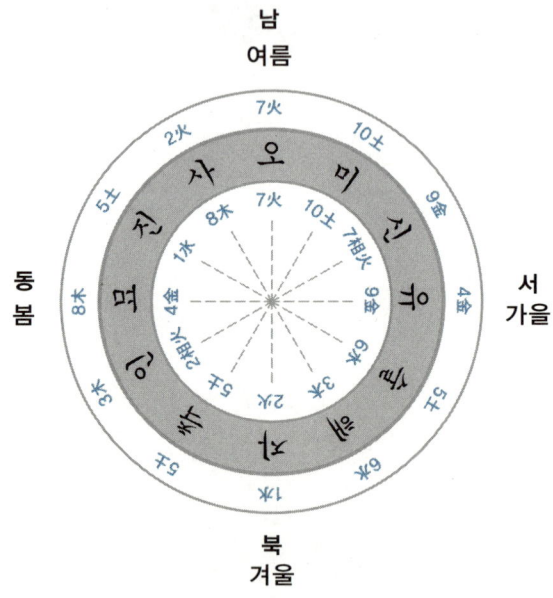

육기변화도

육기변화도의 바깥 원에는 육기방위도에서 설명한 육기의 속성과 역할이 표시되어 있다. 다시 한 번 정리하면, 자子 일수一水, 축丑 오토五土, 인寅 삼목三木, 묘卯 팔목八木, 진辰 오토五土, 사巳 이화二火, 오午 칠화七火, 미未 십토十土, 신申 구금九金, 유酉 사금四金, 술戌 오토五土, 해亥 육수六水의 순으로 정리가 되어 있다.

육기변화도의 내부에는 변화된 육기의 속성과 역할이 표시되어 있는데 일단 소개를 하도록 하자.

사 해 궐음 풍목 巳亥厥陰風木
자 오 소음 군화 子午少陰君火
축 미 태음 습토 丑未太陰濕土
인 신 소양 상화 寅申少陽相火
묘 유 양명 조금 卯酉陽明燥金
진 술 태양 한수 辰戌太陽寒水

이것이 내경內經에 설명되어 있는 육기의 변화된 개념들이다. 일단 모든 개념들이 육기방위도에서 설명되어 있는 것과는 완전히 달라져 있다는 것을 알 수 있다. 예를 들어 자子는 방위도에서는 '수' 였지만 변화도에서는 '화' 로 바뀌어 있는데 이것은 오운론에서 대화작용으로 인해 개념의 변화가 일어나듯이 육기에서는 '오행기운의 전체적인 과정' 을 중시하기 때문에 개념의 변화가 일어나는 것이라 생각하면 될 것이다.

그러면 방위도와 변화도의 차이점은 무엇인가. 변화도를 보면, 방위도에서 네 개였던 토는 도로 두 개가 되어있고, 대신 상화相火 라고 부르

는 존재가 새로 나타난 것을 볼 수 있을 것이다. 바로 이것이 지구에서의 오운의 변화를 오행이 아닌 육기로 만든 주범이다. 앞서 지축의 경사로 인해 모순된 기운이 쌓이고 쌓여 새로운 기운이 하나 만들어졌다고 했는데 바로 그것이 이 상화相火이다.

지구에, 원래는 없던 '불'이 하나 더 생겨난 것이다. 어디 그뿐인가, 우리의 인생에, 인간의 역사에 '불'이 하나 더 생겨난 것이다. 물론 이 '불'이 생겨난 궁극적인 이유는 우주의 삼양이음三陽二陰 운동이다. 음기운보다 양기운이 세다보니 그것이 '불'이 되어 지구와 인간에 어떤 영향을 미쳐왔던 것이다.

이 '상화'로 인해 발생한 오행에서 육기로의 변화, 또 그것이 '변화시킨 현실'에 대한 설명이 얼마나 타당한가에 동양학의 성패成敗가 달려있다 해도 과언이 아니다. 동양학이 음양오행론을 바탕으로 한 적당히 '흥미 있는 설說'에 만족하지 않고, 뜬금없이 천체의 타원궤도나 자전축의 경사를 거론하며 보통사람들이 감당하기 어려운 이야기를 굳이 꺼내는 이유가 무엇일까. 오직 판단은 독자들의 몫이다. 필자는 그저 배운 대로, 아는 대로 이야기를 할 따름이니 그 또한 동양의 전통 아니겠는가.

{ 사해 궐음 풍목 巳亥厥陰風木 }

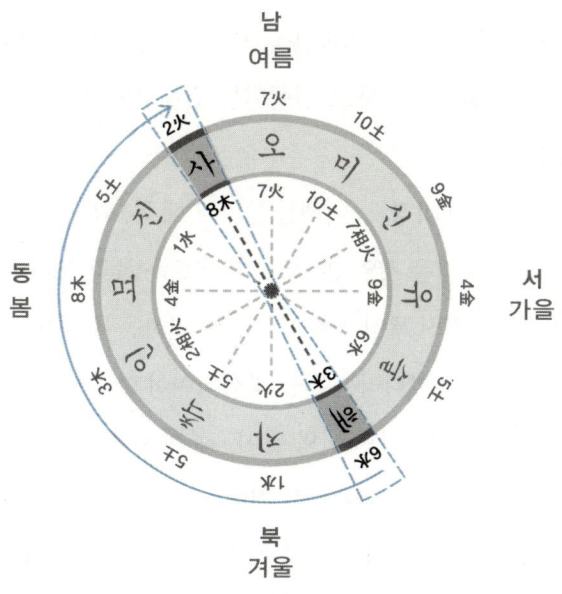

사·해의 변화 과정

일단 육기의 변화에 대해 구체적으로 살펴보기로 하자. 먼저 사해 궐음 풍목 巳亥厥陰風木에 관한 것이다. 궐厥자는 '그것'이라는 뜻과 '짧다'는 뜻을 가지고 있으며 여기서는 이후의 소음少陰이나 태음太陰보다 작은(기운이 짧은) 음기운이라는 의미로 받아들이면 된다. 다시 말해 음은 음인데 아직 세력이 미미하다는 것이다.

해亥는 방위로는 육수六水이다. 여기는 아직 수렴이 완료된 상태가 아니므로 속에 잠겨있는 양기운의 세력이 상대적으로 약하다고 볼 수 있다. 그러나 이때부터 목의 과정이 준비되고 있다는 뜻에서 목이라 이름붙인 것이다.

해亥부터 시작된 목의 과정은 인묘진寅卯辰에서 본격적으로 제 역할을 다한 후에 사巳에 이르면 그 과정을 마치게 된다. 따라서 이것은 '해'나 '사' 방위의 개별적이고 단독적인 역할을 따지는 것이 아니라 해→자→축→인→묘→진→사로 진행되는 전체적인 흐름을 따지려한다는 것이다.

원래 음양오행의 과정도, 이해를 돕기 위해 목, 화, 토, 금, 수라고 편의적으로 개념을 지은 것일 뿐, 도도히 흐르는 음과 양의 기운 속에서 부분적으로 두드러진 특징을 보이는 것을 말하는 것이지, 단절되어 홀로 존재하는 기운이 아니라는 것을 명심하여야 할 것이다. 따라서 목을 정확히 개념 지어 말한다면 이와 같이 '해'에서 시작하여 '사'에서 완결되는 기운의 흐름이라 해야 하는 것이다.

목은 우리가 숱하게 설명했듯이 '발동發動'하는 기운이므로 풍風자를 붙여 그 성질을 설명하려 한 것이다(필자의 소견으로는 '바람'의 의미가 둘이 될 수는 없지만 팔괘에서 손괘巽卦를 풍風이라 할 때와 정확히 같은 의미로 보기는 어렵다고 생각한다). 그러나 여기서 정작 중요한 것은 이러한 목의 과정을 궐음厥陰이라고 표현한 부분이다. 목이라는 것은 분명 양의 과정이라 했는데 왜 음기운 그것도 미약한 음기운이라는 이름을 붙인 것일까.

이것은 이후에도 마찬가지이지만 목의 과정이라 해서 무조건 양기운이라는 식의 고정관념을 깨기 위한 것이다. 무엇이 목에 대한 고정관념인가. 우리가 자주 청소년기를 목의 과정에 비유하곤 했는데, 그것은 청소년기가 정신과 육체의 성장기이므로 무럭무럭 크는 모습을 잘 보여주기 때문이다. 그러나 어찌 청소년기를 단순히 성장기로만 단정 지을 수 있겠는가. 육체가 자란다는 것은 음의 과정으로 이해할 수 있는 것이므로 청소년기는 정신의 성숙을 위한 음적인 바탕도 마련되고 있는 것이다.

  이렇게 양기운이 주도적으로 작용을 하되 음기운의 준비도 소홀하지 않은 것이 정확한 목의 과정이라 할 수 있는 것이니, 이것을 종합적으로 표현하면 '풍목'으로서 양기운이 주도하는 것을 표현하고, '사해'로서 이 과정이 '해'에서 '사'까지 전개되는 것임을 밝히고, 또한 '궐음'으로서 미약하나마 음기운의 바탕도 깔려있음을 보여주고자 했던 것이다. 동양의 성현들이 이름 하나 짓는 것에도 그 개념을 온전히 표현하고자 고심을 거듭한 흔적이 여실히 드러나는 부분이라 아니할 수 없다.

{ 자오 소음 군화 子午少陰君火 }

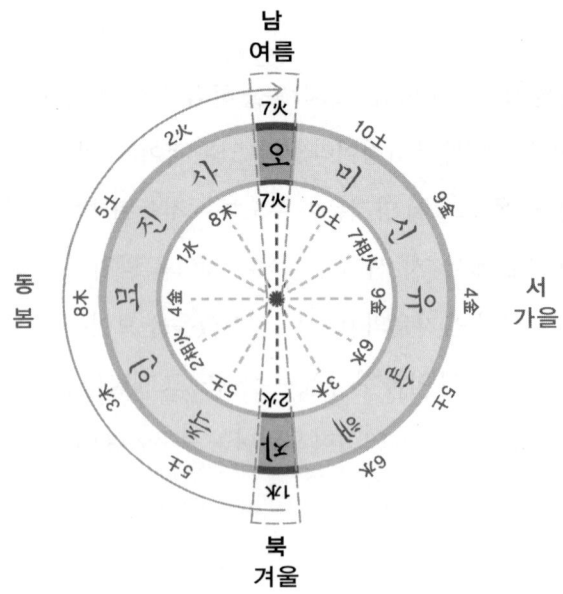

자·오의 변화 과정

다음은 자오 소음 군화子午少陰君火의 과정이다. 자수子水는 방위로는 일수一水이므로 그 속에 담긴 생명력은 이미 해수亥水보다 한 단계 발전한 모습이며 따라서 약동하는 생명력도 '목' 으로 표현하기에 적당치 않으므로 이를 '화' 라 이름붙인 것이다. '자' 에서 시작된 '화' 의 과정은 축→인→묘→진→사의 단계를 거쳐 오午에 이르면 최대의 전성기를 맞게 되지만 이로써 화의 과정은 끝나게 되는 것이다. 현명한 독자라면 이 대목에서 의문을 가질 수도 있을 것이다.

오午의 방위는 하루로 치면 한낮이고, 인생으로 치면 젊음의 극기인데 여기서 벌써 '화'의 과정이 끝난다는 말에 쉽게 동의하기 어렵기 때문이다. 그러나 여러분들이 경험적으로 한낮의 더위가 2-3시까지 이어지고, 30대에도 아직 '팔팔(?)'한 사람들을 보게 되는 것은 정확히 말하면 군화君火의 과정이 아니다.

군君이란 임금님이란 뜻이다. '화' 중에서도 가장 주도적인 화라는 뜻이니 '불'이 하나 더 있어 육기가 된 지구에서는 '군화' 말고 불이 하나 더 있다는 것을 잊으면 안 된다. '군화'는 굳이 말하자면 정상적인 화의 과정이고 따라서 '오' 방위에 이르면 화의 과정을 마치고 다음에 이어지는 미토未土의 중재를 받아들여야 하는 것이 순리임에도 '불'의 과정이 계속된다는 것은 분명 비정상인 것이다. 정상적으로 작동하지 않는 '화'의 과정은 이후 '상화'를 설명할 때 계속하기로 한다.

'군화'에 '소음少陰'이란 명칭을 더한 것은 앞서도 설명했듯이 '화'의 과정이라 하여 온통 양기운만 있는 것이 아니라 음기운의 작용도 있다는 뜻이니 '화'의 과정이 진행될수록 음기운의 활약도 적지 않다는 것을 표현하기위한 것이다. 소음은 궐음보다 한 단계 발전한 음의 과정이 있다는 의미로 이해하면 될 것이니, 젊음은 양기운만 강한 것이 아니라, 육체적으로도 크게 성장하는 시기이기 때문이다.

{ 축미 태음 습토 丑未太陰濕土 }

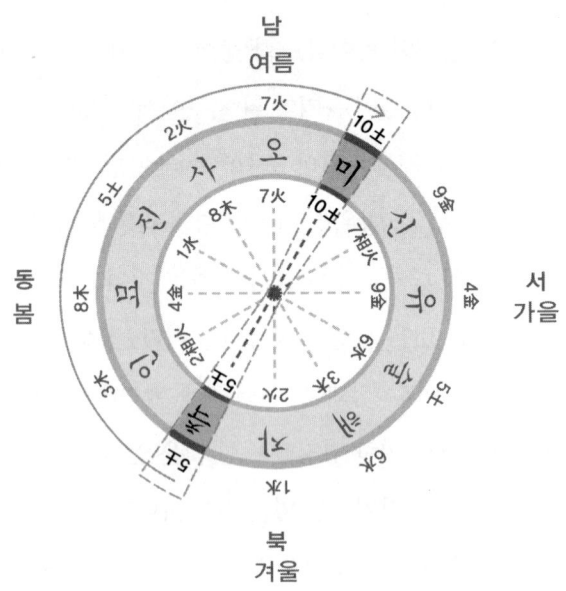

축·미의 변화 과정

다음은 축미 태음 습토丑未太陰濕土의 과정이다. 습濕은 축축하다는 뜻이니 여름철에 습도가 높아 축축한 모습을 상상하면 된다. 이 '습' 자는 철학적으로 표현할 때, '수기운'이 화기운의 영향을 받아 기운이 분산된 상象을 의미하는 것이다. 따라서 습은 음기운이 강해지면 도로 '물'이 될 것이요, 화기운이 강해지면 더욱 분산되어 형체조차 분간하기 힘들게 될 것이니, 결국 수기운과 화기운의 갈림길에 서있는 형국인 것이다.

육기에서 축丑에서부터 시작하여 미未까지 이르는 토의 과정을 습이라 표현한 것은 결국 수기운의 분열로부터 시작된 과정이 미에 이르러 거의 '수'의 형태를 알아볼 수 없을 정도로 분열된다는 것을 의미하는 것이다. 그러나 역설적으로 만물은 미의 과정에서 자신의 형체조차 찾을 수 없는 극단적인 분열을 겪은 후에야 비로소 수렴, 통일의 과정으로 접어드는 것이니 이것이 미토未土의 핵심적인 역할이다.

우스갯말로 우리도 일이 극단에 도달해서야 '하늘'을 찾고, '신'을 찾고, '부처님'을 찾지 않는가. 철학적으로는 미토의 역할을 '사물이 형形을 알아볼 수 없을 정도로 무한분열하면 그 무無를 바탕으로 다시금 유有의 기반을 만드는 곳'이라 표현하고 있거니와, 모든 사람의 인생이 다 극적이지는 않지만 분명 '내가 이러다가는 사람구실 못한다'라든지, '마음을 잡아야한다'는 자각 정도는 있었을 것이니 바로 이것을 미토의 작용이라 보면 되는 것이다.

'축미'를 태음太陰이라 부르는 것은 현실적으로 양의 과정이 전개되는 속에서 보조적으로 벌어지던 음의 과정은 끝을 맺지만 이제부터는 본격적으로 음이 주도하는 과정이 펼쳐지므로 이를 '태음'이라 한 것이다. 태太는 '클 태'자로서 이것은 비록 지금은 작아 보이지만 후에 크게 자라날 것이라는 뜻이므로 '축미'의 음과정은 비록 잘 눈에 띠지는 않지만 장차 변화를 주도하는 세력으로 커간다는 의미에서 가장 적절한 명칭이라 아니할 수 없다.

풍목, 군화, 습토의 과정은 분명 생장을 위주로 하는 양의 과정이었지만 음운동의 기반을 착실히 마련해가고 있었다는 점에서 이를 궐음, 소음, 태음으로 이름붙인 것이니 이것은 겉과 속이 다른 음양의 운동을 하

나도 빠짐없이 표현하기 위한 의도였던 것이다. 이것을 체용體用 관계라고 하는 것이니 양이 체가 되면 음이 용을 하고, 음이 체가 되면 양이 용을 하는 원리인 것이다. 우리가 눈에 보이는 현상만으로 그 안의 본질도 같은 모습일 것이라고 생각하는 것은 착각일 뿐이며 현실은 오히려 표리부동表裏不同한 것이 진실인 것이다.

물론 이것을 모든 사람들이 속셈은 따로 있으면서 겉으로는 거짓말을 내뱉고 있다는 식으로 받아들이는 것은 어리석은 것이다. 이것은 사물의 본질과 현상을 파악하는 철학적인 방법론을 말하는 것이지 개개인이 내뱉는 말의 진실과 거짓을 가리려는 의도가 아니기 때문이다. 그러나 전체적인 사람의 언행을 통해, 순간적인 말의 유혹에서 벗어나 근본적인 의도를 살피려는 것이라면 그것은 동양학이 목표로 삼는 상象 관찰의 한 범주로 해석해도 무방할 것이다.

{ 인신 소양 상화 寅申少陽相火 }

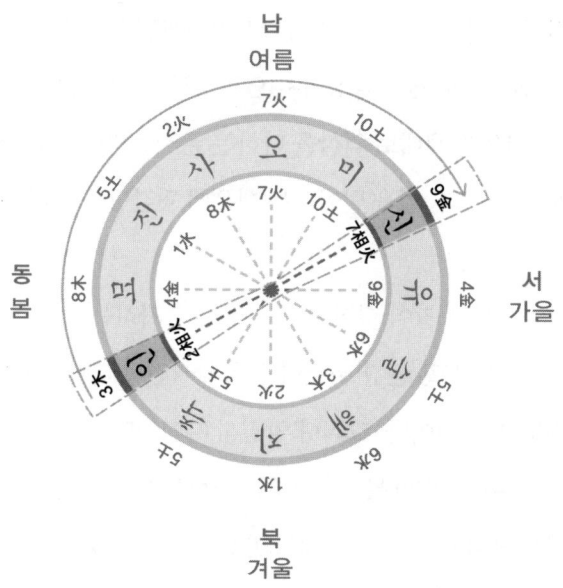

인·신의 변화 과정

다음은 인신 소양 상화寅申少陽相火의 과정이다. 육기의 변화가 일어나게 된 계기가 '상화相火'의 존재 때문에 그렇다는 것을 누차 강조했거니와 '상화'는 오운육기론에서 매우 신비스런 존재가 아닐 수 없다. 상相자는 '서로'의 의미로 쓴다는 것을 모르는 이는 없겠지만 여기서는 신하臣下의 의미로 상 자를 쓰고 있다. 즉 '정승상'의 뜻인 것이다.

삼국지에 나오는 조조의 벼슬이 승상丞相이라는 것을 기억하는 분도 있을 것이고, 영의정이나 좌의정, 우의정을 줄여서 영상領相, 좌상左相, 우상右相이라고 할 때도 역시 이 '상' 자를 쓴다. 결국 '상화相火'는

'임금님 불'인 '군화君火'를 돕는 '신하 불'이라는 뜻이 되는 것이다.

왜 상화가 존재하는가. 그것은 누차 설명했듯이 삼양이음의 영향으로 지축이 기울어 없던 불이 하나 더 생겨난 것이다. 불이 하나 더 생겨나면 어떤 변화가 있을까. 일단 음과 양의 균형이 깨져서 양이 더 많다는 것은 현실적으로 생장과정이 수렴과정보다 쉬워진다는 의미가 된다. 낳기는 쉬운데 제대로 역할을 다하는 존재로 기르기는 어려워진다는 뜻이 되는 것이다. 일을 벌이기는 쉬운데 뒷감당을 제대로 하기가 어렵다는 뜻도 된다.

우리는 역사를 통틀어 항상 인구人口가 증가하는 모습을 보아왔다. 먹고 살 식량이 있고, 환경 조건이 충족되기만 한다면 아마 인구는 더 불어날 수도 있을 것이다. 그러나 엄밀히 따지자면 이것은 절대 균형 잡힌 모습은 아니다. 태어나는 만큼 죽는 사람도 있어야 할 텐데 태어나는 사람이 더 많으니 점점 많은 문제가 발생하게 되는 것이다. 이것은 그저 '원래 그런 것'일까.

아마도 이런 인구의 증가에 어떤 원리가 숨어있다고 생각해본 사람은 거의 없을 것이다. 이런 현상이 우주의 불균형을 그대로 반영한 것이라면 어떨까. 만약 어떤 계기로 인해 우주가 균형을 잡는 시기가 온다면, 인구가 일정 수준에서 늘지도 줄지도 않게 된다면 식량이나 에너지 같이 우리가 당면하고 있는 많은 문제들을 어느 정도 해결할 수 있지 않을까.

과학기술의 발달이나 산업의 발전은 필연적으로 인간관계를 분화分化시키는 역할을 한다. 예전에는 많은 사람들이 주로 농업 같은 1차 산업에 종사했기 때문에 직업의 종류도 한정되어 있었다. 그러나 기술의 발달은 점차 다양한 직업을 만들어 냈고 또 같은 직업 내에서도 역할이 세분화되고 전문화되기에 이른다. 이것을 많은 사람들은 그저 '필연적인 변화'라고만 생각한다.

그러나 우리가 경험하듯이 너무 세분화된 인간관계는 사람을 몹시 '피곤하게' 만드는 것이 사실이다. 돈을 버는 것도, 예전에는 그저 직업을 갖거나 좋은 물건 하나만 잘 만들면 먹고사는 문제가 해결됐지만 지금은 '재테크'를 해야 하고 '투자'를 하지 않으면 남에게 뒤처지는, 점점 '먹고 살기' 힘든 세상이 된 것이다. 일이 이쯤 되다보니 과연 기술의 발전은 무엇이고, 산업의 발달은 무엇이냐는 푸념이 곳곳에서 들려오고 있다.

'하루'는 사람이 살아가는 기본 단위이다. 아침에 일어나 일터로 향하고, 열심히 일하다 저녁이 되면 집으로 돌아와 휴식을 취하는 것이 보통 사람들의 삶의 모습이다. 그러나 이런 평범하고 균형 잡힌 삶을 사는 사람들이 점차 줄어들고 있다. 그날 벌인 일이 당일로 마무리가 된다면 집에 들어와서도 편안히 쉴 수 있을 텐데 불행하게도 그런 일은 거의 없다. 항상 벌인 일은 많지만 성과가 적고 마무리가 안 되어 내일로 모레로 연장되는 일투성이다. 벌이고 있는 일로 인해 중압감을 느끼고, 결과가 만족스럽지 못해 스트레스를 받는 사람들이 어디 한둘인가.

우리가 현대사회에서 관찰할 수 있는 온갖 현상들이 너무나 공교롭게도 '상화'의 과정과 정확히 일치한다. 아직 둘 사이의 상관관계를 인정하기는 힘들겠지만 철학적으로 관찰되는 상象과 우리를 둘러싼 현실이 그 의미에 있어 같은 모습을 보여준다는 것은 절대 예사로 넘길 일이 아닌 것이다.

'상화'는 진화眞火, 즉 '진짜 불'이 아니다. '진짜 불'은 '군화'이며, 정상적이라면 '화'의 과정은 '미토'가 들어오면서 끝나야 하는 것인데 지축의 경사로 인해 화기운이 넘치다 보니 그것이 공정한 중재자인 '미토'마저 무시하고 금의 단계에 까지 영향을 행사하고 있는 형국인 것이다.

이것은 감성感性이 이성理性의 충고를 무시하는 것이고, 현실이 이상理想을 짓밟는 것이다. 책에 쓰여 있는 온갖 '좋은 말'들은 현실에 들이대면 한갓 휴지조각에 불과한 것으로 전락하고 마는 것이다. 동시에 우리가 잘 알고 있는 바와 같이, 이성의 충고를 무시한 감성은 '후회'를 남길 뿐이요, 이상을 짓밟은 현실은 비참할 뿐이다. 또한 이론理論이 없는 경험經驗은 모래위에 지은 집과도 같다.

지금은 일단 상화의 기본적인 성격을 설명하는 것이므로 이 정도로 줄이거니와 상화가 보여주는 보다 구체적이고 다양한 상象은 2권에서 별도로 다루려고 한다.

'상화'는 인寅 방위에서 시작하여 신申 방위에서 마무리된다. 원래 '신申'은 금이다. 그런 '신'이 화로 작용한다는 것은 오, 미에서 태과한 불기운이 금기운인 신에게마저 영향을 미쳐 마치 쇠는 쇤데 벌겋게 달구어진 쇠가 된 형국인 것이다.

또한 '상화'를 소양少陽이라 이름붙인 것은 비록 외형은 벌건 쇳덩어리지만 그래도 금의 역할을 포기하지 않고 새로운 생명을 탄생시킬 준비를 하고 있다는 뜻이니 이것은 금화교역을 준비하는 첫 단계라는 의미인 것이다.

{ 묘유 양명 조금 卯酉陽明燥金 }

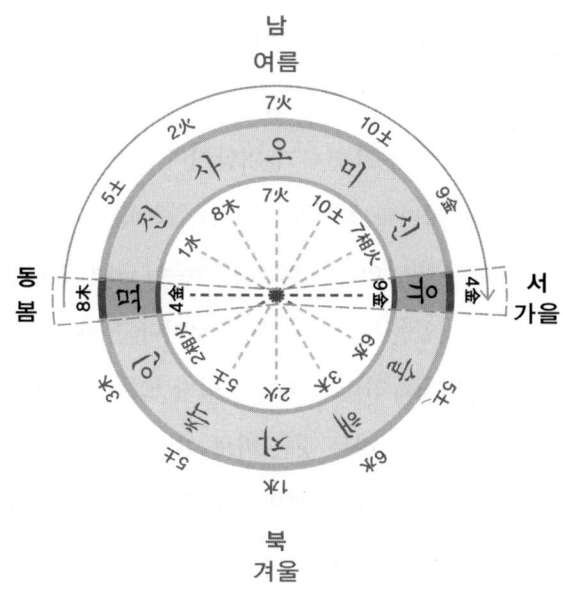

묘·유의 변화 과정

    다음은 묘유 양명 조금 卯酉陽明燥金 의 과정이다. 사람이 아무리 살기 어려워도 함부로 삶을 포기하지는 않는다. 비록 세상이 모순에 가득 차 있더라도 무언가 희망을 발견하고 그것을 등불삼아 모질게 살아온 것이 바로 인간이다. 대자연의 법칙도 마찬가지이다. 비록 양기운이 태과하여 미토未土와 신금申金까지 위협하는 기세로 달려들지만 그래도 우주는 생명을 유지하고 순환을 지속하기 위하여 온갖 비상조치들을 강구하는 것이니 조금燥金의 과정이 바로 그것이다.

    조燥자는 건조하다는 의미이니 '미토'가 다 처리하지 못한 '습한 기운'을 차갑고 건조한 기운으로 일거에 말려버리는 것이다. '조금'의 단계는 묘卯 방위에서 이미 시작되어 유酉 방위에서 마무리되는 것이니, 사계절에서도 가을이 되면 건조하고 청명한 날씨가 지속되어 여름의 덥고 습한 기운을 몰아내곤 하는 것이다.

이것을 양명陽明이라고 부르는 것은 '조금燥金'의 기운이 갖고 있는 정의롭고 공평한 성질을 표현하기 위함이다. 명明이란 그저 '밝다', '환하다'라는 뜻이 아니다. 해日와 달月을 합쳐 명明자를 만든 것은 해가 상징하는 양기운과 달이 상징하는 음기운이 균형 잡혀 있을 때야말로 진정한 '밝음'이 있을 수 있다는 뜻인 것이다. 지혜롭고 사리분별이 분명한 사람을 총명聰明하다고 하는 것이나 모든 일이 분명하게 드러난 것을 명백明白하다고 하는 것은 바로 이런 까닭인 것이다. 따라서 '조금'에 양명陽明이란 이름을 붙인 것은 '조금'이 행하는 '생명을 준비하는 과정'이 현실에 휘둘리지 않고 우주 본연의 원리에 합당하게 진행된다는 뜻이 된다.

음과 양의 과정은 상대적이다. 비록 양기운의 세력이 강하여 음의 영역까지 넘보고 있지만 대신 음기운은 질적으로 더욱 강력한 태세를 갖추고 이에 대응하는 것이다. 그러나 여기에도 단점은 있다. 가을에 찬 바람이 불면, 초목은 화려했던 여름날의 추억을 뒤로 한 채, 떨어지는 낙엽만을 남길 뿐이니 여기에는 착하고 악함에 대한 판단이 없는 것이다. 가을바람이 착한 나무, 악한 나무를 가릴 리도 없거니와 새 생명을 준비하기 위해 결실에만 매달리는 모습이니 현실에서 이것을 과연 정의롭다 할 수 있는가 하는 문제가 남는 것이다.

인간의 역사를 봐도, 사회나 국가 간에 여러 모순적인 상황이 발생하면 전쟁이 나거나, 질병이 발생하여 수많은 사람들이 일거에 죽어나가는 상황이 여러 번 있어왔는데, 이것은 모순을 한순간에 해결하여 새로운 상황을 만든다는 차원에서 좋은 점도 있겠지만, 무고한 사람들이 희생된다는 면에서 보면 과연 여기에 선악이 있는가하는 의문에 빠져들게 되는 것이다.

'조금'의 강력한 음기운에 대의명분大義名分이 있는 것은 사실이고 그래서 양명이란 이름도 붙은 것이지만, 그 내리치는 서릿발 같은 금기운은 선악을 가리지 않고 생명을 해치기도 하는 것이니, '조금'의 상象은 의외로 우리 주변에서 쉽게 관찰해볼 수 있으리라 생각한다.

{ 진술 태양 한수 辰戌太陽寒水 }

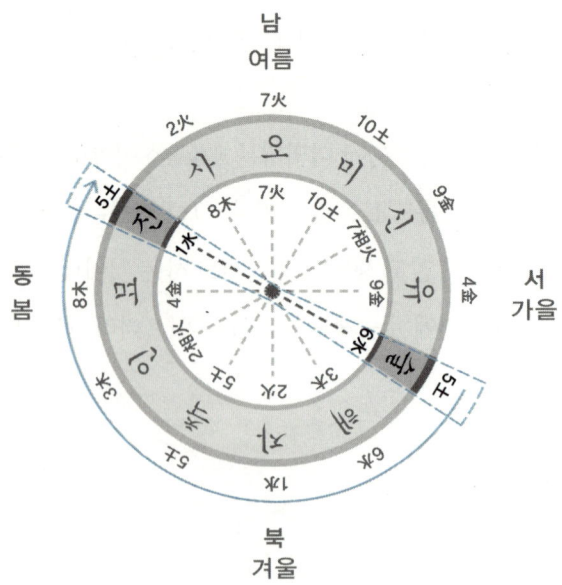

진·술의 변화 과정

다음은 진술 태양 한수 辰戌太陽寒水의 차례이다. 태양太陽이란 생명력의 응축이 극에 달해 아주 작은 모습이지만 장차 양의 과정을 주도할 큰 기운을 간직하고 있다는 뜻이다. 태太자가 외형은 비록 작지만 장차 크게 될 존재라는 뜻을 갖고 있다는 것은 앞서 설명한 바가 있거니와 이 단계에서는 태양이라는 이름 외에 다른 이름을 붙일 수가 없는 것이다.

따라서 이것은 분명 수기운이 응축되는 과정이다. 한寒이란 '차다'는 뜻이니 날씨가 추워지면 만물이 움츠러들듯이 '수'가 응축된 상象을 표현하는 것이다.

'한수寒水'는 진辰 방위에서 시작하여 술戌 방위에서 마무리되는 것이니 이것은 많은 의미를 담고 있다. '진'과 '술'은 육기방위도에서 새로이 정의된 '토土'라는 것을 먼저 설명한 바가 있는데 이것이 육기의 변화과정에서 '수'로 의미가 바뀌는 것이다.

진술축미辰戌丑未 네 개의 토 가운데 우리가 먼저 중요시하는 것은 축토丑土와 미토未土이다. 이것은 '생장'과 '성숙'을 중재한다는 원래 '토기운'의 역할에 충실한 모습을 갖고 있다. 반면에 진토와 술토는 축토, 미토를 보좌한다는 의미가 강하다. 그러나 현실에서 사람의 이목을 끄는 것은 '축토'나 '미토'보다는 '진토'와 '술토'가 되는 것이니, 다시 말하자면 사람들은 탄생하거나 철드는 것에 관심을 갖기보다는, 어떤 '교육'을 받고 어떤 '성과'를 이루었는가에 더욱 관심을 갖는 것이다. 좋게 보자면 이것도 하나의 체용관계라고 할 수 있다.

그러나 사람들이 진토와 술토의 과정에 관심을 더 가지는 이유는 이것이 훨씬 '눈에 보이는 현실'을 만들기 때문이다. 꼭 일치하는 것은 아니지만 사람들은 어릴 때 좋은 교육을 시키면 커서 좋은 성과를 이룰 것이라고 생각한다. 이처럼 씨앗과 열매의 관계를 갖고 있다고 보기 때문에 사람들은 우리가 '진토'와 '술토'라고 부르는 과정에 관심을 기울이는 것이고 철학적으로는 '한수'라고 이름 지어 이 속에 수의 과정이 담겨있음을 표현했던 것이다.

{ 사정위 四正位, 사상위 四相位, 사유위 四維位 }

　이상으로 육기의 변화에 대한 설명을 마쳤다. 그러나 이것은 개념의 설명을 마친 것에 불과하며 육기를 이해하기 위해서는 아직도 가야할 길이 멀다. 육기의 운동에 대한 것에 본중말 本中末 운동이라는 것이 있으니 이 역시 꼭 알고 넘어가야 할 과정이다.

　본중말이라는 것은 글자그대로 모든 일에는 근본과 중간과정과 결말이 있다는 뜻이니 이것을 다른 말로 시중종 始中終 이라고도 한다. 물론 이것은 단순히 사물의 과정을 설명하려는 것은 아니다. 본 本 은 근본이며 씨앗이 되는 그 무엇이 있어야 한다는 뜻이고, 중 中 이란 중심이 되는 과정이 있어야만 중용의 역할을 해서 일의 진행을 순조롭게 한다는 뜻이며, 말 末 은 끝이지만 다시 새로운 시작과 연결될 수 있는 '마침' 이 되어야 한다는 뜻이다.

　이것은 다시 육기변화도를 보면서 설명해야 한다.

사정위　　　　　　사상위　　　　　　사유위

육기변화도의 동서남북을 보면 각기 자오묘유子午卯酉가 자리 잡고 있다. 이것은 오운이 지구에 투사投射될 때, 가장 강한 기운을 받는 위치라 할 수 있다. 따라서 현재 지구상의 모든 변화는 이 네 자리를 기준으로 일어나고 있는 것이다. 이것을 바른 위치를 잡고 있는 네 기운이라는 뜻에서 사정위四正位라고 한다. 이것은 모든 변화의 중심에 있기 때문에 본중말 운동의 '중中'에 해당하는 것이다.

　이 '사정위'를 도와서 변화의 계기를 만드는 것이 인신사해寅申巳亥이며, 이것은 '사정위'를 신하로서 보좌한다는 의미에서 상相자를 써서 사상위四相位라고 한다. 다시 말해 인寅은 묘卯를 돕고, 신申은 유酉를 도우며, 사巳는 오午를 돕고, 해亥는 자子를 돕고 있는 것이다. 따라서 '사상위'는 본중말의 '본本'에 해당하는 것이다.

　마지막으로 진술축미는 '사정위'와 '사상위'가 행한 바를 거둬들여 새로운 계기를 만드는 존재이니 이것을 '얽을 유維'자를 써서 사유위四維位라고 하는 것인 바, 이것은 본중말의 '말末'에 해당한다.

　이렇게 본중말 운동을 하는 사정위, 사상위, 사유위를 염두에 두고 개별적인 과정을 살펴보자. 자子는 방위로 보든 변화로 보든 해亥의 도움을 받을 수밖에 없는 상황이며 동시에 축丑의 중재로 생명을 탄생시키는 것이다. 이렇게 해자축亥子丑이 한데 묶여 북방, 즉 겨울의 변화를 만들어 나가는 것이다.

　다음에 묘卯를 보면, 인寅이 돕고 진辰이 얽어주어 본중말 운동을 해가는 것이니 이것이 인묘진寅卯辰으로 구성된 동방, 즉 봄의 과정이다. 이후의 사오미巳午未나 신유술申酉戌도 마찬가지로 각각 여름과 가을의 과정을 펼쳐나가게 된다.

사계절이라는 것은 이렇게 각기 목, 화, 금, 수를 대변하는 개성이 강한 자오묘유子午卯酉가 중심에 있으면서 펼쳐지는 것이다. 그런데 여기서 한번 생각을 해보자. 목, 화, 금, 수란 결국 음양의 기운이 서로 대립하는 형국이니 항상 시끄럽고 분란이 그치지 않는다. 다행이도 네 개의 토가 각 유위維位에 배치되어 간신히 다음 단계로 넘겨줄 수 있는 것이지 개성이 강한 목, 화, 금, 수는 자신의 세력을 쉽게 포기하지 않으려 하는 것이다.

왜 이런 설명을 하는 것일까. 원래 오행은 상생相生을 기반으로 한다고 해놓고는 이제 와서 목, 화, 금, 수가 서로 다투고 자리를 양보하지 않으려 한다는 말은 또 무엇인가. 그것은 바로 방위 때문이다. 자오묘유子午卯酉가 '사정위'가 될 수 있었던 것은 온전히 오운의 기운을 정면으로 받아들일 수 있는 위치에 있었기 때문이다. 그러나 정작 '자오묘유'는 그 자리에 앉을만한 자격을 갖춘 존재는 아니었던 것이다. 상생相生은 궁극적으로 '토'를 기반으로 하는 것이다. 중용의 덕을 발휘해야만 가능한 것이 바로 상생임에도 그 자리에 딴 존재가 앉아 있으니 상생이 제대로 될 턱이 없다.

스스로 노력하고 일해서 경험과 인격을 갖춘 사람이 앉아야할 자리에 운 좋게 '돈벼락'을 맞거나 '줄을 잘 선' 사람이 앉아있으니 좋을 리가 없거니와 절대 자리를 양보하려 하지 않으니 더욱 문제인 것이다. 그나마 주변의 생각 있는 사람들이 눈치를 주고 충고를 하니 마지못해 물러서는 모습이 바로 사유위四維位의 작용과 같은 것이다. 사람이란 나아갈 때와 물러설 때를 잘 판단해야 하는 것이다. 끼지 못할 자리에 함부로 머리를 들이밀거나, 물러날 때임에도 끝끝내 버티는 모습은 결코 보기 좋은 모습은 아니다. 과연 이 세상은 자오묘유가 사정위에 있는 모습일까, 아니면 진술축미가 사정위에 있는데 동양의 성현들이 잘못 생각한 것일까.

{ 육기의 대화작용 對化作用 }

오운에서 대화작용이 있었던 것처럼 육기에서도 대화작용이 존재한다. 상대편에 있는 기운이 현재의 나에게 영향을 미쳐 반응 反應을 보이는 것은 오운과 하등 다를 바가 없는 것이다. 그러나 개별적인 대화과정은 오운을 참고하면 되므로 여기에서는 생략하고자 한다. 다만 육기는 '현실'을 반영한다는 점에서 대화작용보다 더욱 강력한 영향을 미치는 것이 바로 본중말 운동이다.

앞서 설명한 대로 사정위를 기준으로 한 해자축, 인묘진, 사오미, 신유술이 한 묶음이 되어 대화작용을 일으킨다고 보면 된다. 그러나 이것은 지축의 경사로 인해 발생한 비정상적인 모습을 담고 있으므로 원래 본중말 운동에서 중中의 역할을 담당할 자격이 있는 진술축미를 기준으로 본중말 운동을 재구성하면 자축인 子丑寅, 묘진사 卯辰巳, 오미신 午未申, 유술해 酉戌亥의 본중말 운동이 성립되는 것이다.

자축인 子丑寅은 '토'인 축丑이 '중'이 되어 '수'에서 '목'으로 넘어가는 과정을 보여준다. 묘진사 卯辰巳 역시 진辰이 '중'이 되어 '목'에서 '화'로 넘어가는 과정이 나타나 있는 것이다. 이후 오미신 午未申과 유술해 酉戌亥의 과정도 다를 것이 없다. 이렇게 '토'를 '중'으로 삼고 변화를 바라보면 오운과 육기의 차이가 뚜렷하게 드러나는 것이다.

오운은 중간에 '토'가 없기 때문에 각기 갑기 甲己, 을경 乙庚, 병신 丙辛, 정임 丁壬, 무계 戊癸로 본말 本末 운동만 할 뿐, 개별적인 본중말 운동을 할 수가 없는 것이다. 물론 중앙의 무기토 戊己土가 있기는 하지만 이것은 전체적인 조율을 할 뿐 개별적인 변화에 개입하는 모습은 아니다.

　이것은 무슨 뜻인가. 오운의 변화에 '중'이 없이 본말 운동만을 한다는 것을 어떻게 받아들여야 하는가. 이것이 우리가 우주나 대자연을 바라볼 때, 마치 기계적인 반복작용만 할 뿐 살아있는 생명이라 느끼기 힘든 이유이다. 오운의 대화작용은 서로 기운을 주고받기만 할 뿐, 중간에서 조절하는 존재가 없기 때문에 개성個性이 없이 무덤덤한 존재로 보이는 것이다.

　그러나 역설적으로 우주나 대자연이 오운의 본말 운동을 하지 않는다면 그야말로 큰일이 날 것이다. 행성의 공전이나 자전이 일정하지 않고 재량껏, 적당히 알아서 일어나는 것이라면 생명이 존재할 수 있는 기반 자체가 파괴되는 것이니 그것은 절대로 일어나서는 안 되는 일이 될 것이고, 반대로 인간이나 동물이 개성이나 재량이 없이 기계적인 활동만 반복한다면 한마디로 웃기는 일이 되고 말 것이다.

　본중말 운동과 본말 운동, 중재하고 조절하는 '토'의 역할은 이렇게 중요한 것이다.

{ 구궁팔풍九宮八風 운동 }

지금까지 설명한 육기의 방위와 변화, 그리고 본중말 운동을 한데 모아 설명하는 것이 바로 구궁팔풍九宮八風 운동이다. 이름은 거창하지만 이것은 내경內經에서 유래한 것이라 고색창연한 이름이 붙었을 뿐, 내용은 간단한 것이다.

일단 구궁팔풍도를 보자.

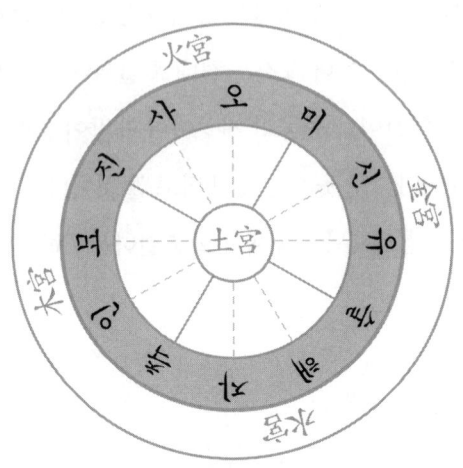

구궁팔풍도

그림을 보면 육기를 뜻하는 십이지가 표시되어 있고 그 인묘 방위에 목궁木宮, 사오 방위에 화궁火宮, 신유 방위에 금궁金宮, 해자 방위에 수궁水宮이라 써 놨으며, 중앙에는 토궁土宮이 자리잡고 있으면서 진술축미 네 방위에 가지를 뻗고 있다. 따라서 목, 화, 금, 수가 각기 두 개씩 여덟 개의 궁이 있고 중앙의 토궁을 합쳐 총 아홉 개의 궁, 즉 구궁九宮이 되는 것이다. 이로써 궁宮이란 결국 방위를 뜻하는 것임을 알 수 있다.

목, 화, 금, 수의 기운들이 '굳건히 자리를 지키고 있으면서' 각 방위를 타고 변화를 일으킨다는 것을 상징하기 위해 '궁'이라 표현한 것이다. 또한 필자가 몇 차례 설명한 바와 같이 토는 중앙에 위치하고 있으면서 중요한 순간마다 '작용'하는 모습을 보인다고 했듯이 '토궁'은 중앙에 있으면서 진술축미를 '현실에 파견'하고 있는 것도 볼 수 있다.

또한 '토'는 '실제로 존재하는' 기운이 아니라 우리가 그렇게 느낄 뿐이라고 했듯이, 현실적으로 작용하는 것은 목, 화, 금, 수 네 개의 기운뿐이기 때문에 이것을 팔풍八風이라고 부른 것이다.

현실에 존재하는 것은 '팔풍' 뿐이다. 그러나 토가 필요할 때마다 파견되어 본중말 운동을 이루기 때문에 육기는 오운과는 달리 개별적이고 독자적인 변화가 가능해지는 것이다. 이렇게 현실은 '팔풍'이지만 변화는 '구궁' 전체에서 일어나기 때문에 구궁팔풍 운동이라 한다.

태호 복희씨가 팔괘를 그은 것도 결국 변화의 가장 기본적인 단위가 여덟 개로 구성된다는 점에서 둘은 같은 내용을 담고 있는 것이다.

{ 육기의 자화작용 自化作用 }

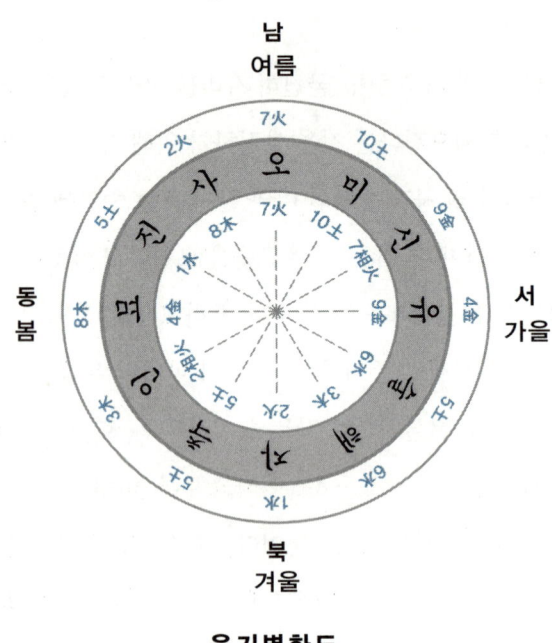

육기변화도

    지금까지 육기의 방위와 변화, 그리고 본중말 작용과 구궁팔풍 운동에 대하여 알아보았다. 이제 마지막으로 남은 것이 바로 육기의 자화작용이다. 육기가 지구, 그것도 지축이 경사된 지구에서 일어나는 현실적인 변화를 상징한다는 것을 수차 언급했거니와 그런 육기 운동의 궁극적인 과정을 설명하는 것이 바로 자화작용이다.

    자화작용을 설명하기에 앞서 지금까지 설명한 것을 다시 한 번 정리해 보자. 지축의 경사로 인해 오행에 기운이 하나 더 추가되어 지구는 육기로 운행하고 있다. 육기는 방위적으로는 '토'가 추가되어 네 개의 '토'가 존재하고, 변화적으로는 '화'가 추가되어 '상화'가 존재한다.

육기의 변화에 토가 추가되었다는 말은 본중말 운동이 가능해졌다는 뜻이고 이것은 결국 부분적이고 개별적인 변화가 일어날 수 있는 바탕이 형성되었다는 말과 같다. 인간이 자율적으로 움직일 수 있는 것은 오운의 영향이고, 개성을 바탕으로 재량껏 움직일 수 있는 것은 본중말 운동의 영향인 것이다. 그러나 인간을 움직이는 이 두 가지 요소는 서로 조화를 이루지 못하고 항상 어긋나게 되는데 그 까닭은 바로 '상화' 때문이다.

지축의 경사로 '불'의 기운이 강해지면서 균형이 깨진 음과 양은 우리의 현실에 온갖 모순되고 불합리한 상황을 만들어 놓는 것이다. 그러나 인간이 가진 위대함은 어떤 역경과 시련 속에서도 항상 새로운 길을 열어왔다는데 있는 것이다. 어떻게 인간이 이런 능력을 발휘하게 되었을까. 이에 대한 동양학의 대답이 바로 '인간은 자화작용自化作用을 하는 존재이기 때문'이라는 것이다.

자화작용에 대해 본격적으로 들어가기에 앞서 한 가지 전제를 한다면 자화작용을 설명하는데 있어 상수학이 꼭 필요하다는 점이다. 상수학은 보이지 않는 상象을 수數를 통해 파악해보려는 것이다. 어떤 변화이든 변화가 일어나면 수數도 동시에 변한다. 따라서 수의 변화를 관찰한다는 것은 동시에 상의 변화를 관찰한다는 뜻이 되는 것이다. 이것은 한동석 선생도 『우주변화의 원리』에서 사용한 것이니 과문한 필자로서는 대가大家의 방법론을 그대로 따르는 것만이 유치幼稚를 면할 수 있는 길이라고 생각한다.

{ 해자축亥子丑의 자화작용 }

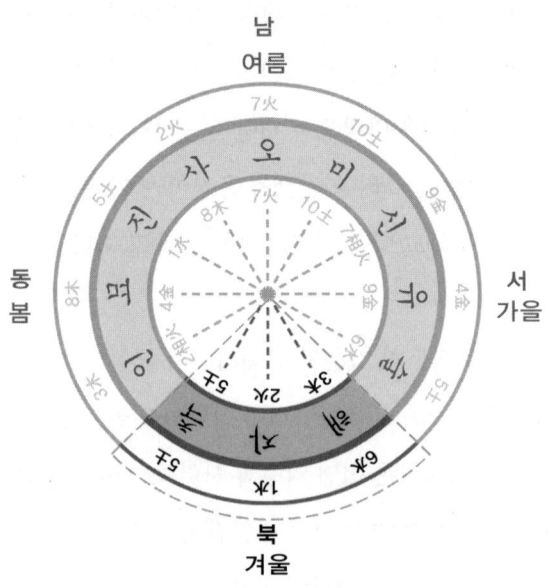

해자축의 자화작용

먼저 수궁水宮부터 시작하자. 중재를 하는 '토'까지 포함하여 해자축亥子丑은 수궁이 되는 것이다. 해亥는 방위로는 육수六水요, 변화로는 삼목三木이다. '육수'는 아직 수렴이 완전하지 못하여 생명력을 품고 있는 상象이요, '해' 안에 품어진 생명의 입장에서 보면 아직 '화'만큼 강한 힘을 갖추지 못한 채 의지만을 불태우는 '삼목'인 것이다. 결국 '해'는 아직도 생명력을 현실화시키기에는 부족한 '상'인 것이다.

그러면 '해'는 어떤 선택을 해야 하는 것일까. 인간이 기립지물氣立

之物이라면 수동적으로 방위의 변화가 일어나기만을 기다려야 하겠지만, 인간은 분명 신기지물神機之物이므로 스스로 대책을 찾으려 하는 것이다. 이 순간의 상을 보기 위해서는 방위와 변화의 상황을 합쳐놓고 관찰해야 한다. 다시 말해 내가 지금 처해있는 현실은 이렇고, 내가 장차 해야 할 일은 이러니, 이 둘을 동시에 고려해서 대책을 강구해야 하는 것이다.

상수학적으로 본다면 대답은 간단하다. 이 둘을 더하면 되는 것이다. '육수'의 6과 '삼목'의 3을 더하면, 3+6=9가 된다. '구'는 구금九金이다. 아직은 더 수렴을 지속해야 한다는 답이 나오는 것이다. 아직은 더 때를 기다리면서 내부적으로 생명을 다져야 한다는 것이 '해亥가 가야 할 길'인 것이다. 상수학을 완전히 신뢰하지 못하는 입장에서 이 같은 방식은 다소 엉뚱해 보일 수도 있다. 그러나 이후의 자화작용 과정을 계속 지켜보면 절대로 가볍게 생각할 일이 아니라는 것을 알게 된다.

또한 여러분이 해亥의 상황에 처해 있다면 더욱 그렇다. 요즘같이 청년 실업이 문제가 되는 세태가 '해'의 과정과 매우 유사하다. 직업을 갖고 사회에 진출하고 싶은데 기회가 주어지지 않는 것이다. 그런 경우, 대부분 어떤 선택을 하는가. 하는 수 없이 실력을 더 다지는 수밖에 없지 않은가. 영어 실력도 키우고, 자격증도 따놓으려 하는 것이 자신을 다지는 행동, 즉 구금九金의 과정과 무엇이 다른가. 주어진 상황에 굴하지 않는 선택과 행동, 그것이 바로 자화작용의 실체인 것이다.

자子는 방위로는 일수一水요, 변화로는 이화二火다. '일수'란 완전히 꽉 찬 생명력을 뜻하는 것이고, '이화'는 탄생하려는 의지 또한 총에 장전된 총알처럼 강력하다는 의미이다. 이제 방아쇠만 당기면 되는, 모

5장_ 육기로 바라보는 세상　333

든 준비가 갖추어진 상태가 바로 '자'인 것이다. 이런 '자'는 어떤 자화작용을 하는가. 1+2=3이 되듯이, '자'의 선택은 바로 삼목三木, 즉 '출발'이 되는 것이다.

다음은 축丑의 단계이다. '축'은 방위로도 오토五土요, 변화로도 오토五土다. 따라서 축의 자화작용은 5+5=10이 된다. 즉 '축'의 선택은 십토十土가 되는 것이다. 이것은 어떤 의미를 갖는가. 이미 오운의 갑토운甲土運을 설명하면서 시작단계에서는 본받을만한 존재나 사례事例가 매우 중요한 역할을 한다는 것을 설명한 바 있는데, '축'의 자화가 '십토'가 된다는 것은 본받을만한 존재나 사례를 찾아 헤매고 있는 '상'이 되는 것이다.

이로써 '축'이 유위維位가 되어 다음 단계로 넘어가는 중재자 역할을 한다는 것도 아주 정확하게 설명되고 있다. 보통 사람의 눈에는 일반적인 덧셈에 불과하겠지만, 이것이 철학으로 승화되면 무궁무진한 상상력을 발휘하게 해준다는 것을 다시금 깨닫게 하는 순간이다.

{ 인묘진寅卯辰의 자화작용 }

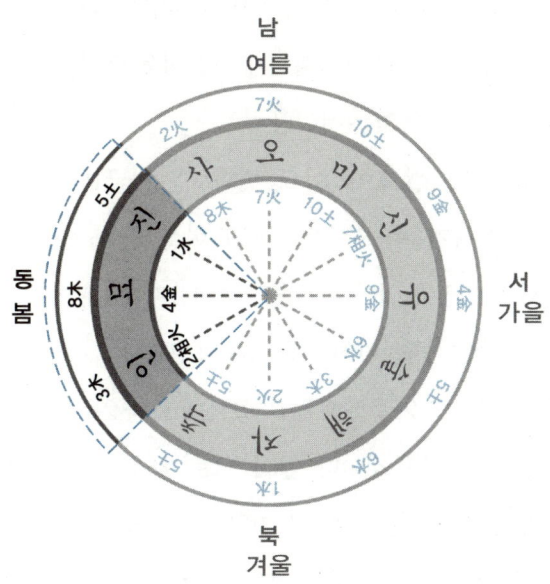

인묘진의 자화작용

다음은 목궁木宮의 자화작용이다. 인寅은 방위로는 삼목三木이요, 변화로는 이상화二相火다. 이때부터 벌써 지축의 경사로 인해 불어난 '화'가 서서히 기운의 태과太過를 부추기고 있는 상황이 벌어지고 있는 것이다. 그러면 '인'의 선택은 무엇인가. 3+2=5가 되어 오토五土가 '인'의 선택이 되는 것이다. '인'은 아직 목기운의 형상을 갖추지 못한 채 발發하는 '무형의 기운'만을 갖고 있는 상태이므로, 형상을 갖추기 위해 아직도 '토'의 중재를 필요로 하는 '상'인 것이다.

아직 머릿속에서만 맴도는 아이디어가 바로 '인'이므로 이것이 구체적인 '설계도'가 되기 위해서는 아직 '토'의 도움이 필요한 상황이라고 보면 될 것이다. 게다가 '상화'의 작용까지 염두에 둔다면 나름대로 '좋은 아이디어'라고 생각되어 남에게 이야기했더니 핀잔만 돌아온 격이 되어 당사자는 자신의 아이디어에 현실성을 불어넣기 위해 온갖 노력을 기울이지 않을 수 없는 것이다.

묘卯는 방위로는 팔목八木이요, 변화로는 사금四金이다. '묘'란 이제 형상을 갖춘 목기운이므로 어느 정도 현실화된 모습인 것이다. 이런 '묘'의 자화는 어떻게 일어나는가. 8+4=12가 된다. 이것은 12라는 수를 어떻게 해석해야 하는가하는 문제가 발생한다.

12는 다시 12=10+2로 분해될 수 있는데 12와 2는 양적인 차이가 있을 뿐, 질적으로는 같은 것이다. 앞서 '오토'와 '십토'를 질서와 법에 비유하여 설명했듯이 12는 '현실을 기반으로 한 2' 정도로 생각하면 될 것이다. 다시 말해 '묘'는 어느 정도 '설계도'를 만든 상황이니 이제 '본격적으로 일을 벌여보자'는 생각을 갖게 되는 것은 너무도 당연할 것이다. '묘'의 자화가 십토十土와 이화二火로 구성되었다는 것은 바로 이러한 '상'을 반영한 것이다.

다음은 진辰의 과정이다. '진'은 방위로는 오토五土요, 변화로는 일수一水가 된다. '진'이 마치 청소년에게 교육을 시키는 이치와 같은 것이라는 것을 앞서 설명한 바가 있거니와 이것이 자화작용에서는 어떤 모습을 띠는지 살펴보려는 것이다. 5+1=6이다. 육수六水는 생명력을 품고 있는 '상'이니 '교육'이라는 것이 사람에게 장차 써먹을 '수단'을 품게 해준다는 생각이 들지 않는가. 또한 진술 한수辰戌寒水가 토기운에 수기운을 더한 양상으로 실제 사람들의 관심을 가장 많이 받는 과정이라는 점에도 잘 부합된다고 할 것이다.

혹시나 궁금해 할까 싶어 덧붙이자면, 앞서 '묘'의 자화가 '이화'로 표현되었는데 다시 '육수'로 후퇴한 까닭을 물을 수도 있으므로 설명하자면 '묘'는 마치 '인생의 목표'를 정한 청소년 같은 것이니 인생의 목표를 실현하기 위해 벌이는 최초의 일은 당연히 '배움'이 될 수밖에 없는 것이다. 또는 '설계도'를 완성한 사람이라면 당연히 사업을 벌이고 싶어 할 것이고 그래서 사업과 관련된 온갖 지식을 배우려 할 것이니, '설계도를 완성했다는 것'과 그것을 토대로 '사업을 벌이는 것'은 '목'과 '화'처럼 차원이 다른 것이기 때문이다.

{ 사오미 巳午未의 자화작용 }

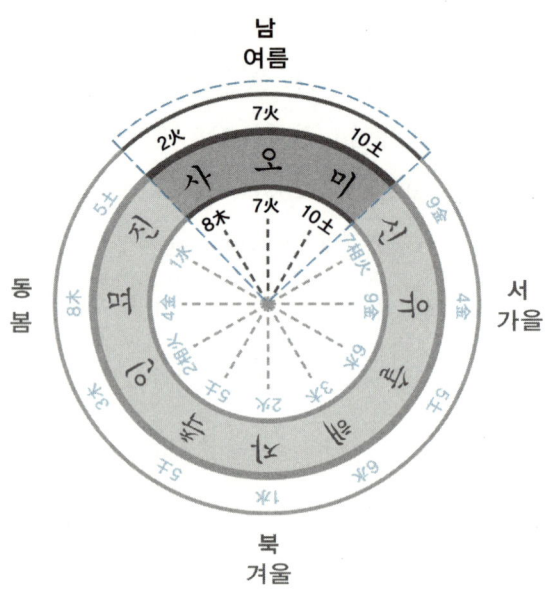

사오미의 자화작용

이것은 화궁火宮의 자화작용이다. 사巳는 방위로는 이화二火요, 변화로는 팔목八木이다. '팔목'은 목의 과정이 끝나간다는 뜻이요, '이화'는 화의 과정을 시작하려 한다는 의미인 것이다. 그러면 사巳의 자화는 어떻게 이루어질 것인가. 2+8=10이다. 앞서 축丑의 자화작용에서도 '십토十土'의 상이 나타난 적이 있었으나, 지금은 상황이 다르다. 그때야 장차 '본받을만한 존재' 정도의 의미로서 충분했지만, 이제는 본격적으로 화의 단계를 시작하려는 상황이니 '십토'의 '상'도 그 해석을 달리해야 하는 것이다.

　이제는 어느 정도 짐작할 수도 있을 것이니 이것은 구체적으로 '성공成功을 향한 의지'가 반영된 것이다. 성공, 공功을 이룬다는 것, 이것을 철학적으로는 금화교역이라 부른다는 것을 이미 설명한 바가 있거니와 '사'의 단계에서는 '실패하지 않고 성공하려는 의지'가 필연적인 선택인 것이니 이런 생각을 품지 않는 사람이 어디 있겠는가.

　다음은 오午의 과정이다. '오'는 방위로도 칠화七火요, 변화로서도 칠화七火이다. 이보다 더 강력한 '화'가 있을 수도 없거니와 그야말로 활동과 행동의 전성기인 것이다. 그러나 칠화는 어떤 선택을 할까. 7+7=14이다. 14는 다시 10+4로 분해된다. 벌써 십토十土와 사금四金이 등장하고 있는 것이다. 앞서 '사巳'가 '성공하려는 의지'만을 보여주고 있었던 것에 비해 한 단계 진전된 구체적이고 현실적인 '성취成就의식'이 자리 잡고 있는 것이다. 이제 금화교역에 대한 준비가 더욱 진전된 것을 볼 수 있는 것이요, 사람으로 치자면 일을 벌여가면 벌여갈수록 성과에 목말라하는 모습을 그대로 보여주고 있다고 할 것이다.

　이제 미未의 과정으로 들어가 보자. '미'도 '오'와 같이 방위나 변화가 모두 '십토'이니 미토의 중요성을 새삼 설명하고 있는 상황이라 할 것이다. 그러면 미는 어떤 자화작용을 하는가. 10+10=20이다. 그런데 이것은 조금 해석이 어려운 상황이라 할 수 있다. 앞서 360도 생성도에서도 언급했듯이 상수학에서 다루는 변화의 수는 총 19까지이기 때문이다. 상수학에서는 20이란 숫자는 없다. 이것은 허수虛數인 것이다.

{ 무無, 허虛, 공空 }

여기서 잠깐 동양학에서 이야기하는 무無와 허虛와 공空에 대해 알아보자. 이 셋은 모두 '없다' 또는 '비었다'는 뜻이지만 그 의미는 각기 다른 것이다. 먼저 무無라는 것에 대해 생각해보자. '무'는 유有와 대립되는 개념이다. 마치 음양관계처럼 '무'가 있어야 '유'가 있고 '유'가 있어야 '무'가 있는 것이다. 즉 '유'가 존재할 수 있는 바탕이 바로 '무'인 것이다. 우리가 살고 있는 모든 현실現實은 글자 그대로 '실제로 있는' 것이다. 그러니 비록 머릿속으로나마 이 '현실'에 상대적인 것을 생각해보라. 그것이 '무'이다.

더 엄밀히 따지자면 '생각'도 '있는 것'이니 어떤 것을 떠올린다면 이미 그것은 '무'가 아니다. 말장난 같지만 모든 '있는 것'의 바탕에 존재하는 궁극적인 것이 바로 '무'가 되는 것이다. 태초太初 이전의 세계, 빅뱅Big Bang 이전의 우주, 그래서 지금 '존재'하는 모든 것의 바탕이 된 세계, 그것이 '무'이다. 따라서 조금 더 생각을 발전시켜 본다면, '무'야말로 태초나 빅뱅의 그 순간부터 지금까지 지속적으로 모든 것에 영향을 미치고 있다고 생각할 수 있다. 우주 삼라만상을 '있게 하는 힘'이라 표현되는 것이다.

그래서 '무'야말로 '토'의 원천이라 생각되는 것이다. 목화금수가 보여주는 세상은 '유'의 세상이다. 그러나 그것을 조화하는 '토'는 근원을 모르는 것이다. 왜 이 우주 삼라만상이 이런 질서를 갖고 움직이게 되었는지 설명할 방법이 없다. 다만 현실에 내재된 질서를 통해 짐작해

볼 수밖에 없는 것이고 따라서 '토'는 '무'와 같은 의미로 받아들여지는 것이다. 정확히 말하자면 '무'는 십토十土, 즉 기토己土나 미토未土의 경우에만 해당되는 것이다.

이러한 '무'의 성격을 바탕으로, 우리가 현실에서 사용하기 위해 상대적인 '무'와 '유'를 이야기 하자면 수화水火의 운동이 바로 그것이다. '수'는 유형의 상징이고, '화'는 무형의 상징이다. '수'는 그 속성상 분열 발전하기 때문에 '무'를 향해 나아가는 것이고, 끝내 '불'처럼 기운만 남은 채, 형태를 잃고 마는 것이다. 그러나 모든 것이 끝나는 법은 없다. '무'를 상징하는 '화'는 태초에 그랬던 것처럼 그 '무'를 발판으로 다시 '유'를 창조하는 것이니 이것이 수렴 통일의 과정이 되는 것이다.

이 우주의 모든 것은 끊임없이 변화한다. 그러나 그 변화는 무질서한 것이 아니라 아주 엄정한 질서를 갖고 변화한다. 변화하는 것을 기운氣運이라 하고 그 기운이 뭉치면 '유'가 되고 흩어지면 '무'가 되는 것이니 이것을 음양이라는 것으로 구분지어 설명하면 보다 쉽게 이해할 수 있으므로 음양론이 나오게 된 것이다. 물론 정확히 말하자면 복희씨가 하도를 계시 받으면서 음양으로 나누어 생각하는 것에 대한 실마리가 잡힌 것이다. 그리고 현상과 더불어 그 속에 내재된 이치를 궁리하다 보니 중中, 다시 말해 '토'의 개념이 나오게 되어 이것이 오행론으로 발전하게 된 것이다.

이렇게 현실적이고 상대적인 '무'와 '유'를 다루는데 있어 '무'의 성격을 설명하는 것이 바로 허虛이다. '허'는 글자그대로 텅 비어있고, 아무 것도 없다는 뜻이다. 그러니 그것이 바로 '무'이다. 다시 말해 '무'는 '허'한 것이다.

그러나 공空은 그 의미가 다르다. '무'는 아무것도 없는 '허'이지만, '공'은 지금 당장은 비어있는 것처럼 보일 뿐, 장차 꽉 찰 수도 있는 상태를 의미한다. 이것은 모든 생명력, 에너지가 안으로 잠겨 들어, 마치 현실에서는 아무 것도 없는 것처럼 보이는 상태를 말하는 것이다. 그러나 때가 되면 생명력, 에너지는 현실에 나타나게 되는 것이다.

우리가 시간時間과 공간空間이라고 할 때의 공간도 결코 '허'한 것이 아니다. 그 속에는 에너지가 꽉 차있는 것이다. 그것은 우리가 얼마든지 이용할 수 있는, 아직은 활용하지 못하고 있지만 언젠가는 활용할 수 있는 장場, 즉 마당이 되는 것이다. 따라서 '공'과 대립되는 개념은 '유'가 아니라 불가佛家에서 가르치고 있듯이 '색色'이 되는 것이다. 그러면 또 '색' 또는 색계色界는 무어냐는 질문이 있을 것인데, 이것은 '불가'의 전문 영역이니 필자가 왈가왈부할 대상은 아니고 다만 필자의 설명을 참고삼아 생각해보면 될 것이다.

20이 허수라는 것은 결국 이제부터 수렴을 향해 나아간다는 뜻이 된다. 수렴의 제일 첫 숫자는 19이니 '미'의 자화를 19로 보아야 한다는 것이 동양의 성현들이 내린 결론이다. 이는 다른 식으로 20에서 부동의 근원인 '1'을 빼는 과정, 즉 20-1=19로 설명하기도 하는데 지금 여기서 그 이치를 거론하는 것은 적당하지 않다고 생각되어 생략하고자 한다.

여하튼 '미'의 자화작용은 '금', 특히 구금九金이 되어야 한다는 것인데 이것은 합당한 결론이라 아니할 수 없다.

{ 신유술申酉戌의 자화작용 }

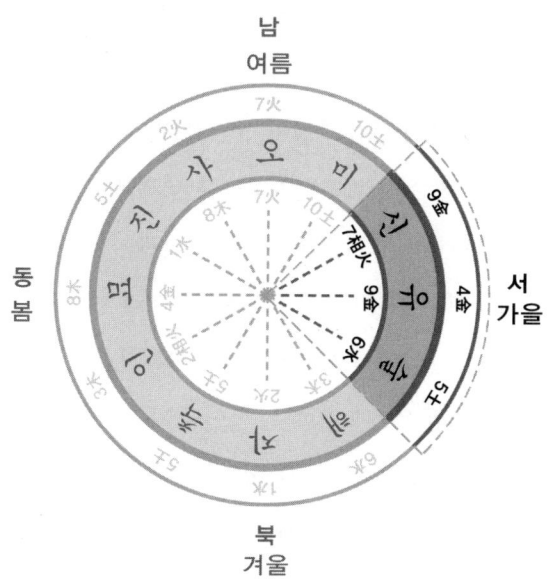

신유술의 자화작용

이제 금궁金宮의 자화작용이다. 신申은 방위로는 구금九金이요, 변화로는 칠상화七相火다. '구금'은 위세가 당당한 금기운이요, '칠상화'도 비록 '가짜 불'이라고는 해도 '칠화'의 면모를 갖추고 있는 만만치 않은 상대이다. 그러면 '신'의 자화작용은 어떨까. 9+7=16이다. 즉 10+6이 되어 육수六水의 수렴 기운을 갈망하는 상황이 되는 것이다.

이것이 만약 다른 방위였다면 분명 다른 상황이 벌어졌겠지만 그러나 이곳은 방위적으로 수렴의 과정이 펼쳐지는 서방西方인 것이다. 따

라서 '신' 의 자화작용이 '육수' 로 나타났다는 것은 매우 당연한 과정이라 할 수 있다. 그러나 여기서 한 가지 주목해야 할 것은 양방陽方에서 생장의 과정이 전개될 때, '축토' 와 '진토' 이후에 등장한 '인' 이나 '사' 는 모두 자화작용에 '오토' 와 '십토' 가 등장하여 생장과정을 원활하게 진행해 갈 수 있었다.

반면에 음방陰方에서 수렴 과정이 진행될 때, '미토' 와 '술토' 이후에 등장하는 '신' 과 '해' 는 각기 '육수' 와 '구금' 의 자화작용을 했던 것이니 이것은 일단 토가 아니라는 면에서 많은 난관이 있을 것이라는 것과 화기운의 태과를 제압해야 하는 다급한 상황이라는 것을 짐작해 볼 수 있는 것이다. 이것은 상대적으로 입지가 약화된 음기운이 하는 수 없이 '기운의 질質' 로 승부를 하고 있다는 판단을 가능하게 하는 것이다.

다음은 유酉의 과정이다. '유' 는 방위로는 사금四金이요, 변화로는 구금九金이다. 따라서 '유' 보다 강력하게 수렴을 시킬 존재는 없을 것이다. '신' 의 자리까지 넘보는 화기운을 제압하기 위해 '유' 가 글자그대로 초 강경한 대응을 하고 있는 상이니 이런 '유' 의 자화작용은 어떤 모습일까. 4+9=13이다. 즉 10+3이 되어 삼목三木의 '상' 을 보여주게 되니 이제야 비로소 수렴을 완수하고 금기운 본연의 금화교역을 이루려는 의지를 보여주고 있는 것이다.

다음은 술戌의 과정이다. '술' 은 방위로는 오토五土요, 변화로는 육수六水이다. '술' 이 '진' 과 마찬가지로 사람들의 주목을 받는 과정이라는 것을 언급한 바가 있는데 그것은 이때에 이르러서야 '인생의 성과' 또는 스스로 생각할 때, '인생의 가치' 를 판단하는 자리이기 때문이다.

술의 자화작용은 어떻게 일어날까. 5+6=11이다. 즉 10+1이 되어 일수一水가 되므로 결국 사람은 원래 태어났던 곳으로 되돌아가려 한다는 의미가 될 수도 있고, 또는 새로이 태어나는 생명에게 이어달리기의 배턴을 넘긴다는 뜻도 된다. 어떤 경우에도 이 지점을 지나면 더 이상 현실에서 보이지 않는 내면의 세계로 들어가는 것이기 때문에 이런 상태를 일컬어 '공空'이라 하는 것이다. '술'의 또다른 명칭이 바로 술오공戌五空인 것도 바로 이런 이유 때문이다.

이상과 현실에 대하여_
오운육기론을 마치면서

오운과 육기를 설명하면서 음양과 오행의 개념을 뛰어넘는 '새로운 무엇'이 등장한 것은 없다. 그러나 음양과 오행의 세계에서는 각각의 개념들이 간단하고 명료했던 것에 비해 오운과 육기로 넘어오면 점차 세부적이고 구체적인, 또는 전체적인 큰 흐름을 파악해야 하는 보다 심층적인 단계로 들어오게 되는 것이다.

이제는 음양오행론이라 하여 어떻게 이 세상을 단순한 몇 가지 기준만 가지고 설명할 수 있겠냐는 의문 같은 것은 사라졌을 것이라 생각한다. 오운육기는 우주와 대자연을 비롯한 온갖 생명의 미세한 작용까지도 포착하며 설명하고 있다. 인간의 사주팔자를 해석하는 것도 사실 이러한 오운육기의 작용을 몇 가지로 정형화하여 각 사주간의 관계를 해석하는 것에 불과한 것이다.

그러나 오운육기를 공부하면서 가장 중요한 점은 인간이 창의創意나 판단判斷 같은 사고思考 작용은 오운을 기반으로 하고, 선택과 행동 같은 현실 작용은 육기를 기반으로 한다는 점이다. 따라서 오운육기를 공부한다는 것은 '보이는 것'과 '보이지 않는 것'을 동시에 관찰할 수 있는 수단을 갖게 되는 것이다. 물론 이것은 상象의 관찰을 전제로 하는 말이니 '상'의 관찰이 정확하지 못하다면 차라리 모르는 것만도 못한 것이 사실이다.

여하튼 인간의 생각이란 오운의 영향을 받아 머릿속에서 펼쳐지는 가상의 현실과 같은 것이다. 생각은 자유롭다. 오운이 방위의 제약을 받지 않았던 것처럼 인간의 생각은, 비록 약간의 영향이 없는 것은 아니지만 주어진 환경의 제약을 벗어난다.

추운 겨울에도 따뜻한 남국의 해변에서 일광욕을 즐기는 상상을 하는 존재가 인간이다. 아무리 현실이 각박해도 밝은 미래를 꿈꾸며 살아갈 수 있는 것이 인간인 것이다. 이처럼 자유로운 인간의 사고 작용이 궁극에 도달한 것이 바로 인간이 이상理想을 꿈꿀 수 있다는 것이다.

'이상'이란 허무맹랑한 환상이 아니다. 어떤 사물이나 사건이 존재할 수 있는 가장 보편적이고도 타당한 상태, 그렇게만 될 수 있다면 누구라도 좋아할 상황이 바로 '이상'이다. 인간이 신神을 동경한다든지, 누구든지 온전한 삶을 누릴 수 있는 합리적인 제도를 만들어 보려 한다는 것은 바로 '이상'이 있었기에 가능한 것이다.

그러한 인간의 사고 작용이 어떻게 가능한 것인가 라고 질문을 던졌을 때, 지금까지 누가 과연 귀에 쏙들어오는 답변을 하던가. 오직 오운론만이 갑기토운과 대화작용이라는 논리로 자유로우면서도 태과나 불급이 없는, 그야말로 '이상'적인 사고작용의 원리를 제시하고 있는 것이다.

'운運은 항상 만물의 본질(생명과 정신)을 이루고자 하며 기氣는 언제나 그 본질의 조성에 도움을 주고자 하는 것이다' 라는 한동석 선생의 표현대로 운運은 '토'의 작용으로 인해 생각의 균형을 잡아주고, 타고난 존재의 목적을 실현할 수 있도록 도와주고 있는 것이다.

우주와 대자연은 운을 위주로 운행한다. 정확히 말하자면 운과 기가 하나가 되어 돌아가는 모습이지만 둘 사이에 아무런 모순이 없기 때문에 운이 그대로 기가 되어 표출되고 있는 상태인 것이다. 따라서 우주는

이상적으로 운행되고 있다. '원래 그런 것이려니' 생각하지 어느 누가 우주의 운행에 대해 불만을 품는단 말인가.

그러나 이러한 오운이 지구라는 한정된 공간에 투사되면 이야기가 달라진다. 특히 삼양이음으로 인한 음양의 불균형으로 지축이 경사된 상황에서는 더욱 그렇다. 지구는 오운의 이상적인 변화를 감당할 만한 현실적인 기반을 만들어 주지 못하고 있다. 특히 하나 더 늘어난 불기운은 모든 생명의 작용을 '의욕 과잉'의 상태로 만들어 버린다. 그러니 이 의욕을 육체가 수용하지 못하는 것이다.

아주 쉬운 예로 부지런하게 살아가려면 아침에 일찍 일어나야 함에도 육체는 따뜻하고 편안한 잠자리를 떠나기 싫어하는 것이다. 이성적으로는 '이러지 말아야지', '이래선 안돼' 하고 외치면서도 육체의 욕망을 견뎌내지 못하는 것이다. 이러한 불균형이 지속되면 인간의 육체가 견뎌내지 못한다. 누구든 출세하고 싶고, 부자가 되고 싶어 하는 이런 소망을 부정하는 것은 아니다.

그러나 '상화'의 허황된 내면을 들여다보지 못하고 육체를 혹사하면 결국 인간은 병病을 얻게 되는 것이다. 육체의 병도 병이고, 마음의 병도 병이다. 출세하지 말고, 부자가 되지 말라는 뜻이 아니라, 균형을 잡아야 한다는 뜻이다. 자신의 가치관을 굳건히 세워, 남들이 다 좋다고 해도 내가 싫으면 그만인 것도 있고, 또 남들은 거들떠보지 않을지라도 내가 좋으면 그만인 것도 있어야 '개성'도 있고 '생각'도 있는 삶이 되는 것이지, '내 것'이 아닌 것을 넘보면 반드시 그 대가를 치르게 되는 것이다.

거액의 복권에 당첨되어 한순간 부러움을 사지만 결국 인생 자체가 파괴된 사람들의 이야기가 간혹 들리는 것처럼, 감당할 수 없는 운은 생명 자체를 파괴하는 것이다. 그러나 이 역시 거액의 재산을 감당할만한 가치관을 갖추고 있다면 아무런 문제가 되지 않을 것이니 결국 모든 것은 상대적일 수밖에 없는 것이다.

'사람이 자기 먹을 것은 갖고 태어난다' 는 옛말처럼 인간의 개성은 그만큼 다방면에 걸쳐 존재하는 것인데 몇 가지 한정된 가치에만 목을 맨다는 것은 절대로 균형 잡힌 모습이라고 볼 수 없다.

이런 이야기를 하다보면 결국 오운육기에 관한 궁극적 의문에 도달하게 된다. 그것은 왜 우주와 대자연은 이처럼 음양이 불평등한 환경을 만들었느냐 하는 것이다. 처음부터 균형 잡힌 우주를 만들었으면 이런 고통이 없었을 텐데 왜 군이 이런 환경이 필요했냐는 의문이다. 이것은 앞서도 잠깐 언급했듯이 삼양이음, 윤력, 타원궤도, 지축의 경사 등등을 거론하면서 뜬금없이 우주의 운행이 '비정상' 이라고 이야기하는 동양학에 대한 의심도 포함된 것이다.

물론 여기에 대한 대답을 하려면 아직도 배워야 할 것이 더 있다. 필자가 오운육기를 고등학교 과정에 비유했듯이 이제 겨우 고등학교 과정을 마친 사람에게 대답할 수 있는 내용에는 한계가 있는 것이다. 아직은 '변화變化' 라는 것이 무엇인가를 더 알아야 한다. '정신精神' 이라든지 우주의 '본체本體' 가 무엇인지 더 배워야 하는 것이다. 이것은 2권에서 본격적으로 다루게 된다.

다만 몇 가지 실마리를 제시한다면 이렇다. 일단 본말本末 운동만 하는 오운과 본중말本中末 운동을 하는 육기를 비교해 보면, 처음부터 '정상적으로 태어난다', 처음부터 '균형잡힌 우주를 만든다' 는 것은,

비록 많은 모순이 있더라도 '개성個性적인 존재'가 된다는 것과 절대 같이 일어날 수 없는 일이라는 것이다. 처음부터 완벽하다면 변화가 필요 없는 것이다. 항상 하던 대로 하면 되고, 바꿀 필요가 없다. 그리고 그렇게 끝까지 계속될 것이다.

그러나 이것은 생명이 아니다. 우주나 대자연은 우리가 그 순수성을 존중하는 입장에서 순수생명이라고 하지만 인간이 그런 식으로 살 수는 없는 것 아닌가. 또한 우주가 음양을 기반으로 하고 있으니 균형과 불균형도 역시 음양운동의 범주에 들어간다고 생각해볼 수 있다.

다시 말해 우주가 균형과 불균형을 오고 간다고 볼 수 있다는 것이다. 불균형은 변화를 만들고 변화는 발전을 만들며, 마침내 균형을 만들어 가는 것이다. 그러나 균형은 안정적이지만 변화가 없고 정체된 상황을 만들기 때문에 변화를 꿈꾸는 우주의 운행이 다시 불균형을 만드는 거대한 순환을 상상해볼 수 있다.

불합리한 현실이 있기 때문에 '이상'이 빛나는 것이다. 또한 현실의 단련을 받지 않은 '이상'은, 처음부터 공돈 생기듯이 주어진 '이상'은 '가치'가 없다. 내가 힘들여 성취한 것이 아니니 귀한 줄을 모르는 것이다. 말장난 같지만 그것은 더 이상 '이상'이 아니다.

이러한 모든 이야기들은 결국 한마디로 귀결될 수 있다. 우주는 비록 무덤덤하게 운행하는 것 같아도 '어떤 목표를 갖고 있다'는 것이다. 따라서 현실이 이렇게 된 것은 '어떤 이유가 있다'는 것이다.

여하튼 동양학에서는 지금의 우주가 비정상이라고 이야기한다. 음양이 불균형하다는 것은 그 마음이 일그러져 있다는 것이다. 우주는 '삼양이음으로 일그러진 마음'을 타원 궤도로 표현하고, 자연은 일그러진 마음을 혹한과 혹서 또는 불규칙한 기후로 표현하고, 인간은 일그러진 마음을 비정상적인 욕심으로 표현한다.

지금 우리가 살고 있는 온갖 환경이 이상적이지 못한 것은 안타깝지만 이런 환경이기 때문에 그것을 극복하려는 인간의 노력, 궁극적인 자화작용이 일어나는 것이라면 어떨까. 시련을 극복하기 위해 고뇌하는 인간에서만이 철학과 인문人文이 발달하는 것이라면 어떨까. 이 모든 것이 우연이 아니고 만약 우주와 대자연이 인간을 기르기 위한 깊은 배려가 담겨있는 것이라면 어떨까. 질문에 질문으로 답하는 것은 예의가 아니지만 그것이 더 많은 생각을 불러일으키는 것이라면 일단 1권의 마무리로서는 의미가 있다고 본다.

에필로그_
2권에 대한 소개

    동양학은 육천 여년의 역사를 지닌 학문이다. 태호 복희씨로부터 시작하여 한 점의 흐트러짐 없이 그 맥을 이어왔으며 수많은 대가大家들의 각고의 노력이 보태져 지금에 이르렀다. 과문한 필자가 수천 년의 세월이 녹아 있는 학문을 단 두 권의 책으로 설명하려 한다는 자체가 모순이다. 그러나 지금의 세태는 상상이상으로 심각하다.

    동양학은 골방에 묻힌 케케묵은 학문으로 전락하여 기껏 사주나 궁합을 보는 미신과 같은 취급을 받는다. 사람들은 동양학이 무엇인지 정체조차 모르고 관심도 없다. 보이는 것만 믿고 물질적인 것만 신뢰하는 지금의 시대에서 정신적인 가치라는 것은 설 자리가 없다. 인간의 정신은 기껏해야 돈 버는 아이디어를 내는 수단이 되고 말았다.

    대학에서는 인문학人文學이 위기에 처했다고 아우성이지만 필자가 볼 때는 그 인문학이라는 것도 문제투성이다. 틀리건 맞건 간에 딱 부러지는 대답이 없는 것이 가장 큰 문제이다. 이미 동양에서는 수천 년 전,

수백 년 전에 결론이 다 난 문제를 가지고 아직도 방법론 타령을 하며 소모적인 논쟁만 하고 있다.

백여 년 전 수운 최제우 선생이 동학 東學 을 창시하였다. 사람들은 이 자생적인 종교운동의 이름을 왜 '동학'이라 붙였는지 그 까닭조차 모르고 있다. '학즉동학 도즉천도 學則東學 道則天道'에서 유래된 것이 동학이다. '우리의 학문은 동쪽의, 즉 동양의 학문이고, 우리의 도 道 는 하늘의 도다'는 말에서 나온 것이다. 동학을 '반봉건, 반외세'라고 규정하는 학자들의 해석도 여기에서 기인하는 것이다. 최제우 선생은 왜 동학을 일으켰을까.

사람에게는 '마음'이 있다. 생각도 있다. 인간에게 마음이 있고 생각이 있다는 것을 굳이 논리적으로 증명해야 할 필요는 없다. 왜? 각자 스스로가 마음이 있고 생각이 있다는 것을 알고 있기 때문이다. 그러나 마음이란 무엇인가. 생각이란 무엇인가. 왜 인간에게 이런 것이 있어야 하고, 또 그것은 어떻게 움직이는 것인가.

　동양학에서는 이런 인간의 특성을 한마디로 '정신精神'이라고 한다. 보이지 않는, 인간의 두뇌를 기반으로 일어나는 모든 사고작용을 통틀어 '정신'이라 부르는 것이다. 따라서 이것은 철학 용어이다. 그리고 '정신' 작용을 이해한다는 것은 곧 '인간'을 이해한다는 것이다.

　'신神'은 무엇인가. '신'이란 과연 존재하는 것일까. 서양에서 이야기하는 '신'과 동양에서 이야기하는 '신'은 같은 존재일까. 그렇다면 무엇을 '신'이라고 부르는 것일까. 끝도 없는 질문이고 과연 대답이 가능한지조차 의심스런 질문이다. 그러나 '무엇'이 있다면 언젠가 정체를 드러낼 때도 있는 것 아니겠는가.

　과연 우주는 어떤 '계획'을 갖고 있는 것일까. 어떤 '목적'이 있고 어떤 '의도'가 있는 것이라면 고단한 현실을 살아가는데 실낱같은 희망이라도 비출 수 있는 것일까.

　동양학은 필자가 창작한 것이 아니고 오직 소개하는 입장이라는 점에서 자신 있게 말씀드리지만, 동양에서 철학은 탐구가 완료되고 연구가 종료된 학문이다. 한마디로 이제 나올 것은 다 나왔다는 입장이다. 앞서 필자가 문제라고 지적한 모든 것들은 이미 충분히 예견되고 있었던 일에 불과하다.

　불기운이 주도하는 여름은 겉은 화려하지만 내면은 공허해 지듯이 지금의 세태가 이 지경에 이른 것은 1권을 주의 깊게 본 독자라면 누구도 쉽게 짐작할 수 있는 상황인 것이다. 분열의 극을 향해 가고 있는 이 시대에, '미토'가 주재하는 '극적인 반전'이 일어나려면 그동안 숨겨져 있던 동양학이 세상에 모습을 드러내는 것도 또 하나의 필연적인 과정이라 생각할 수 있다.

　필자의 유일한 소망은 필자의 이러한 노력이 '그 극적인 반전 과정'에 조금이나마 보탬이 되었으면 하는 것이고 2권에서는 이제 그 결론적인 이야기를 하려고 한다.

도표 색인

1장 }

1 _ 영화 식스센스 14
2 _ 설화 장화홍련전 15
3 _ 칸트 21
4 _ 베르그송 21
5 _ 태호 복희 22
6 _ 우임금 22
7 _ 주 문왕 22
8 _ 주공 단 22
9 _ 공자 22
10 _ 장자 22
11 _ 묵자 23
12 _ 순자 23
13 _ 일부김항 36
14 _ 동무 이제마 39
15 _ 두암 한동석 40
16 _ 일음일양지위도(출처 : 주역) 49
17 _ 변화가 없는 태극 - 변화하는 태극 77
18 _ 수많은 크고 작은 태극체 79

2장 }

19 _ 나무 불 흙 쇠 물과 오행 94, 98, 101, 107, 111
20 _ 평기 및 태과, 불급의 오행기운 119
21 _ 인간의 장기(臟器)와 오행 132
22 _ 사상체질과 장기의 관계 143
23 _ 오행상생도 156
24 _ 오행상극도 160

3장 }

25 _ 용마하도 173
26 _ 하도의 수를 읽어가는 순서 180
27 _ 신 구낙서 191
28 _ 3×3 마방진 191
29 _ 5×5 마방진 192
30 _ 하도 - 양수의 순환 203
31 _ 하도 - 음수의 순환 204

32 _ 태극문양의 형성 205
33 _ 팔괘분화도 207
34 _ 육자녀괘 212
36 _ 복희팔괘 213
37 _ 복희팔괘와 태극도 214
38 _ 육십사괘 221
37 _ 팔십도 생성도 235
39 _ 삼백육십도 생성도 237

4장

40 _ 십간의 오행 배치 245
41 _ 십이지의 오행 배치 247
42 _ 오운제시도 253
43 _ 오운도 259
44 _ 오운의 운행 266
45 _ 기토의 대화작용을 받은 갑 267
46 _ 경금과 신금의 대화작용을 받은 을, 병 271
47 _ 임수와 계수의 대화작용을 받은 정, 무 275
48 _ 갑목의 대화작용을 받은 기 278
49 _ 을목, 병화, 정화, 무토의 대화작용을 받은 경, 신, 임, 계 282

5장

50 _ 기울어진 지축과 기후의 변화 293
51 _ 육기방위도 296
52 _ 육기변화도 302
53 _ 사·해의 변화과정 305
54 _ 자·오의 변화과정 308
55 _ 축·미의 변화과정 310
56 _ 인·신의 변화과정 313
57 _ 묘·유의 변화과정 317
58 _ 진·술의 변화과정 320
59 _ 사정위 사상위 사유위 322
60 _ 구궁팔풍도 328
61 _ 해자축의 자화작용 332
62 _ 인묘진의 자화작용 335
63 _ 사오미의 자화작용 358
64 _ 신유술의 자화작용 341

색인 357

저자와 독자와의 만남

{ 동양학강좌 개설 }

　　동양학의 정수인 음양오행론은 육천 여년의 장구한 세월을 거치며, 수많은 대가들의 각고의 노력이 보태져 오늘날까지 맥을 이어온 학문입니다.
　　창진에서는 음양오행론에 대한 보다 깊은 이해를 원하는 독자들을 위해 '저자초청 동양학강좌'를 개설하였습니다. 음양오행론의 철학적 탐구와 현실에서의 실천적인 적용에 관심있는 독자 여러분의 많은 참여 바랍니다.

강의 일정 및 인원

기간_ 2개월 과정. 매주 2회 (총 16회. 48시간 강의)
시간_ 오후 7시~10시
인원_ 25명 선착순 마감
교재_ 『김구연의 동양학 아카데미』 1·2권

전화문의 및 수강신청

커리큘럼 및 수강신청에 대한 자세한 문의는 이메일로 연락주시기 바랍니다.

tel_ 02-3431-7603
e-mail_ cjbook@paran.com